新时期领导谋略与智慧丛书

LINGDAO NENGLI XIULIAN

RUHE CONG PINGFAN ZOUXIANG FEIFAN

领导能力修炼

如何从平凡走向非凡

主编⊙舒天戈 孙乃龙

本册主编⊙朱 凯

四川大学出版社

责任编辑:楼　晓
责任校对:蓝　丽
封面设计:刘建波
责任印制:王　炜

图书在版编目(CIP)数据

领导能力修炼：如何从平凡走向非凡 / 舒天戈，孙乃龙主编. —成都：四川大学出版社，2015.7
ISBN 978-7-5614-8762-4

Ⅰ.①领… Ⅱ.①舒… ②孙… Ⅲ.①领导能力-通俗读物 Ⅳ.①C933-49

中国版本图书馆 CIP 数据核字（2015）第 159581 号

书名	领导能力修炼——如何从平凡走向非凡
主　编	舒天戈　孙乃龙
出　版	四川大学出版社
地　址	成都市一环路南一段24号（610065）
发　行	四川大学出版社
书　号	ISBN 978-7-5614-8762-4
印　刷	三河市天润建兴印务有限公司
成品尺寸	170 mm×240 mm
印　张	16
字　数	270千字
版　次	2016年1月第1版
印　次	2016年1月第1次印刷
定　价	42.00元

◆读者邮购本书，请与本社发行科联系。电话：(028)85408408/(028)85401670/(028)85408023　邮政编码：610065
◆本社图书如有印装质量问题，请寄回出版社调换。
◆网址：http://www.scup.cn

版权所有◆侵权必究

前　言

作为领导干部，其工作岗位非常重要，担负的责任很重大。他们的能力素质直接关系到党的执政能力，也影响着政府工作的绩效。可以说，提高能力素质是广大领导干部共同的政治责任。

能力决定实力，国家的强大靠实力，事业的发展靠实力，组织的壮大靠实力，领导干部的成长进步也要靠实力。我们党历来高度重视领导干部的能力建设。党的十六届四中全会做出的《关于加强党的执政能力建设的决定》，是我们党能力建设的里程碑。胡锦涛同志曾明确把"能力不足"作为新的历史形势下全党面临的"四种危险"之一。党的十七大、十八大都对加强党的执政能力作了进一步的阐述和要求。十八大报告强调："深化干部人事制度改革，建设高素质执政骨干队伍"。

面对今天的社会发展现状和执政条件，领导干部不能只是"专才"，而要成为"通才"。每位领导干部不能只是具备某种单一的能力，而要具备多元化的领导能力。

社会在飞速发展，形势日新月异。当前，我们正处在全面建成小康社会的关键时期和深化改革开放、加快转变经济发展方式的攻坚时期，矛盾、问题、困难交织叠加，改革、发展、稳定任务繁重，对广大领导干部提出了新的更高的要求。

然而，我们不能不看到，在相当一部分领导干部身上存在着毛泽东同志在早在延安时期就提出来的"本领恐慌"问题。克服本领恐慌，驾驭复杂形势，奋力攻坚破难，已成为摆在各级领导干部面前的一个严峻问题。这种"本领恐慌"或"能力不足"，既是由我们所处的时代背景和面临的形势状况所决定的，但也与一些同志不能根据形势和任务的要求提高自身素质和工作水平、能力有关。"本领恐慌"或"能力不足"不是小事情，而是大问题。不过，"本领恐慌"或"能力不足"并不可怕，对"本领恐慌"或"能力不足"浑然不觉才是真正的恐慌。所以，在迅速变化的新形势面前，在新的历史考验面前，广大领导干部一定要像邓小平同志所要求的那样，"积极探索解决新的政治经济社会文化基本问题的本领"，努力克服"本领恐慌"，努力改变"能力不足"。

本领恐慌，实际上是文化知识恐慌。克服"本领恐慌"，改变"能力不足"，必须善于读书学习。文化知识存在于书本之中，也存在于实践之中，是领导干部本领的基础。"不能则学，不知则问。"学习是领导干部增长才干、提高素质的重要途径，是做好各项工作的重要基础。习近平同志多次强调，领导干部要爱读书、读好书、善读书。

克服"本领恐慌"，还要重视实践，在实践中学习，在实践中提高。一方面，书本上的理论知识是本领的重要基础，有了一定的理论知识之后，还必须把这些理论知识运用到实践中去，在实践中进一步认识、体悟、检验、发展理论知识，把理论知识内化、升华为自己的理论素养和本领。另一方面，领导干部的本领必须通过实践来锻炼、检验、增强、提高。实践出真知，实践强本领。领导干部只有积极投身中国特色社会主义建设的实践，特别是到艰苦、复杂的环境中去实践锻炼，走与人民群众相结合的道路，才能不断获得新知识，增强新本领。

克服"本领恐慌"，改变"能力不足"，还必须要向人民群众学习。人民群众是社会历史的创造者,是社会发展变革的决定力量,是社会实践的主体,是智慧的源泉。群众的实践、智慧、知识、经验是最丰富多彩的,群众的创造力是最伟大的。克服"本领恐慌",改变"能力不足"就必须真心实意地、自觉地、勤奋地向人民群众学习。领导干部只有向群众学习,才能领导群众,只有先做群众的学生,然后才能做群众的先生。既要向人民群众学习,同时又要根据群众的觉悟程度,对群众进行积极的宣传、教育和引导,组织领导群众去为实现自己的根本利益而奋斗。

为了满足广大领导干部克服"本领恐慌"、提升领导能力的需要,笔者在多年工作积累与理论研究的基础上编写了《能力修炼》一书。希望本书的出版能够受到广大领导干部的关注并提出宝贵的意见。

编　者
2014年6月于北京

目 录
CONTENTS

第一章 掌管全局能力的修炼

一、高屋建瓴：具有远见卓识的战略眼光 / 2

1. 总揽全局是优秀领导干部必备的一种能力 / 2
2. 要有战略头脑，进行战略思维 / 4
3. 眼界宽广，拥有宽阔的视野 / 6
4. 具有世界眼光，紧跟世界潮流 / 8
5. "风物长宜放眼量"，修炼远见卓识 / 10

二、见微知著：科学判断现时与未来形势 / 12

1. 科学判断形势是领导者最基本的能力之一 / 12
2. 科学判断形势是领导者的紧迫任务 / 14
3. 科学判断形势需要具有敏锐的政治辨别力 / 15
4. 提高领导者科学判断形势能力的修炼方法 / 16

第二章 勇于改革与开拓创新能力的修炼

一、勇于改革创新：领导干部最重要的品质 / 22

1. 改革创新是社会发展的强大动力 / 22
2. 具有改革创新能力是领导干部必备的素质 / 24
3. 改革创新的本质在于突破固有的框框与秩序 / 26
4. 新一轮改革将会有力地推动中华民族的伟大复兴 / 28
5. 领导干部应当站在全面深化改革的前列 / 29
6. 准确把握深化改革的指导思想与总目标 / 31

二、解放思想，有胆有识，勇于开拓创新 / 33

1. 进一步解放思想，突破僵化的思维模式 / 33
2. 努力培养与树立改革创新精神 / 35
3. 积极培养与塑造创新思维的品质 / 37
4. 不断提高领导干部的改革创新能力 / 40
5. 在改革实践中不断创新工作思路 / 42

三、勇于实践，不断增强引领改革的本领 / 43

1. 坚持以人为本，紧紧依靠人民群众推动改革 / 44
2. 深入基层，不断地总结基层群众的改革经验 / 45
3. 不断提高解决改革进程中的新问题的各种本领 / 46

4. 以最大的政治勇气和智慧全面推进各项改革 / 47

第二章 掌权与用权能力的修炼

一、执政为民，权为民所用 / 52

1. 时刻牢记权力来自人民，理应服务人民 / 52
2. 强化意识，为人民用好权 / 54
3. 权为民所用，做实事，办难事 / 55

二、公正用权，自我约束手中的权力 / 57

1. 用好领导权力最重要的就是公平公正 / 57
2. 领导干部要做公道正派的表率 / 59
3. 接受监督，自我约束权力 / 61
4. 实行政务公开，让权力在阳光下运行 / 62
5. 预防权力崇拜，纠正权力崇拜 / 63

三、刚柔并济，领导者的用权方法 / 65

1. 确保权力运行畅通的用权艺术 / 65
2. 授权：分身有术的领导用权 / 67
3. 严禁权力滥用，防范权力扩张 / 69

四、纠正越权，避免角色错位 / 70

1. "越权就是越轨"，"越轨就会出轨" / 71

2. 领导越权是领导工作的最大失误 / 72

3. 防止和克服领导者自己越权 / 74

4. 明确权限，防止下属越权 / 75

五、廉洁自律，手握权柄不可贪腐 / 78

1. 管住自己，用好公权要自律 / 78

2. 绝不把权力作为谋私的工具 / 80

3. 拒绝诱惑，经得起糖衣炮弹的袭击 / 81

4. 廉洁自律，决不做贪腐之官 / 83

第四章 识人与用人能力的修炼

一、成事在人，得士者昌 / 86

1. 求贤用才是领导工作的关键 / 86

2. 人才是领导者的珍宝 / 88

二、观人举止，鉴人识才 / 89

1. 树立理性的人才观 / 89

2. 发现人才的良方 / 91

3. 鉴人识才的秘诀 / 94

三、任贤用能，人尽其才 / 96

1. 疑人不用，用人不疑 / 96
2. 动人以情，不徇私情 / 98
3. 扬长避短，人尽其才 / 99
4. 适才适所，才尽其用 / 101
5. 心胸浩荡，提携超己 / 104
6. 鼓励冒尖，人尽其才 / 105

四、管理有术育才有方 / 106

1. 选拔人才：不拘一格 / 106
2. 人才激励：奖惩分明 / 109
3. 人才培育，面向未来 / 111

第五章 指挥与监督能力的修炼

一、领导者现场指挥的方法 / 114

1. 指挥是领导者工作的基本职能 / 114
2. 实现领导者正确指挥的基本原则 / 116
3. 领导者指挥的三大基本形式 / 117
4. 要设法使下属积极执行命令 / 118
5. 多提"建议"，少用"命令" / 120

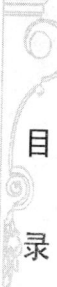

二、领导者工作监督的方法 / 122

    1. 领导者督办检查的基本内容 / 122

    2. 领导者督办检查的操作程序和途径 / 124

    3. 领导者检查工作时应注意的问题 / 126

    4. 跟进：实施监控后的领导任务 / 129

第六章　组织会议与会议讲话能力的修炼

一、会议组织工作的要求 / 132

    1. 充分做好会议的组织工作 / 132

    2. 简约办公，注意改进会风 / 133

    3. 规范程序，确保会议顺利 / 134

二、主持会议的基本方法 / 136

    1. 熟知主持会议的基本程序 / 137

    2. 熟练掌握主持会议的技巧 / 139

    3. 有效地控制好会议的进程 / 140

    4. 善于进行会议总结 / 141

    5. 注意主持会议的语言禁忌 / 143

三、在会议上发表讲话的艺术 / 145

1. 选用丰富、生动、典型的语料 / 145

2. 讲话的语言要富有知识性 / 147

3. 让即席讲话不同凡响 / 148

4. 领导者会议上插话的技巧 / 150

四、善于组织会议讨论 / 151

1. 巧设议题，鼓励发言 / 152

2. 会场上调动与会者情绪的妙法 / 153

3. 在讨论中，要正确对待反面意见 / 154

4. 平息讨论进程中的争吵与纠纷 / 156

第七章　执行上级决策与指示能力的修炼

一、及时地行动，执行拒绝拖拉 / 160

1. 有效的执行力是决策实施的关键 / 160

2. 优秀领导者应当是善于执行的高手 / 161

3. 执行力总是落实到行动上 / 163

4. 雷厉风行，让快速行动成为一种习惯 / 165

5. 力戒拖拉，一分钟也不要拖延 / 166

二、多动脑筋，采用最有效的执行方法 / 169

1. 没有做不到的，只有想不到的 / 169

2. 讲究执行方法，才会做到事半功倍 / 171

3. 抓住问题关键，一步执行到位 / 172

4. 以退为进，有时会使执行柳暗花明 / 173

三、尽心尽责，勇于对执行过程与后果负责 / 175

1. 责任心是高效执行的真正保障 / 175

2. 敢于对自己的工作认真负责 / 177

3. 锻造过硬的承担责任的能力 / 178

4. 不要推卸自己的责任 / 180

5. 执行有所建树，必须敢于担当 / 182

第八章 深入基层进行调查研究能力的修炼

一、调查研究的基本要求 / 186

1. 什么是调查研究 / 186

2. 调查研究是保持与人民群众血肉联系的重要渠道 / 187

3. 调查研究的基本原则 / 189

4. 调查研究要获得真实和准确的材料 / 191

5. 切实改进调查研究的作风 / 192

二、掌握调查研究的科学方法 / 194

1. 做好调查前的准备工作 / 194

  2. 认真做好实地调查访谈 / 197

  3. 普遍调查的基本方法与注意事项 / 198

  4. 典型调查的基本方法与注意事项 / 200

  5. 抽样调查的基本方法与注意事项 / 202

  6. 调查材料的收集鉴别与整理分析 / 204

  7. 防范陷入调查研究的误区 / 206

三、调研报告的撰写 / 208

  1. 调研报告的结构 / 208

  2. 调研报告的写作提纲与材料 / 209

  3. 调研报告的起草 / 211

  4. 调研报告的文字要求与数据运用 / 212

第九章　应变与维护稳定能力的修炼

一、居安思危，临危不乱：修炼应变能力 / 216

  1. 善于应变是领导干部的重要能力 / 216

  2. 应变能力需要思维的灵活性与敏捷性 / 217

  3. 善于审时度势，积极主动应变 / 219

  4. 当机立断，应变需要果断 / 220

二、维稳能力：担起基层稳定的重责 / 222

1. 维护社会稳定是领导干部必备的能力 / 222
2. 领导干部维护社会稳定的基本要求 / 224
3. 领导干部迫切需要提升化解各类矛盾的能力 / 226
4. 领导干部要深刻正确认识群体性事件 / 228
5. 以预防为主，做好处理群体性事件预案 / 230
6. 采取果断措施处理群体性事件 / 232
7. 在群体性事件中善于与媒体沟通 / 237

第一章
掌管全局能力的修炼

　　多变的时代，复杂的世界，无疑使当代领导干部普遍面临着一种前所未有的挑战。在新的历史条件下，我们的领导干部能否以远见卓识来掌控全局，能否以高瞻远瞩来把握未来，能否以见微知著来判断形势，能否以宽广视野来开拓前进，都与国家的发展民族的命运紧紧联系在一起。领导干部修炼掌控全局的能力，是党和人民赋予他们的重大责任，也是形势发展赋予他们的紧迫任务。

一、高屋建瓴：具有远见卓识的战略眼光

一位卓越的领导干部，必须是一名高瞻远瞩的战略家，他必须能够在复杂多变的形势下，以战略头脑、战略思维，去把握事物发展方向，统揽全局，预测未来。领导干部，尤其是党的高级领导干部，他们的每一项重大决策都事关国家与百姓的命运前途，因此，每一位领导干部，都需要修炼统揽全局的能力，能够从大局出发，从宏观入手，以远见卓识的战略眼光，领导群众共创和谐社会与光明的未来。

1. 总揽全局是优秀领导干部必备的一种能力

领导干部总揽全局、掌控全局的决策者和指挥者。他必须具有战略头脑，必须站在全局的高度，以长远的眼光分析和解决具有宏观性、前瞻性、政策性的重大问题。**其中，战略头脑就是站在全局的高度，以长远的眼光分析和解决宏观性、前瞻性、政策性等重大问题。**这是领导的基本能力。

党的十八大报告指出："综观国际国内大势，我国发展仍处于可以大有作为的重要战略机遇期，我们要准确判断重要战略机遇期内涵和条件的变化，全面把握机遇，沉着应对挑战，赢得主动，赢得优势，赢得未来，确保到2020年实现全面建成小康社会宏伟目标。"这就要求各级领导干部必须要不断提高自身总揽全局的能力，这既是党的领导干部提高执政能力的基本要求，也是所有领导干部增强自身素质，提高领导效能的重要内容。因为领导干部其他各方面能力的提高，最终都要反映和体现在总揽全局的能力上来。

只有全局在胸，才能下出一盘好棋。善于总揽全局的领导干部，往往也能取得上下满意的业绩。领导干部的每一项重大决策，都事关国家与百姓的命运前途，因此，每一个领导干部都需要修炼统揽全局的能力，能够

从大局出发，从宏观入手，以远见卓识的战略眼光，领导群众共创和谐社会与光明的未来。领导干部只有胸怀全局，从大局出发，为整体谋划，不断提高总揽全局的能力，才能创造性地开展好本部门、本地区的领导工作。**总揽全局的能力，即是指能够站在全局的高度、长远的角度去观察问题、思考问题，并做出符合整体利益和长远利益的决策。**

事物的全局，就是事物诸多要素和诸多阶段所构成的有机整体。相对于全局来说，各个要素、各个阶段都是局部。亚里士多德曾说："整体不等于各个孤立部分的总和。"整体的功能可能大于、也可能小于部分功能之和。只重视具体而轻视整体、只注重局部而忽略全局的领导干部，是个不称职的领导干部。作为领导干部，必须时刻以全局为重，服从大局，以全局观为指导，做好本部门、本地区的工作。事业极其远大，包含相互联系的各个过程、各个阶段。从事领导工作，必须处理好各个方面之间的关系、各个阶段之间的关系，争取全局工作的最佳效果。

因此，领导干部一定要具有全局观念。所谓全局观念就是指以全局的、战略的眼光，从宏观的角度、整体的视野去认识、把握和处理问题，把全局作为考虑和解决问题的出发点和落脚点，紧紧抓住全局工作的主要矛盾和中心任务，高度重视解决事关全局的一系列重大矛盾、解决制约全局发展的薄弱环节的观念。**邓小平同志曾指出："要提倡顾全大局。有些事从局部看可行，从大局看不可行；有些事从局部看不可行，从大局看可行。归根到底要顾全大局。"**这就要求党的各级领导干部要树立全局观念，善于把握全局，着眼于全局，站在全局的高度观察局部，时刻意识到全局高于局部，在事物的发展中起着主要的、决定性的作用，决定着事物发展的方向和趋势。

以全局观念处理问题，首先要全局协调一致，这样才有利于局部的发展，而不是就局部论局部，"只见树木，不见森林"，挂一漏万，顾此失彼。总之，一切着眼于全局和长远，不可囿于局部和一时，不可一叶障目而不见泰山，不可急功近利而失去未来。领导干部要练就战略眼光，从事物的总体出发思考问题，谋划运筹，这既需要科学的"视角"，又需要灵活的"眼光"。以实现以总体战略作为根本出发点；从大处着眼是指不能主次不分，轻重不分，而着重观察与解决大的方面的问题。要求全局统帅局部，局部服从全局。某项决策，如果在局部看来是可行的，而在全局看来是不可行的，就不能办。这就要求，身为领导干部，一是要做战略家，而不要做事务家，认真研究带有全局性指导规律的问题，把全局作为思考、研究、解决问题的出发点和落脚点；二是要既注重全局的利益，又要考虑研究局部问题，按照发展规律去超前预测；三是抓大事，想未来，既胸中有全局，又从实际出发，在统筹兼顾中解决具体问题。四是领导干部必须视野宽广，眼观六路。眼观六路是说领导干部在战略谋划中，眼界要宽，视野要广，不能只把眼光"聚焦"在一国、一地、一个领域、一个行业、一个部门，要"眼观六路，耳听八方"。这既需要多方面的知识，又需要勇于进取的意识。

从我国国情实际出发，领导干部总揽全局的战略思维能力，无论是对整个社会的进步、对全面深化改革，还是对所领导的组织的生存与发展，都有着极其重要的现实意义。这就要求各级领导干部进一步解放思想、实事求是，从全局和战略上把握时代的特点，运用科学的理论研究解决现实问题，不断深化对事物发展规律的认识，准确把握发展中具有全局性、长远性、根本性的重大问题，做出既符合时代要求又紧密切合实际的战略谋划，以推动事业的不断前进。

当前，我国已进入全面建设小康社会和加快推进改革开放和现代化建设的新的发展阶段。在这一伟大历史进程中，有一系列重大问题需要各级领导干部去研究和解决。

领导干部具有全局观念后，就能更深刻地认识当代中国和当今世界，更全面地观察和思考问题，更清醒和有力地掌握我们自己发展的命运。

> 领导干部一是要有历史的深远眼光，二是要有世界的全局眼光。这样观察问题，领导干部就能更深刻更全面地认识当代中国和当今世界，更加清醒和有力地掌握我们自己发展的命运。

2. 要有战略头脑，进行战略思维

战略头脑、战略思维是领导干部总揽、驾驭全局、科学决策的基础和前提。领导干部要做到总揽全局，就必须要具有战略头脑，必须要站在全局的高度，以长远的眼光分析和解决具有宏观性、前瞻性、政策性的重大问题，自觉地以全局和长远的观点捕捉、谋划、解决战略问题。由于战略问题多是全局性、宏观性、前瞻性、政策性的问题，战略头脑相应地会具有高层次的特点，并体现出极强的超前性，因此，具备战略头脑是领导干部总揽和驾驭全局，进行战略思维的基础和前提。**无论担任哪一级组织的领导干部，不具备战略头脑的话，实现总揽全局、科学决策也就无从谈起。**

与战略头脑相联系的是战略思维。战略思维具有全局性、战略性和系统性等特征。战略思维的核心是全局性思维，其基本着眼点是如何正确处理全局与局部、长远与眼前的关系问题。所谓战略思维，是指自觉认识事物发展的客观规律，确立战略观念，进行战略思考和研究，在工作中能够高瞻远瞩，对带全局性的计划和策略、决定全局和长远的重大事情，进行正确筹划和实施。基于战略思维而形成的能够对全局性、决定全局的重大事情进行整体和系统谋划的能力，就是总揽全局的能力。所以，领导干部总揽全局的能力，就是洞察全局、思考全局、谋划全局、指导全局、配合全局的思想方法和工作能力，实质上就体现为战略思维的能力。

善于进行战略思维是新的历史条件对各级领导干部的新要求；善于进行战略思维是认识和实现全面建设小康社会目标的重要保证。全面建成小康社会是中国社会主义经济、政治、社会全面发展的目标，不论从全面还是从重点来看，无论对全局还是对局部而言，实现这一目标都是极其艰巨的，都要求各级领导干部具有较高的战略思维能力，努力实现经济、政治和文化的协调发展。

现实告诉我们，面对新世纪国内外形势的深刻变化，要经受住长期执政、改革开放和发展社会主义市场经济的考验，领导干部必须努力提高自身素质，提高战略思维能力，把培养和提高战略思维能力作为自己不可忽视的重要任务和必修课程，不断增强责任感和自觉性，通过不懈的努力，把自己逐步锻炼成为具有战略思维能力、能够完成肩负的历史重任的高素质领导人才。

3. 眼界宽广，拥有宽阔的视野

眼界决定胸襟，眼界越宽阔，心胸越宽广。领导干部只有打开了眼界才能看得远，才能干得好。登岳阳楼，有一副楹联引人深思：上联是"四面湖山归眼底"，下联是"万家忧乐到心头"。它道出了一种难能可贵的品质，那就是宽广的眼界。作为领导干部，一个基本的能力要求，就是要有宽阔长远的眼界。所谓眼界，是指人的见识广度。领导干部站得高才能看得远，看得远才能做得好。**眼界越宽阔，心胸越宽广，这就是眼界决定胸襟。**

眼界决定了人的价值取向。正像鹰即使翱翔万里，看到的也只是地上的兔子，而金龟子眼里只有草原上的粪球。眼界里面既可以有金，也可能有粪土。一个领导干部能否与时俱进，能否谋划未来，很大程度取决于自我的眼界。打开了眼界，自然打开了心胸。领导干部应当眼界宽广。一个眼界宽广、目光远大的人，能从全局利益来考虑问题，这样就能抓住大事，抓住重点。站得越高，看得越远。

> 邓小平同志明确指出："考虑任何问题要着眼于长远，着眼于大局"，"眼界要非常开阔，胸襟要非常开阔"；"要从大局看问题，放眼世界，放眼未来，也放眼当前，放眼一切方面"。任何事情，只有眼界宽广、目光远大，才能看得更广、更远，才能心胸开阔。

然而宽阔的眼界并不是与生俱来、自然生成的，必须经过坚持不懈的努力和丰富知识的积累，经受长期艰苦的磨炼。宽阔的眼界可通过以下途径培养。

一是加强学习。**开阔眼界是一个不断充实自我的过程，有赖于领导干部综合素质的提高，有赖于通过加强学习不断丰富和充实自我。**领导干部应系统地精读一些马克思主义的经典著作，把握其基本观点，领会其精神实质。还要努力学习社会主义市场经济知识、现代科技知识、法律知识、历史知识以及一切反映当代世界发展的潮流的新知识。此外，领导干部应善于把学与思、知与行结合起来，做到学用相长、融会贯通。不仅要善于向书本学习，更重要的是要善于向实践学习，在实践中开阔视野，增长才干；善于向群众学习，从群众中吸取智慧和力量。领导干部只有确立不断学习、全方位学习、在实践中学习的理念，做学习的楷模，才能以高尚的品德、广博的知识、丰富的经验、开阔的眼界，不断充实和提高自己，不断推进各项事业向前发展。

二是与时俱进。**领导干部眼界的开阔，不是一蹴而就、一劳永逸的事情，而是一个逐步积累、逐渐升华的过程，一个不断否定自我、超越自我的过程。**人们常说，"山外有山，天外有天""欲穷千里目，更上一层楼"，对于经过不断努力和锻炼，在提高境界、开阔眼界上所取得的每一点进步和成绩，决不能自以为是、沾沾自喜，而应把它看成是不断突破自我、超越自我、提高自我、完善自我的步骤和环节。社会在进步，时代在发展，实践在深化，因此，开阔眼界、提高境界永无止境。旧的问题解决了，还会出现许多新的问题；已经达到了一定境界和层次，还有新的高峰等着我们去攀登。如果满足于已有的进步，陶醉于已有的成绩，故步自封、不思进取，就会被时代所淘汰。"苟日新，日日新，又日新"，只有在新的起点上不断迈进，在否定自我的过程中不断超越自我，与时俱进，锐意进取，才能永立潮头，拓展更宽更广的眼界，不断达到新的更高的境界。

三是胸怀天下。领导干部只有具备了立足长远、胸怀全局、面向未来的宽广视野，才能多一点大气，造就干大事、创大业、迈大步的超人气魄，才能在工作上从远处、大处着眼，创造辉煌的业绩。

四是站在时代的高度登高望远。领导干部在做任何一项重大的战略决策前，都需要以战略的头脑高瞻远瞩，因为只有站得高，才能望得远，只有想得长久，才能预见未来。领导干部要具有远见卓识，就需要立足于时代的高度，着眼于长远的未来，预见和把握时代的发展趋势。

登高远眺，登高是前提，不登高则无以远眺。领导干部要修炼远见卓识的能力，就需要摆脱一人、一事、一个局部、一个地区的狭隘眼界，超越就事论事的层次，总揽全局，分析矛盾；还需要透过事物的表面现象，把握其实质；同时，还要超越局部的限制，从整体上分析矛盾解决矛盾。

4. 具有世界眼光，紧跟世界潮流

有多广泛的视野，就有多大的业绩。领导干部只有不断放眼世界，胸怀天下，才能出色地做好领导工作。放眼全球的世界眼光是各级领导干部特别的必备素质。只有具备了世界眼光，才能在经济全球化日益加深、世界各地联系日益紧密的当代社会准确把握新的发展形势，迎接新的挑战。

世界眼光具有以下特征。

(1) 世界历史的观察角度

"世界历史"是马克思、恩格斯在《德意志意识形态》和《共产党宣言》中多次使用的一个重要概念。意思是说，工业革命和世界市场的出现，打破了地域的局限，把各个民族都推向不可分割的联系和交往之中，并引起这些民族和国家的整个生存形式发生改变。在这种情况下，过去那种地方的、民族的历史也就变成了世界历史。他们指出："无产阶级只有在世界历史意义上才能存在，就像共产主义——它的事业——只有作为'世界历史性'的存在才有可能实现一样。"

这就告诉我们：世界眼光是世界历史的产物，自世界历史形成后，对事物的认识就不能只从地方的、民族的圈子里来考察，而应当从世界历史的角度来考察。**只有从世界历史出发，才能正确认识和把握一个国家和民族在世界体系中所处的历史地位，从而做出正确的选择。**

> 对一个地区的发展不能仅仅从本地区来认识，而必须把它放到全国或全世界的范围内来考察，只有这样，才能看清自己的状况，明确自己的任务，从而制定正确的发展战略。

(2) 横向比较的思维方法

满足于维持简单再生产和习故蹈常的惯性生活，也就极容易产生"小富即安"、"年年有余"甚至"不富也安"的观念。这种观念显然不能适应现代社会的发展。现代社会是工业化、全球经济一体化的社会，如果我们还满足于"步子不快年年迈，成绩不大年年有"的观念和标准，那就要落后,而落后就必然被历史所淘汰。因此,必须打破纵向比较的思维定式,倡导横向比较的思维方式,睁开眼睛看世界,跟全国乃至全世界先进水平比,奋发向上,勇攀高峰。

(3) 敢于走超常规、跨越式发展道路的精神和意志

不仅一个国家的发展必须以对世界发展大势的透彻理解和科学判断为前提,一个地区的发展也离不开对国际社会和国际大环境的熟悉和科学认识。领导干部只有不断增强世界眼光,才能更好地开展本地工作。**世界眼光内含一种竞争天下的雄心,必然要求一种打破常规、赶超世界先进水平的发展道路**。其根本原因在于:现在的社会是开放的社会,是与世界先进水平的生产"同时存在"的社会,因而能够通过世界市场获得先进技术、管理经验、资源和其他有利条件,并形成利用全球的这种全面生产能力,从而后来居上,实现跨越式发展。

在当今这样一个各国、各地区之间联系日益紧密的开放世界里,是否有开放的思维,是否善于取他人之长、补自身之短,是决定一个国家、一个地区经济社会发展水平的关键因素。闭目塞听、故步自封,必然被时代所淘汰。领导干部有放眼世界的战略思维,就是要站在世界的高度,从全球的角度来认识国情,善于从全球着眼考虑与谋划事情,进一步理清发展思路,激发创新活力。**只有把一个地方、一个行业的发展都放在国际大格局中运筹帷幄,才能使各项事业不断向前推进。**

(4) 树立可持续发展观

从我国的国情出发,领导干部,尤其是党的领导干部,要修炼远见卓识的能力,还必须树立可持续发展观。树立可持续发展观,是立足现在、着眼未来的长远眼光与全局性思维的集中体现,是对各级领导干部提出的一个基本要求。

首先,具有远见卓识的领导干部,要树立发展观。领导干部要善于分析和把握外部环境和内在潜力,善于认识和挖掘本地区、本系统的各方面优势,善于发现和抓住有利机遇,既依托渐进式发展,又不失时机地争取跳跃式发展。由于我国社会生产力总体上落后,各个地区发展所需条件相对比较复杂,这就制约了各样化的发展道路,使得社会经济发展呈现出艰

巨性和长期性的特点。

其次，具有远见卓识的领导干部，还必须树立可持续的发展观。这是因为，一个地区和单位的发展，需要相当长期的艰辛努力，只有领导干部着眼于长远发展、着眼于未来发展、着眼于可持续发展，该地区和单位的社会和经济才有希望步入持续快速健康发展的轨道。从这个意义上来讲，当前必须大力克服领导干部在任期内求功、求名的思想，坚决杜绝政绩工程、形象工程等急功近利的短期行为。同时，必须立足当前，及时有效地解决当前社会经济生活中的重点、热点、难点问题，化消极因素为积极因素，增强广大群众对改革的理解和支持，凝聚民心，鼓舞士气，促进改革的深化和长远的发展。

总之，领导干部无论在什么地方什么时候，都要坚持辩证的、科学的发展观，胸怀全局，着眼长远，抓住有利时机，实现跨越式发展，切实确保所领导的组织健康地成长，确保经济、社会、人和自然相互协调地发展。

5. "风物长宜放眼量"，修炼远见卓识

"风物长宜放眼量"，领导干部只有具有远见卓识才能不为眼前利益所迷惑，把握和赢得未来。作为领导干部，需要具有洞察未来的深邃目光，要善于谋划长远。客观事物是发展变化的，发展是全局，长远也是全局。领导干部要善于把握全局的潮流和趋势，既要善谋眼前，又要善谋长远。

"风物长宜放眼量"，领导干部想问题、办事情、作决策，都应着眼未来、着眼长远，从广大人民的根本利益出发，不断增强工作的前瞻性、预见性。 任何事物的发展总是遵循一定规律的，都有一个由隐到显、由小到大的演变过程。洞察未来，还要求领导干部在实际工作中有一种未雨绸缪、见微知著的能力和本领。

只有从发展的角度来观察全局，以长远的眼光来审视现实，领导干部才能在实际工作中做到统筹兼顾、协调发展。

> 贯彻党的十八大精神,树立和落实全面、协调、可持续的发展观,必须善谋长远,把现实发展、可持续发展、未来发展统一起来,把改革的力度、发展的速度和社会可承受的程度有机统一起来。

善谋长远,就不能脱离客观条件盲目追求个别高指标,更不能搞劳民伤财的"形象工程"、"政绩工程"。否则,就会破坏全局的协调和可持续性。

领导干部只有立足现实,着眼未来,才能适应内外环境的发展变化,才能在工作中发展创新。从而长期保持主动性和领先状态,把握和引领未来。领导干部修炼远见卓识能力的具体方法与途径,包括以下几个方面。

(1) 目标明确

任何远见卓识的实现,都是从确定目标开始的。这一点虽然简单,但却非常重要。没有哪位领导干部天生就明白事业与人生的奋斗目标究竟是什么,这需要经过对全局的深思熟虑才能够做到。在确定目标时应注意两点:一是目标不是脱离实际的空想或对前人经验的照搬硬套,而是以自身的才能、梦想、希望和激情为基础。二是目标必须明确,不要模糊不清、若隐若现。

(2) 实事求是

培养远见卓识不是一蹴而就的,而是一个反复实践、长期思考的过程,因此,只有从实际出发,按实际情况来决定出发点。没有这个出发点,就不可能规划全面行动的路线和目的地。

(3) 抓大放小

对矛盾的认识和对事物发展的判断与决策往往面临着多种选择,在每种选择中既可能是一种机会,也可能是一种诱惑。具有远见的领导干部往往会勇于为大目标放弃小选择。尽管多种选择可以提供多种机会,但对于总揽全局的领导干部来说,想要获得整体利益,有时必须放弃种种小选择来实现。要知道,为了实现大目标,往往就要做出必要的牺牲,其中就涉及牺牲局部利益。

(4) 及时调整

实现远见卓识包含着必须正确地做出决策，正确地选定一条发展道路，并动员各种力量，义无反顾地在这条路上走下去。但这也不是一成不变的，任何事物都在运动发展着。领导干部必须不断地根据变化着的情况修正调整原有的决策，其中最困难的就是要主动改变自己，那种形势变了还一味固执的做法，是在自我欺骗，同时会对整个大局造成不利影响。

二、见微知著：科学判断现时与未来形势

正确地认识和科学地判断形势，是领导干部总揽全局、科学决策的重要前提和重要依据。为此，各级领导干部"必须以宽广的眼界观察世界，正确把握时代发展的要求，善于进行理论思维和战略思维，不断提高科学判断形势的能力。"可见，科学判断形势的能力是领导干部执政与决策所必须具备的一项重要能力。

1. 科学判断形势是领导干部最基本的能力之一

一个善于掌控全局的领导干部，能够从变化中看到规律，能够从现在预测未来。这种见微知著、审时度势的能力，来源于领导干部正确地把握时代发展的要求，善于进行战略思维，由此提高科学地判断形势的能力。科学判断形势的能力，对于所有领导来说，都是一个基本功。但是，对于党的领导干部而言，又有着特殊的重要意义。当我们在进入全面建设小康社会新的历史阶段的时候，面对风云变幻的国际形势和艰巨繁重的国内建设、改革的任务，以及党员干部队伍的巨大变化，特别强调和要求各级党的领导干部不断提高科学判断形势的能力，就具有十分鲜明的针对性和非常重要的现实意义。**身为领导干部要不辱使命、不负重托，就必须努力针对新的实际，切实提高科学观察、正确分析和全面把握国际国内、本地区**

本部门形势的能力，才能更好地把领导工作和党的事业干好。

中国共产党是执政党，党的地方各级委员会是各级地方组织的领导核心，党的各级领导干部是党和国家事业的骨干。作为领导干部，最重要和最基本的任务就是对每项重大关键的问题做出正确的决策，制定正确的纲领和路线方针政策，然后率领人民群众去努力实现。那么，领导干部的正确决策从哪里来？当然不能从书本中来，也不能凭经验和想当然而来。凡属正确的决策，只能以正确的立场、观点、方法做指导，在全面、科学、准确地分析和把握了客观形势的基础上做出来。从担负领导工作的角度讲，科学、正确的决策，必须要建立在科学分析形势，全面把握世情、国情、党情的基础之上。因此，科学地判断形势，对于领导干部来说，是一个基础性工作，是领导能力中的一项基本功。

科学判断和分析形势，其前提是要了解所要分析的"形势"的特点和内容。从一般意义上理解，形势就是现在面临的客观情况和发展态势。对于形势的理解要把握两点，一是它的现实性，二是它的发展性。

观察和分析形势，不仅要全面准确把握现在的方方面面的具体情况，还要准确把握形势发展的大趋势，预见到形势发展的可能性。分析形势的目的只有一个，就是在掌握形势的基础上，制定正确的政策和行动步骤，利用有利形势，化解不利因素，始终掌握前进的主动权，使之为领导工作的目标服务。准确地讲，科学地判断形势，也就是领导干部从国内外、省内外、本地区内外的实际情况出发，从中发现其固有的规律性作为领导决策和其他领导工作的向导。而要这样做，就须不凭主观想象，不凭一时的热情，不凭死的书本，而凭客观存在的事实，详细地占有材料，从这些材料中引出正确的结论。

> 判断形势，需要占有、分析材料，研究大趋势、预见可能性、把握规律性，从而增强工作的针对性、实效性、主动性和创造性。科学判断形势的目的，就是使我们的各项事业与时俱进，体现时代性，把握规律性，富于创造性。

2. 科学判断形势是领导干部的紧迫任务

面对经济全球化、科技发展日新月异的现状，科学地判断形势，不仅是领导干部把握大局、与时俱进地做好各项工作的前提，也是各级领导干部当前最为紧迫的任务之一。党的十六大强调：加强执政能力建设，并把科学判断形势的能力放在执政能力的首位。这是在全面分析了我们党所面临的形势和任务以及我们党的干部队伍的现状的基础上做出的，具有很强的现实性和针对性。党的领导干部要完成这一紧迫任务，需要从三方面入手。

（1）把握世界潮流，认清发展趋势

从国际形势来看，我们需要不断增强科学判断形势的能力。在人类社会进入21世纪的时候，我们正面临着一个非常复杂和不断变化的国际形势。当今世界至少有以下几个潮流需要我们很好地把握。一是经济全球化。经济全球化的真正含义是什么？对于我国来说，机遇和挑战各自表现在哪里？如何积极应对？二是在"一超多强"的政治局势中，如何看待美国这个唯一的超级大国咄咄逼人的进攻态势？如何使我国在国际政治舞台上发挥更大的作用？积极引导国际政治多极化的发展趋势？三是科技革命日新月异，世界范围内科技革命的迅速发展给我国带来了哪些机遇？四是民主化浪潮。面对所谓的民主化浪潮的"第三波"冲击，面对世界范围内社会主义的重大挫折，我们如何积极应对？**这些新情况的出现，是不以我们的意志为转移的，唯一的办法是全面准确地掌握，做出正确的判断，始终立足自己的发展，牢牢掌握主动权。**

（2）了解执政环境，改变思维观念

从国内形势来看，在社会主义市场经济体制初步建立，我国进入全面建设小康社会、加快推进社会主义现代化建设的新的发展阶段，我国的政治、经济、文化和社会结构等都同计划经济时代大大不一样。我们正面临着一个已经发生和正在发生重大变化的执政环境。在这种环境下，领导干部以往的领导方式和执政方式正变得越来越不适应，我们的思维方式和思想观念正经受着越来越多的冲击，必须根据时代的发展和环境的变化及时加以转变，才能更好地带领民众完成全面建成小康社会的根本任务。

（3）提高领导素质，增强执政能力

从我们党的情况来看，我们党已经从一个领导革命的党转变为一个领导建设的党，从一个夺取政权的党转变为巩固执政地位的党，从一个领导计划经济的党转变为一个领导社会主义市场经济的党。党员队伍、干部队伍越来越年轻，干部队伍实现了整体性的新老交替。党员和干部的主体基本上是新中国成立以后参加工作甚至是十一届三中全会以后参加工作的人。这样一来，我们的干部主体就从过去的革命功臣，发展到现在主要是"四化"人才。**在长期执政情况下，如何建设党，如何建设一支高素质的干部队伍，迫切需要我们从变化了的党员干部队伍实际出发，以改革的精神加强党的建设。**从判断形势能力方面来说，现在的干部，文化水平普遍比较高，但是缺少严格的党内生活锻炼，缺少政治上大风大浪的考验，也缺乏驾驭纷繁复杂的国内外形势的能力，从政治、全局和战略上思考和把握形势的能力还存在不足。而我们又面临与以往如此大不相同的国内外形势，因此，大力提高领导干部科学判断形势的能力就显得十分紧迫。

3. 科学判断形势需要具有敏锐的政治辨别力

面对纷繁复杂的国内外形势，领导干部要想做出科学的判断，就必须具备敏锐的政治辨别力，即用清醒的政治头脑，以坚定的政治立场和正确的政治方向去思考分析，否则将会铸成全局大错。政治敏锐性是指领导干部在政治上要有见微知著、见面知里、见近知远、反应迅速，要有政治上的远见卓识。**政治敏锐性要求领导干部要用冷静、清醒的头脑对形势的发展趋向、事物发展的动态有一种预见性的敏感，要有高度的政治敏锐性及时地去发现问题和果断地处理问题。**这就要求领导干部要始终站在党和人民的立场上去观察形势，去想问题和办事情；要从党和人民的利益出发，而不能从个人或小集团的利益出发；应该着眼于绝大多数人的利益，而不能仅仅着眼于某些人的利益。

> 领导干部要坚持的正确方向，就是坚持党的基本理论、基本路线、基本方针，就是坚持建设中国特色社会主义的方向。立场不稳、方向不清，就难当重任，难受重托。

领导干部在任何时候和任何情况下，都要保持政治上的清醒，在事关大局、事关方向、事关根本原则的大是大非的问题上，一定要立场坚定、旗帜鲜明，能够经受住各种风浪的考验。

当前，党的领导干部坚持正确的政治立场和政治方向，集中表现在坚持党的基本理论、基本路线、基本方针和基本纲领上。这些基本理论、基本路线、基本方针和基本纲领是我们党总结了新中国成立及成立以来正反两个方面的经验教训得出来的，它们集中反映了生产力的发展要求，代表了广大人民群众的根本利益，解决了坚持社会主义与发展社会主义的根本问题，是领导干部科学判断形势的依据，是做好领导工作的思想基础、理论基础和政治基础，也是我国社会主义现代化建设的根本保证。有了这个大方向，领导工作就有了主心骨，就能经得起各种风浪的考验，不论发生什么事情，这些基本的东西都不能变。**形势越复杂，任务越艰巨，斗争越尖锐，我们就越要坚持这些基本的东西不动摇，这是当前最大的政治。**

领导干部还应该善于从政治上观察、分析、思考和处理问题，善于把握经济问题的政治意义和社会发展的政治方向，能够明辨政治上的是非得失，敏锐地洞察不利的政治倾向，正确地区分矛盾的性质，及时采取有效应对措施加以解决。

4. 提高领导干部科学判断形势能力的修炼方法

领导干部要提高科学判断形势的能力，其关键是要用科学的理论武装头脑，以科学的立场、观点和方法观察世界、分析形势。为此，领导干部必须要加强学习，博采众长，尽可能多地掌握先进思想、先进理论和先进方法。对于领导干部来说，培养科学判断形势的能力具体应从以下几个方面着手。

（1）加强学习，用科学理论武装头脑

作为领导干部，一定要学会用马克思主义的辩证唯物主义和历史唯物主义基本原理去分析形势、判断形势，用马克思主义的宽广眼界全面观察世界和审视世界。作为科学的世界观和方法论，辩证唯物主义和历史唯物主义能提供科学的思想方法，引导和规范思维活动，从现象中发现本质，从局部看到整体，从而表现出强大的对整体未来发展的预见功能。各级领导干部既要有历史的深远眼光，善于从历史发展的角度去观察和审视问题；又要有世界的宽广眼光，密切注视世界经济、政治、科技、文化、军事等方面的变化，善于在普遍联系中把握世界发展的大局，从事物的不断变化中掌握事物发展的内在规律。历史的眼光、世界的眼光，说到底是要以实事求是的态度客观地看待形势，以更加开放的眼光审视自己，以更加广阔的胸怀博采众长，从世界经济、政治、科技、文化、军事发展的大局中寻找发展机遇，把握发展趋势，不断增强工作的前瞻性、预见性。

（2）从整体上辩证地认识形势

领导干部正确认识和科学判断形势，要以辩证的观点从整体上把握形势的内在联系。

形势是一个全方位反映外部世界的纵向和横向联系的整体性概念。对于我国广大领导干部来说，就是现在面临的客观情况和发展态势，包括世情、国情和党情。**正确认识和科学判断形势，对正确制定和执行党的路线、方针、政策关系极大**。分析形势的目的是把握形势，在掌握形势的基础上，制定正确的政策和行动步骤，利用有利形势，化解不利因素，始终掌握前进的主动权，使之为领导工作的目标服务。

（3）善于进行理论思维和战略思维

善于进行理论思维和战略思维，是科学判断形势的前提。提高科学判断形势的能力，必须从提高理论思维和战略思维的素质入手。

所谓理论思维，就是运用马克思列宁主义、毛泽东思想、邓小平理论和"三个代表"重要思想的立场、观点和方法观察世界、分析形势，透过现象看到事物的本质。理论思维是我们科学判断形势的理性认知基础。外部世界的表象是五光十色、纷繁复杂的，有真相，也有假象；有主流，也有支流。理论思维有助于我们透过事物的表面现象把握本质，从对象的表面进到事物的里层，把握事物的内在矛盾及其本质联系，避免被各种假象所迷惑，从而把握住客观形势的本质和主流。

> 理论思维通过对外部世界本质的把握，了解其内部要素蕴含的必然联系以及矛盾相互转化的条件，就可以达到科学地预见事物变动发展的趋势，从而对未来形势的演变做出准确的判断。

所谓战略思维，就是在马克思主义指导下，立足现实，着眼未来，从政治上、战略上思考和认识重大问题，确立科学的政策和策略。战略思维是一种立足全局的思维，它要求从宏观的视角，高瞻远瞩，对事物发展的全局做出正确的估价和判断。战略思维有助于我们对形势的基本特点和未来走向做出科学的基本判断，从而为制定正确的路线、方针、政策提供科学的依据；战略思维有助于从主体需要出发对形势做出利弊分析，以便选择出有利的行动方案；战略思维有助于我们从纵向和横向两个尺度上把握住外部世界的整体，并能够敏锐地把握事物发展在空间和时间上对主体形成的有利的交汇点，是人们认识和把握机遇的必要思维工具。

作为领导干部，还要学习和掌握现代思维科学的理论。人类的思维活动是有规律可循的，思维科学就是研究思维规律和方法的科学。**学习和掌握正确的思维规律和方法，有助于我们思维的有效性和正确性。**学习思维科学的理论，除了要学习传统的形式逻辑、归纳逻辑之外，还要学习现代思维科学理论，如控制论、信息论、系统论、问题逻辑、决策逻辑等等。

总之，掌握科学的方法，把握好形势的含义和内容，善于进行理论思维和战略思维，是现时期领导干部提高科学判断形势能力必不可少的三个环节。没有科学的方法，谈不上对形势的正确把握；不了解时代特点和世情、国情和党情，就没有科学判断形势的针对性；不具备理论思维和战略思维，也就不可能科学地判断形势。广大领导干部要不辱使命、不负重托，全心全意为人民服务，针对新的实际，切实提高科学观察、正确分析和全面把握国际国内、本地区本部门形势的能力，使我们的各项事业与时俱进，在全面建成小康社会、和谐社会、加快推进社会主义现代化的历史进程中，富有创造性地开展工作。

第一章 掌管全局能力的修炼

第二章
勇于改革与开拓创新能力的修炼

创新与改革是人类所特有的能力素质。领导干部身系组织的发展大业和一方百姓的福祉,因此,必须具有改革创新的政治责任和优良品格。如果因循守旧、墨守成规,不思进取、故步自封,就必然要落伍于形势,被时代所淘汰。因此,不断修炼和提高改革与创新能力具有极其重大的现实意义。

站在新的历史起点上,机遇与挑战并存,改革发展的任务十分艰巨,对每个领导干部的素质和能力提出了新要求。各级领导干部要抓住机遇、应对挑战,解决前进道路上的突出矛盾和问题,就迫切需要大力弘扬改革创新精神,就必须全面提高自身的改革创新能力。

一、勇于改革创新：领导干部最重要的品质

当前，我们正处在一个改革创新的时代。大力推进社会主义经济建设、文化建设、政治建设和社会建设，实现民族振兴、国富民强的伟大历史责任，要求广大领导干部开拓进取，勇于改革创新。各级领导干部需要拿出胆识、毅力、信心和勇气，敢于突破一切不利于发展的观念性、体制性障碍，不断开创工作新局面。

1. 改革创新是社会发展的强大动力

邓小平同志曾指出"发展是硬道理"，他认为"中国解决所有问题的关键是靠自己的发展"。经过改革开放30多年的发展之后，面对新形势、新任务，习近平总书记特别强调，"一定要以宽广的眼光密切观察世界局势的变化，积极借鉴吸收人类文明一切优秀成果；一定要坚持不懈地用党的理论创新成果武装党员干部头脑。"这充分说明，中国未来的发展，关键要靠改革创新。改革创新是发展的内核，没有改革创新就没有发展。从这个层面讲，发展是硬道理，改革创新则是硬道理中的"硬道理"。

首先，社会发展要靠改革创新。**改革创新是人类社会进步的根本动力，一旦失去创新，人类历史就只能停滞**。人类社会每前进一步，都饱含着创新的艰辛，每一阶段生产力的提升、每一次生产关系的变迁，都是创新的结果。如最早拥有自己的农业、文字、历法、法令制度等人类文明而著称的古埃及、古巴比伦、古印度和中国四大文明古国，就是世界古代创新文明的集大成者。

其次，国家强盛要靠改革创新。中国作为四大文明古国中唯一将古文明完整传承至今的国家，凭借其创新活力源源泉涌的优势，曾保持了几千年的世界强国的地位，但在其创新活力被愚昧的封建王朝统治者压制禁锢之后，发展滞缓，成为受人奴役、任人宰割的"东亚病夫"。在鸦片战争

后新中国成立前，不说强大的英、法、俄、日等国可以在我国横行霸道，就是葡、荷等小小殖民者也公然在中国土地上为所欲为。

> 有学者在总结中国近代衰落的原因时曾沉重地写道，曾经领先了上千年的中国文明到十八世纪后开始暗淡。一个聪明的民族渐渐变得迟钝和衰老，我们缺少的究竟是什么呢？缺少的正是创新。

中国共产党在国家积贫积弱、民族灾难深重的困境中诞生，领导中国人民进行了艰苦卓绝的新民主主义革命、自力更生的社会主义建设和激流勇进的改革开放。不管何时何地，我们始终坚持独立自主的创新意识，始终保持着蓬勃的创新精神，理论上完成了马克思主义的中国化，发展模式上走出了一条中国特色社会主义道路，经济上从容应对全球化的浪潮并初步实现了与世界经济的接轨，政治上战胜了西方敌对势力"西化""分化"的图谋并在世界政治舞台上占据举足轻重的地位，科技上取得了核应用、航空航天等许多尖端领域的重大成果。自强不息的创新精神，使我国已经成为公认的经济大国、政治大国，在不久的将来，也一定能成为举世瞩目的科技大国。

再次，永葆党的先进性也要靠改革创新。**改革创新是一个政党永葆先进性的生命之源，没有改革创新，就会落伍，就会被时代所淘汰**。最近一二十年里，世界上许多长期执政的大党老党先后失去执政资格，甚至被挤出历史舞台，根本原因就是它们失去了创新能力。而中国共产党之所以能经得起任何惊涛骇浪的冲击，顺利渡过一次又一次的难关险隘，根本原因是我们党始终坚持与时俱进，开拓创新，顺应乃至引领了时代发展的潮流。

我们党把思想路线完善为"解放思想、实事求是、与时俱进"，更是充满了鲜明的创新精神。正是因为深刻认识到了改革创新的重要性并坚持不懈地进行改革创新实践，我们党才拥有了取之不尽的力量源泉，才拥有了带领中国人民完成全面建成小康社会、实现中华民族伟大复兴的这个伟大历史使命的持续动力。

最后，在我国，解决发展中的问题仍要靠改革创新。当前，我国政治、经济体制改革已进入攻坚阶段,新的体制机制尚未完全确定,区域之间、城乡之间、经济社会之间、人与自然之间、国内发展与对外开放之间还存在着不少的矛盾、问题和不协调的地方。所有这些,是躲不开绕不过的,迟早必须予以解决。但是如何解决?老经验、老办法、老套路显然不行,唯一正确的选择是坚持发展,不断创新,用新理念、新思路、新办法、新举措,来破解发展难题,打开发展的新局面。正如十八届三中全会所通过的《中共中央关于全面深化改革若干重大问题的决定》(以下简称《决定》)指出的,全党同志要紧密团结在以习近平同志为总书记的党中央周围,锐意进取,攻坚克难,谱写改革开放伟大事业历史新篇章。为此,领导干部应把改革创新与发展实践结合起来,以一往无前的勇气和胆识,不断革故鼎新,推动社会向前发展。

2. 具有改革创新能力是领导干部必备的素质

领导干部是一个特殊的群体,处于领导干部、决策者和党的路线方针政策及国家法律法规制定者、执行者的地位,所肩负的历史责任决定了领导干部必须要具备创新能力。在一定的历史条件下,作为领导干部就要担负起"引导者和向导者"的历史责任,就必须在新的理论指导下探索新的发展道路、明确新的发展目标。各级领导干部,特别是中高级领导干部,是否具有良好改革创新素质,对于中华民族的兴衰,无疑将起到至关重要的作用。

领导干部的改革创新能力是多种能力的综合,主要包括观念的改革创新、制度的改革创新、政策改革创新、管理方式方法的改革创新等多个方面。我国正处于可以大有作为的重要战略机遇期。党中央强调,改革开放是坚持和发展中国特色社会主义的必由之路。要始终把改革创新精神贯彻到治国理政各个环节,坚持社会主义市场经济的改革方向,坚持对外开放的基本国策,不断推进理论创新、制度创新、科技创新、文化创新以及其他各方面创新,不断推进我国社会主义制度自我完善和发展。对于广大领导干部来说,只有将创新贯穿到自己日常工作、生活的各个方面,不断提高自身创新能力,才能为发展中国特色社会主义更好地贡献力量。

领导干部提高改革创新能力不仅十分必要，而且十分紧迫性。当今世界是改革创新的世界，没有改革创新就没有发展。创新的重要作用已经被历史和现实反复验证。对于中国这样一个社会主义大国，要富强、要发展、要进步就必须紧跟时代，不断改革创新。党的十一届三中全会以来，我国进入了改革开放的新时代。在改革开放的进程中，党中央已经多次向全国各领域发出创新的号召，并将创新的意义上升到关乎国家前途命运的高度来认识。在这个改革创新的时代中，广大国家领导干部是僵化地以不变应万变、以慢变跟着变，还是积极地以快变适应变呢？这是一个无法回避的问题。

领导干部作为党政机关工作人员，担负着党和国家管理的重要职能。他们代表党和国家管理政治、经济、文化等多方面的国家事务和社会公共事务，是党的路线、方针、政策和国家法律法规的具体执行者，担负着社会主义现代化建设的规划、组织和领导的重要责任，是国家重要的人才资源。在国家行政管理的运行中，起着决策、组织、协调、控制的重要作用。**领导干部素质的高低，直接影响政府的工作效率和政府职能的发挥，进而影响到一个国家战略目标的实现。**

改革创新能力是领导干部必备的基本能力之一。在市场经济运行机制中，政府管理活动的综合性、多变性、动态性日益显著，领导干部如果不能从互相联系的诸多因素中发现新问题、掌握新方法就跟不上形势，工作就会陷于被动。因此，领导干部敢不敢改革、能不能创新，不仅关系到领导干部能否适应现代行政管理的要求，而且关系到其所从事的事业的兴衰成败。可见，领导干部必须强化创新意识，以求真务实的态度敢闯敢试，结合工作实际，创造性地执行党和国家制定的路线、方针、政策，突出优势和特色。

当前经济全球化趋势不断增强，世界科技日新月异，综合国力的竞争日趋激烈。我国存在着通过科技进步实现跨越式发展的机遇，也面临着西方发达国家科技优势的巨大压力。如果没有正确的政策和得力的领导，我们就会处于不利地位。在这种情况下，抓紧对领导干部改革创新能力的培养，造就一支善于把握大局、审时度势，具有坚定的原则性、较高的政治素质和领导能力的领导干部队伍就至关重要。有了这样一支会执政治国、勇于创新实践的领导干部队伍，我们就能够抓住机遇，加快发展，维护国家的利益和安全。

> 进一步提高领导干部的改革创新能力是不断开创社会主义事业新局面的内在要求，具有十分重要的意义。为了全面建成小康社会，实现中华民族的伟大复兴，领导干部要具有改革创新的勇气，敢于突破框框，打破陈规戒律。

3. 改革创新的本质在于突破固有的框框与秩序

什么是改革创新能力的本质？简单地说，改革创新能力的本质就是突破，再突破。有突破才有创新。改革创新的过程，是一个在不断突破中提高、进步和升华的过程。评价一项实践活动是否具有创新性，根本标准就看其是否具有突破性。

具有改革创新素质的领导干部要在以下几个方面勇于突破。

（1）突破本本

毛泽东在几十年前就号召全党"反对本本主义"，陈云留给我们的箴言是"不唯上，不唯书，要唯实"。一个地方党政干部如果一切以本本为准，教条式地搬用本本上的东西，工作起来就会受到许多约束，缺乏创造性，甚至会故步自封、思想僵化，当然也就谈不上改革创新了。所以，作为领导干部，如果只知道依样画葫芦，局限于本本与条条框框，是不会有什么作为的。

同时也要认识到，突破本本并不意味着抛弃本本。改革创新一定要善于借鉴和运用前人的成果和经验，否则，就难免会"步人后尘"，成为耗费时间和精力却没有多少价值的重复劳动。而且还要有这样的勇气：别人既然可以为你留下"本本"，你就同样可以为别人创造"本本"。

（2）突破权威

领导干部要服从组织，但不要迷信权威，不能"唯权""唯上"，不能毫无定见地当"跟屁虫"。不可否认，权威的观点、言论和经验，确有许多精华，有许多独到而深刻的创见，这些东西对指导地方工作是有益的，要尽量吸收。但另一方面，权威的见解也都是在特定的条件下产生的，不可能"放之四海而皆准"，不可能贴合每一个地方每一项工作的实际情况；同时，权威也不是完人，也会有不足，权威不可能什么都精通，真正的权威应该是长期工作在地方的党政干部。所以对权威的东西，要一分为二，不能简单盲从。要吸收消化，还要敢于突破，这才是实事求是的态度，这样才能在工作中不断改革创新。

(3) 突破传统

传统是人类在社会实践过程中形成并世代相传的，对某一领域、某一事物及其行为规范的普遍性认识。传统既可以成为人们认识和改造社会的工具，也可以成为奴役和禁锢人们头脑的枷锁。明智的党政干部，应了解传统、认识传统、把握传统，继承优良传统又不被陈腐传统所制约，努力在继承、扬弃传统的基础上实现创新。

由于地缘、人缘因素的影响，每个地方都形成了既具共性又有个性的传统。领导干部如果"食古不化"，囿于传统的圈子里而无法自拔，习惯于沿用老思维、老套路、老习俗、老办法来认识、处理新的问题，结果无异于"古人治理今朝事"，必然难以做到有所创新，地方也不可能朝新的方向发展。

(4) 突破常规

俗话说，按常规定势办事"无大错"，但这很容易让人滋生依赖常规、一味求稳求平安的"守摊"心理，如果事事处处都按这种方式行事，久而久之，势必形成某种惰性，循规蹈矩，胸无大志，满足于充当"维持会长"。长此以往，就很难有什么建树，一定会被他人超越。

常规定势还会把人变成"思想的懒汉""现实的瞎子"。这种人总是习惯于不假思索地按脑海中的"既成套路"去应付一切工作，解决一切实际问题。有些地方党政干部，群众无奈地戏称他们是"新三年、旧三年、缝缝补补又三年"的"脑袋进了水"的干部。他们的工作可能是勤奋的，公众形象也不差，但脑子里没有新路数，行动上难有新作为，他们在群众心目中的印象多半是：檀木雕菩萨灵是不灵，但还稳当。党政干部必须敢于打破常规，超越定势，这样才能使自己的工作高于常规，取得优势。

（5）突破观念

观念上的束缚是最令人窒息的束缚，观念上的突破是最有力的突破，观念上的创新是最成功的创新。观念的转变，会给人们的眼界、精神、理念、行为方式带来全方位的变化。在实际工作中，我们常常看到，有些地方工作长期没有多大起色，往往就是因为那里的干部思想观念上的禁锢太多。如果能够突破旧有观念的束缚，就有可能找出新的路子，取得最佳的效果。

4. 新一轮改革将会有力地推动中华民族的伟大复兴

30多年的改革开放为中国带来了巨大的红利，它打破了计划经济的藩篱，使社会主义市场经济从无到有逐步发展，并结出了累累硕果。它使中国从一个贫穷落后和封闭的国家成长为如今的世界第二大经济体，使人民生活水平、社会保障水平迈上了一个大台阶，国际地位有了显著的提高，国家的面貌发生了新的历史性变化。可以说，**改革开放是当代中国发展进步的活力之源。没有改革开放，就没有中国的今天。**

今天，全党和全国人民在新一届党中央的领导下，正在满怀信心走在实现"中国梦"的征程上。实现"中国梦"，寄托着无数仁人志士、革命先辈的理想和夙愿，也承载着今日中国人的共同心声和愿景。

> 中国特色社会主义道路、理论体系、制度是党和人民90多年奋斗、创造、积累的根本成就，来之不易，我们必须准备进行具有许多新的历史特点的伟大斗争。

30多年来的改革与建设历程告诉我们，没有改革开放，就没有中国特色社会主义，不进行新一轮改革开放，就无法为实现伟大的中国梦提供强大的动力。所以，党的十八大和十八届三中全会制定的新一轮改革的战略部署，是实现"中国梦"的活力之源。"中国要前进，就要全面深化改革开放"。面对人民群众的新期待，**只有坚定改革开放信心，以更大的政治**

勇气和智慧、更有力的措施和办法推进改革开放，才能在现代化新航程中乘风破浪。

"雄关漫道真如铁，而今迈步从头越。"党的十八大开启了中国新一轮改革事业的新征程，**全面深化改革，是适应国内外形势的新变化、解决发展中的新课题的战略性举措**。从国际环境来看，经济全球化深入发展，世界经济失衡的状况和重组的态势日益明显，美国金融危机使世界经济面临极其严峻的形势，如何抓住机遇、应对挑战，是深化改革开放过程中必须面对的现实问题。从国内环境来看，我国生产力水平总体上还不高，自主创新能力还不强，长期形成的结构性矛盾和粗放型增长方式尚未根本改变；影响科学发展的体制机制障碍依然存在，改革攻坚面临深层次的矛盾和问题；收入分配差距拉大趋势还未根本扭转，城乡贫困人口和低收入人口还有相当数量；农业基础薄弱、农村发展滞后的局面尚未改变，缩小城乡、区域发展差距和促进经济社会协调发展任务艰巨；民主法制建设与经济社会发展的要求还不完全适应，政治体制改革需要继续深化；文化建设、社会建设以及生态建设都面临诸多新课题。这些问题都需要通过深化改革开放来加以解决，因此，新一轮的改革为解决发展中的复杂问题创造了有利条件。

未来5年至10年是改革的关键时期。**解放思想，把握方向，勇于突破，加快经济发展方式转变，有效地释放出新的红利，是决定发展前景的重要因素**。当前，我国经济社会发展还存在不平衡、不协调、不可持续的问题，出现了收入差距扩大、司法不公、环境污染和贪污腐败等问题。只有深化改革、破除垄断、矫正收入分配机制，才能让更广大的人民群众享受到改革的成果，只有深化改革，制约权力，建立法治社会，才能促进社会公平正义；只有深化改革，回应期待，凝聚改革共识，才能把中国特色社会主义事业推向前进。

5. 领导干部应当站在全面深化改革的前列

全面深化改革是历史的选择、国情的选择，也是人民的选择、时代的选择。

中国共产党是既勇于改革又善于改革的政党。在民主革命时期，党成功地领导了革命，革命也成就了党，在从革命党转变为执政党之后，中国共产党不断地进行改革的探索。30多年来的改革开放证明，**改革开放挽救了党，党在改革开放中又谱写了新的历史篇章**。中国共产党以改革开放实现了执政方略的转变，以改革开放扭转了历史乾坤，以改革开放开启了执政新时代，并最终以改革开辟出一条既具有"社会主义"本质又具有中国特色的"中国之路"，创造了举世瞩目的"中国奇迹"。

党的十八大报告指出："中国特色社会主义，是党和人民90多年奋斗、创造、积累的根本成就，必须倍加珍惜、始终坚持、不断发展。历史表明，90多年的革命、建设和改革开放历程共同铸就了这一根本成就的辉煌，而改革是我们珍惜、坚持、发展这一根本成就的制胜法宝。"

不可否认的是，虽然在21世纪初期我们就初步建立起了有中国特色的社会主义市场经济体制，并在完善社会主义市场经济体制的道路上走了10多个年头，但是在中国国内，长期形成的结构性矛盾和粗放型经济增长方式尚未得到根本性转变，影响经济社会持续健康发展的体制机制障碍依然存在，完善社会主义市场经济体制的任务也依旧十分繁重。

我们现在既处于发展的重要战略机遇期，同时也处于经济社会矛盾的凸显期。抓住机遇、化解矛盾、实现目标，关键的一招就是进一步深化改革。改革进入攻坚期，难度越来越大，容易改的都改了，剩下的都是硬骨头。在一个有13亿人口的大国发展社会主义市场经济，是一个全新的课题，没有现成理论可资借鉴，也没有现成模式可供仿效，只能在探索中创造、推进。深化改革势必要对既定的利益格局进行重新调整，这就必然会遇到新的阻力。在过去的改革更多集中在经济领域，现在在继续深化经济体制改革的同时，则需要深化政治体制改革、文化体制改革、社会体制改革等广泛领域的改革。因而现在推进改革的矛盾就要多、难度就要大。

> 改革开放作为一场伟大革命，从来都不是一帆风顺，也不可能一蹴而就。改革开放之路从来就不是顺境和坦途，而是布满险情和荆棘。

面对着全面深化改革中遇到的困难，中国共产党人和各级领导干部需要在中国特色社会主义伟大旗帜的指引下，不畏艰险、勇于改革，排除各种困难和干扰，突破无数束缚与重围，一鼓作气"杀出一条血路"来的。

如果说改革开放之初首先要突破的是思想"禁区"，那么，今天全面深化改革最难突破的则是利益"雷区"。尽管"触动利益比触动灵魂还难"，但是"中国要前进，就要全面深化改革开放"。"改则进，不改则退"的思想观念早已深入人心。这既是一种执政理念，也是中国面向未来的生存方式。不改革开放，"只能是死路一条"；不全面深化改革开放，则可能前功尽弃。任何时候，改革开放的旗帜都必须高高举起，中国特色社会主义道路的正确方向必须牢牢坚持，绝不能走封闭僵化的老路、改旗易帜的邪路。历史和现实充分表明，全面深化改革，关系到党和人民事业前途命运，关系到党的执政基础和执政地位。

的确，现阶段我国社会中存在着收入分配不公、城乡和区域之间发展不平衡、资源环境破坏污染等问题。这些问题的存在恰恰是改革开放不彻底、市场经济体制尚不完善带来的，是经济社会发展过程中所必须经历和面对的问题。广大领导干部，都应当深刻领会全面深化改革的重要意义，积极地参与改革，自觉地担负起引领改革的重任。

6. 准确把握深化改革的指导思想与总目标

（1）明确全面深化改革的指导思想

党的十八届三中全会《决定》确定了全面深化改革的指导思想。《决定》指出：全面深化改革，必须高举中国特色社会主义伟大旗帜，以马克思列宁主义、毛泽东思想、邓小平理论、"三个代表"重要思想、科学发展观为指导，坚定信心，凝聚共识，统筹谋划，协同推进，坚持社会主义市场经济改革方向，以促进社会公平正义、增进人民福祉为出发点和落脚点，进一步解放思想、解放和发展社会生产力、增强社会活力，坚决破除各方面体制机制弊端，努力开拓中国特色社会主义事业更加广阔的前景。

领会全面深化改革的指导思想，需要深刻认识改革的出发点和落脚点是"促进社会公平正义、增进人民福祉"。**公平正义是中国特色社会主**

的内在要求，让人民过上幸福美好生活是党和政府一切工作的最终归宿。

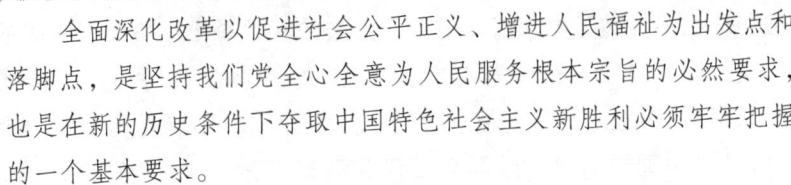

> 全面深化改革以促进社会公平正义、增进人民福祉为出发点和落脚点，是坚持我们党全心全意为人民服务根本宗旨的必然要求，也是在新的历史条件下夺取中国特色社会主义新胜利必须牢牢把握的一个基本要求。

改革开放以来，我国经济社会发展所取得了巨大成就，为促进社会公平正义、增进人民福祉提供了坚实的物质基础和有利条件。面对新形势、新任务、新要求和人民群众新期待，全面深化改革必须着眼于创造更加公平正义的社会环境，逐步建立起以权利公平、机会公平、规则公平为主要内容的社会公平保障体系，保证人民平等参与、平等发展的权利，使改革发展成果更多更公平惠及全体人民，也使全体人民在学有所教、劳有所得、病有所医、老有所养、住有所居上持续取得新进展，让人民生活更加幸福安康。

（2）清醒地认识全面深化改革的总目标

党的十八届三中全会《决定》提出，全面深化改革的总目标是发展和完善中国特色社会主义制度，推进国家治理体系和治理能力现代化。到2020年，在重要领域和关键环节改革上取得决定性成果，完成本决定提出的改革任务，形成系统完备、科学规范、运行有效的制度体系，使各方面制度更加成熟更加定型。这一总目标是一个新的亮点、新的突破，深刻反映了改革发展的趋势和要求，综合考虑了国际国内的形势和条件，回应了人民群众的期盼和关切，为在新的历史起点上全面深化改革指明了根本方向，是确保全面深化改革沿着正确道路开拓奋进的重要遵循。

全面深化改革的总目标是相互联系的统一整体。**完善和发展中国特色社会主义制度与推进国家治理体系和治理能力现代化，相辅相成、相互促进。**一方面，完善和发展中国特色社会主义制度是推进国家治理体系和治理能力现代化的制度基础。另一方面，完善和发展中国特色社会主义制度要体现和落实到国家治理体系和治理能力的现代化上，只有实现国家治理体系和治理能力的现代化，才能真正保证中国特色社会主义制度的完善和发展。

十八届三中全会将"完善和发展中国特色社会主义制度，推进国家治理体系和治理能力现代化"确立为全面深化改革的总目标，标志着全面突破改革的广度与深度。这也预示着中国改革已经进入到了通过建立健全系统完备、科学规范、运行有效的制度体系，使各方面制度更加成熟更加定型，从而实现国家有效治理的新的历史阶段，明确了下一步全面改革的奋斗目标和推进路径，是加强体制改革顶层设计的核心指导思想。

认真贯彻落实十八届三中全会精神，各级领导干部须在准确理解全面把握好这个总目标含义和意义基础上，更加注重改革的系统性、整体性、协同性，从各个领域推进治理体系和治理能力现代化，更好发挥中国特色社会主义制度的优越性。

二、解放思想，有胆有识，勇于开拓创新

当前我们正处在一个创新如潮的时代。大力推进社会主义经济建设、文化建设、政治建设和社会建设，实现民族振兴、国富民强的伟大历史责任，要求广大地方党政干部开拓进取、勇于创新、突破现状，打开工作的新局面。各级党政干部要拿出胆识、毅力、信心和勇气，敢于突破一切不利于发展的观念性、体制性障碍。

1. 进一步解放思想，突破僵化的思维模式

在全面深化改革的进程中，会不断出现一系列新情况、新问题，由此要求各级领导干部要一切从实际出发，解放思想，打开思路，突破僵化的思维模式，寻求新的发展之"道"。只有思想不断解放，才能从容地应对深化改革进程中的一系列新的严峻挑战。

解放思想，实事求是是我们党的思想路线，也是我们进行创新的前提和条件。改革需要不断解放思想、实事求是、与时俱进。实践没有止境，

创新也没有止境。我们要突破前人，后人也必然会突破我们，这是社会前进的必然规律。我们一定要适应实践的发展，以实践来检验一切，自觉地把思想认识从那些不合时宜的观念、做法和体制的束缚中解放出来，从对马克思主义的错误和教条式的理解中解放出来，从主观主义和形而上学的桎梏中解放出来。

解放思想就是打破已有的条条框框，冲破各种旧思想、旧观念的束缚，与时俱进，适应变化的形势。 创新首先要解放思想，思想僵化、保守、囿于现状，就不可能有创新。只有解放思想，才能正确对待既有理论、前人经验、传统观念和传统的思维方式，才能做到求真务实，大胆创新。任何理论都是一定时代的产物，再正确、再伟大的理论也需要在实践中丰富和发展，伟人的实践也都有其个体的局限。书本和伟人都不是绝对真理的化身，现实世界中的许多新情况是革命导师未曾遇到过的，我们绝不能指望去马克思、列宁原著中找寻解决中国现时问题的现成答案。真正的马克思主义者必须坚持从实际出发，根据现在的情况，认识、继承和发展马克思主义、列宁主义，不断创新。陈云同志一再强调，"不唯书，不唯上，只唯实"，也正鉴于此。

解放思想是改革的先导。**提高改革和开拓创新能力，首先要从解放思想做起**。回顾改革开放30年的历史，我们可以清楚地看到，改革开放的30年，也就是思想解放的30年。改革开放本身，就是一个不断解放思想、不断开拓创新的过程。没有思想的解放、观念的更新，就干不出新的事业。在新形势下，改革开放的环境更复杂，使命更艰巨，任务更繁重，要求也更高。主要表现在以下主要方面：社会结构和利益格局发生深刻变化，协调各方面利益和达成改革共识、形成改革合力的难度加大；改革越来越多触及现有利益格局，涉及深层次利益调整的重大改革阻力较大；社会各方面利益意识明显增强，分享改革成果的愿望强烈；政治、文化、社会体制改革涉及更深层次重大问题，需要更加稳妥地推进。

因此，各级领导干部只有进一步地解放思想、勇于变革、勇于创新，永不僵化、永不停滞，不为任何风险所惧，不被任何干扰所惑，才能继续奋勇推进改革开放和社会主义现代化事业。正如习近平总书记所强调的，我们必须以更大的政治勇气和智慧，不失时机深化改革开放，坚定信心、凝聚共识。

> 坚持改革正确方向，敢于啃硬骨头，敢于涉险滩，既勇于冲破思想观念的阻碍，又勇于突破利益固化的藩篱，勇于开拓，聚合各项相关改革协调推进的正能量。这是新一届中央领导集体向世人的庄严宣示，也是对中国未来发展的郑重承诺。

在全面深化改革的进程中，各级领导干部要敢于超越经验和习惯。习惯、经验形成定势，会对领导干部进行开创性的工作带来巨大的阻碍。超越习惯和经验首先要勇于标新立异，敢于在工作中独树一帜。同时，要善于独立思考，不囿于人们的共识和前人的认识。勇于发挥主体自身的能动性，提出自己与众不同的新观点以及工作新思路。

2. 努力培养与树立改革创新精神

改革开放以来，中国共产党在领导建设中国特色社会主义的伟大事业中，培育形成了改革创新的时代精神。人是改革创新的主体，各级领导干部是党的执政骨干。以改革创新精神全面加强党的建设新的伟大工程，全面提高党的建设科学化水平，必须大力培养造就一大批具有改革创新能力的领导干部。

领导干部培养改革创新精神，需要注重以下几个方面。

（1）敢于质疑、敢于批判

改革创新是对现存事物的否定与超越，改革创新首先要求具有批判精神，批判精神是改革创新的前提性条件。批判精神就是否认人的认识与实践具有最终的、完成的性质，坚信任何已经达到与实现的成就都有其历史性与相对性，都存在着不完全性，都留有可改进、更新、变革的空间。批判精神是一种怀疑精神，它总是对观念、事物的根据发出疑问，再进行深入分析与探索。在怀疑之后的求索中，产生了改变不合理世界、建设合理性世界的内在冲动。马克思主义哲学是富于批判精神的，由此也使它成为革命的、实践的、创新的哲学。缺乏批判精神，就会把现存的事物与秩序看成是天经地义、不可变动的，就很难产生改革创新的自觉愿望。创新起源于问题，问题在很多情况下是怀疑和批判精神的产物。质疑精神、批判精神是形成创新的动力，并赋予创新精神以生机。

(2) 尊重知识、尊重科学

改革创新不是没有现实根据的幻想，不是违背客观规律的为所欲为，它是严格地遵循科学的活动，是以科学性为基础的，科学精神是创新精神的基石。科学精神就是一种唯物主义的精神，它把认识建立在符合客观实际的基础上，依据事实、实验、实践做出判断；它把行为建立在符合客观规律的基础上，不以想象、偏好、愿望来代替现实的可能性；它把实践作为判定认识的真与假以及创新的对与错的标准，将实践效果作为创新的评价标准。**科学精神是与唯心主义、主观主义、唯意志论相对立的，它讲究求真求实，反对虚假**。科学精神使人们在创造性活动中实事求是，尊重客观规律，一切从实际出发，讲求实效，把主观能动性与现实可能性统一起来。科学精神不能保证人们的改革创新不犯错误、事事成功，但可以保证减少错误，提高成功的概率。科学精神改革使创新成为可能，违背科学精神的改革创新，只能导致改革创新的失败。科学精神是改革创新精神的内在规定，这种规定就是对创新精神的客观约束。

(3) 勇于探索、不断开拓

改革创新意味着开拓，创新就是进入新的领域，走前人没有走过的路，做前人没有做过的事。面对未知或未行的领域，只有开拓才有可能改革创新。开拓精神是一种创造精神，开拓依靠创造，创造出新的方法、新的产品、新的事物，才称得上是开拓，开拓的过程就是创造的过程。

开拓精神是一种探索精神，开拓需要探索，应该怎样创新，没有现成的答案或标准的模式，只能在探索中开拓，在试验中前进。

开拓精神表明了主体的不自满心态，即使取得了相当的成就，达到了相当的高度，也总是把目标定在没有攀登过的高峰上，总是要不断打破纪录，挑战极限。开拓精神鼓励主体不囿于传统束缚，不满足于现有状态，用积极的、开放的、上进的态度看待世界、看待未来。**开拓精神鼓励主体不怕困难，不计较暂时的得失，敢于放弃既得的成就，以创新为使命。**

（4）百折不挠、乐于奉献

改革创新有着独特的风险性与内在的不可预见性，它是变化不定的、难以控制的。改革创新也就是冒险，需要具备冒险精神。冒险精神就是追求成功又不怕失败，在失败的可能中谋求成功；勇于改革创新又敢于承担代价，以必要的代价换取利益。冒险精神就是敢冒风险，挑战风险，与风险较量。患得患失、左顾右盼、不敢承担任何风险，也就不会做出任何创新之举。正如邓小平所说："没有一点闯的精神，没有一点'冒'的精神，没有一种气呀、劲呀，就走不出一条好路，走不出一条新路，就干不出新的事业。不冒点风险，办什么事情都有百分之百的把握，万无一失，谁敢说这样的话？"冒险精神是现代社会中应该必备的素质，当然，**创新的冒险精神不是胡来蛮干，而是和科学精神相统一的冒险精神，是富于理性的冒险精神。**

领导干部还应具备乐于奉献的精神。在工作中求得满足，在工作中追求自我实现，才可能焕发出巨大的创造潜能。共产党人的宗旨是为人民服务，其自身价值的实现途径就是更好地为人民谋利益。优秀的领导干部，在工作中应该有责任感，面对困难不推不拖，认真寻找解决的办法。他们有激情，敢于挑战"真理"，打破各种定势和陋习，勇往直前，并能够持之以恒，勇于探索，不怕失败，直至取得成功。

3. 积极培养与塑造创新思维的品质

创新思维，是指人们在观察、分析客观事物时，不是从传统习惯或书本出发，而是以新的视角、新的途径、新的方法来提出新的见解、新的方案的思维方式。

创新思维包括以下几层含义：其一，创新思维是批判不合乎实际的、过时的东西。只有批判才有建构才有创新，所以它是一种批判思维。其二，它是一种自主的思维，这种思维方式不依附于习惯，靠自己的头脑来思考问题。其三，它是一种个性思维，创新必须尊重个性。创新就要鼓励和而不同，要鼓励多样化，鼓励个性化。其四，创新思维还包括逆向思维。从这个方面考虑，就要突破常规，不从大众路线出发，换一个角度来考虑问题。其五，创新思维还包括发散思维，从不同的角度、不同的方向、不同的侧面、不同的重点来考虑问题也是有利于创新的。

创新思维包括一种多元思维，如果我们的社会是一个一元化的模式，统一思想，统一意志，统一指挥，统一行动，统一步伐，统一步调，这种一元化的思维有利于社会的稳定和秩序，但是如果把这种思维方式推到极端，则不利于创新和发展。**领导干部既要坚持主旋律，也要鼓励多样化。**超越创新思维定式，克服思维定式负效应从以下几方面着手。

（1）运用发散思维和跳跃思维

要创新，需要有发散和跳跃的创新思维。创新是在一定知识、经验和智力的基础上，灵活运用各种思维方法，创造新的思维成果的主观活动。创新的发散性要求不满足于常规的思维方式和方法，而是在求新求异中发现新的思想火花，发现改变现状的契机和机遇。运用新的思路和方法，对已有的知识和经验进行新的组合、迁移和应用，从而创造出前所未有的新成果。创新思维还是联想性思维，通过横向联想、纵向联想、逆向联想、超时空联想等多种形式，加以引申或移植，从而产生新的思想，找到解决问题的新方法。创新思维的跳跃性要求我们在进行创造性思维活动时，要善于省略事物的次要步骤，抓住事物的本质和结论，或者善于超越思维的时间跨度，抓住不同时期事物的相同处，从而以最快的思维速度去揭示未知的事物。**正确运用跳跃性原则，不仅能提高思维功率和思维速度，更能够攻克创新堡垒，指导我们的实践取得创新成果。**对于发散和跳跃思维的运用，广大领导干部要注意两点：一是应当客观地应用扩大思维的方法。主观、随意地瞎想和加大思维跨度，只会导致破坏创新思维的基本原则，陷入诡辩论。二是要以一定的科学知识为基础。在进行思维的发散和跳跃时，对有关的知识进行比较全面的掌握和较深的理解，这样才能对事物发展的趋势有较正确的预测。

（2）坚持辩证思维

辩证法是反对各种思维定式的最有力的理论武器，是帮助我们避免思维定式负效应的一把钥匙。它不承认任何一成不变的东西，包括它自身。为了克服思维定式负效应，在解决问题时，思维如果在一个角度受阻，就要及时驾着"思维之车"绕道而行。**由此及彼，由表及里，在联想中寻求启发，寻求突破，是克服思维定式负效应的有效途径**。任何凝固的、僵化的思维模式，是创新的大敌，也是同辩证法根本违背的。主观的偏见、固定的模式、盲目的迷信、从众心理等都是创新的阻碍，都是违反辩证法的基本要求的，只有用辩证法的观点，树立辩证思维意识，才能彻底清除思维定式。

> 辩证法是创新思维的理论依据，创新的思想是辩证的思想，创新的思维是辩证的思维。不懂得辩证法，不是真正的解放思想，也不可能克服上述各种思维定式和思维障碍；不懂得辩证法，不是真正的创新思维。

因此，学习和掌握辩证法，对于解放思想、克服思维定式，进行创新思维，具有特别重要的意义。

（3）勇于革除旧观念

观念是思维的结果，观念形成后，会反过来潜移默化地渗透到人们的思维过程当中，时常作为思维活动的基点有力地影响着人们的思维方式。创新是面向未来的，而旧观念脱离了时代实际发展潮流，谈不上面向未来，又由于旧观念往往得到旧势力的推崇，具有顽强的阻力，对创新造成了很大的束缚，这种束缚通过其特点表现出来。首先，观念是人类认识历史自身发展的内化和积淀，表现为某种先验的认识模式。其次，观念是为一定民族、阶层和群体所共有的普遍的社会意识形态。再次，观念具有顽固的惰性。最后，观念发生作用的形式是自发的，往往在人们没有察觉的状况下发生作用，因而不容易消除它的消极影响。根据旧观念落后程度的不同，广大领导干部创造新观念、破除旧观念一般可以采用两种形式：一种是彻底否定某些旧观念。这些观念有的是脱离实际的、错误的，应该彻底否定的，需要创造全新的观念取代它。另一种是部分否定某些旧观念，也就是"去其糟粕，取其精华"，对于它包含的积极部分应借鉴吸收，对于消极过时的部分应予以抛弃，这也是一个扬弃的过程。

(4) 培养正当的冒险意识

破除传统和习惯，克服唯书、唯上的倾向，向权威挑战，是需要有勇气的。 因为一般传统的东西或者权威支持的东西同时也是为社会多数成员所承认和接受的东西，突破它们，就意味着向多数人支持的东西挑战。在开始阶段必然会遭到多数人的反对，只有到了后来，到了新观念为人们认识的时候，创新者才能得到必要的理解。不过，创新挑战本身是不能保证每次都成功的，经常伴随着挫折和失败一旦创新失败，就可能会面临窘境。因此，创新是有很大风险的。这就需要广大领导干部正确对待创新过程中的错误和曲折。要努力克服顾虑，事先预计到创新可能带来的风险，以坦然的心态面对可能的风险。

4. 不断提高领导干部的改革创新能力

改革创新能力，就是指具有强烈改革创新意识和卓越的创新才能，其实质，就是能始终坚持与时俱进，科学地判断形势，敏锐地发现理论和实践中出现的新情况、新问题，创造性地解决矛盾、破解难题，从而开创工作的新局面，推动理论和实践的发展。改革创新能力既体现在党的优良传统和长期积累的成功经验，坚持正确的改革方向，保持已有的改革制度和政策的连续性、发展性和稳定性；又体现在在实践中大胆进行新的探索和创造，增强改革创新的坚定性、战斗性、协调性、普惠性，着力解决实际工作中深层次矛盾和问题，推进相对落后领域和薄弱环节的改革，使党的建设与中国特色社会主义伟大事业相适应。

提高改革创新能力具有时代性、实践性和开放性的特征，是一个不可分割的有机整体。 领导干部提高改革创新能力需要从以下几个方面着手。

(1) 提高推动科学发展的能力

坚持科学发展、促进社会和谐是当今中国时代发展的主题。科学发展观是党必须长期坚持的指导思想，深刻领会科学发展观的科学内涵、精神实质、根本要求，着力解决制约和影响科学发展的突出问题，努力把科学发展观转化为促进发展的正确思路、促进发展的政策措施、领导发展的工作能力，这始终是党员领导干部的头等大事，切不可轻易放松。

> 科学发展与社会和谐相辅相成，只有科学地把握经济社会发展规律和前进方向，正确把握和谐社会的核心内涵和现实基础，才能制定符合社会经济发展需求的政策，促进经济又好又快发展，完善社会管理体系和社会保障体系，加快推进和谐社会建设。

（2）提高协调利益关系的能力

改革开放以来，随着社会经济结构的深刻变动，在人民根本利益一致的基础上，出现了不同的社会利益群体和不同的利益诉求，出现了错综复杂的利益关系格局，社会间利益性的矛盾和问题越来越突出。因此，要加强对社会利益关系发展变化的调查研究，深入分析和认识我国社会利益结构、利益关系的发展变化及趋势，统筹各方面的利益关系和诉求，建立健全社会利益引导和利益协调机制，更好地统筹各方面利益。尤其是要加强与群众的密切联系，善于做好群众工作，切实把握新形势下做好群众工作的特点和规律，不断探索和创新群众工作的思路和方法，提高组织群众、宣传群众、教育群众和服务群众的本领。

（3）提高破解工作重点难点问题的能力

工作的重点难点问题往往是影响和制约工作推进的症结所在。因此，我们要创新工作理念，变换工作方式和工作手段，开展工作经验理论研讨交流活动，加强党组织对解决重点难点问题的指导，形成攻坚克难、突破创新的工作机制。遇到重点难点问题，要善于开展调查研究，通过明察暗访，找到制约问题解决的真正症结，然后对症下药；同时，要善于发挥群众智慧、倾听群众建议、总结群众经验，增强突破重点难点问题的整体能力。

（4）提高开创各项工作新局面的能力

熟知并不一定真知，人们在工作中所熟悉的知识是通向真知的先决条件，但人们的认知水平绝对不能停留在这个范围内。**人类思想的进步，就**

是从熟知中去探索未知的、从常识中去突破不识的。历史经验一再告诫我们，妨碍我们开创工作新局面的最大障碍，可能并不是未知的东西，而是已知的东西。因而，要想提高开创各项工作新局面的能力，就需要我们打破常规、跳出思维定式，以创新思维推动各项工作取得新突破。

5. 在改革实践中不断创新工作思路

30多年来，我国的改革从易到难，从局部到全局，从逐个击破到全盘考量，每一步都涉及利益关系调整。正如李克强总理所说的，改革已进入"深水区"，如逆水行舟、不进则退。改革之路上的重重障碍，都需要我们拨开荆棘，挥散迷雾。进入深水区的改革应更敢于调整利益关系，需要我们敢于牺牲自己的既得利益，拿出巨大的勇气和智慧。

有关专家指出，推进改革的突破，一个重要的方式就是推进工作机制与方式的改革创新。**当前，我们需要适应改革的新特点，着眼于未来，建立有效推进改革的长效机制，积极主动地培育改革动力，形成有效推进改革的合力。**

一是创新改革决策机制。面对改革任务的艰巨性和环境的复杂多变，改革决策者的判断和决策极为重要。在推进改革的过程中，既要提高改革决策的科学性，做到理论准备更充分、政策思路更缜密、方法步骤更慎重，又要能够把握改革时机，改革决策上能够当机立断。

二是建立强有力的改革综合协调机制。要适应改革进程的需要，逐步增加改革综合协调机构职能。从当前形势看，未来改革综合协调的任务将越来越多，改革综合协调机构扮演的角色将越来越重要。在机构职能设计上，可以先将部分临时性的改革协调职能交由新成立的改革综合协调机构，随着经济体制、社会体制、文化体制和政治体制等的深入推进，逐步赋予改革综合协调机构更大的职能。

三是建立改革的社会参与机制。建立渠道畅通的改革利益表达机制，建立规范化、常态化的改革社会参与机制，将中央对改革强有力的领导同发挥民间智慧结合起来，开创改革新局面。要实行开放式、互动式改革，确保涉及广大群众利益的改革方案的制订公开化，尽最大可能吸纳全社会的广泛参与，让各个利益群体都可以在改革方案制定的过程中平等地表达自己的诉求；除涉及国家秘密、商业秘密和个人隐私的外，建议重大改革尽可能实行听证制度，让改革利益相关者能够参与改革进程，平等、充分的质证和辩论，使改革充分体现民意；在改革程序设定上，充分发挥社会组织在利益表达、反映诉求等方面的作用，发挥民间智库的独立性、客观性、具有民意基础等优点，加强改革研究。**营造更加公平、宽松、自由的改革研究氛围，建立健全民间智库研究成果转化机制，为改革决策提供参考。**

四是建立健全改革的评估、问责、监督机制。过去改革中出现的目标虚化、泛化、形式化，以及改革进程中的避重就轻、避实就虚等问题，重要的原因在于改革的评估、问责、监督机制不健全，使得重要改革目标的实现缺乏可供遵循的"尺度"和标准。这就需要以经济发展方式转变为主线设置相关标准来评估改革，建立健全改革的问责机制和监督机制。

> 从改革的实际需求出发，改革决策机构应克服部门主导改革的弊端，要有足够的权威性和独立性，能够避开部门利益、地方利益、行业利益的掣肘，站在全局的角度，对各项改革做出决策。

三、勇于实践，不断增强引领改革的本领

实践是提高改革创新能力的动力。实践出真知，实践长才干，实践是锻炼才能的平台，也是检验能力和水平的试金石。领导干部的改革能力，是在探索、思考和解决问题的实践中逐步培养和提高起来的。因此，领导干部要增强改革能力，必须积极投身到全面建成小康社会和现代化建设的伟大实践中去，坚持深入基层、深入群众，与人民群众同呼吸、共命运，坚持党的群众路线，从群众中来到群众中去，虚心向人民群众学习，置身于人民群众中汲取智慧和力量。

1. 坚持以人为本，紧紧依靠人民群众推动改革

人民群众是社会历史的创造者，全面深化改革开放，必须紧紧依靠人民。十八届三中全会《决定》强调，"人民是改革的主体，要坚持党的群众路线，建立社会参与机制，充分发挥人民群众积极性、主动性、创造性。"这是对人民群众改革主体地位的直接肯定。人民是改革的主体。坚持以人为本，尊重人民主体地位，发挥群众首创精神，紧紧依靠人民推动改革，体现了我们党的根本宗旨和执政理念，凝聚了改革开放30多年来的宝贵经验，是我们全面深化改革必须遵循的基本原则。因此，在改革的进程中，必须要着眼于实现好、维护好、发展好最广大人民群众的根本利益，建立社会参与机制，团结带领广大人民群众齐心协力推进改革，让改革获得不竭的力量源泉。

全面深化改革必须坚持以人为本，尊重人民群众的主体地位。因为人民群众才是历史的真正创造者，才是改革开放的实践主体。马克思主义唯物史观认为，"历史活动是群众的事业"，决定历史发展的"是行动着的群众"，"人是生产力中最活跃最革命的因素"。毛泽东强调，"人民，只有人民，才是创造世界历史的动力"。尊重人民群众的主体地位，也是以人为本、人民当家做主的必然要求。我国自古以来便有"民为邦本，本固邦宁""天地之间，莫贵于人"等以人为本的思想。

全面深化改革必须发挥人民群众的首创精神，习近平总书记强调：改革开放是亿万人民自己的事业，必须坚持尊重人民群众的首创精神，坚持在党的领导下推进改革。改革开放在认识和实践上的每一次突破和发展，改革开放中的每一个新生事物的产生和发展以及每一个方面经验的创造和积累，无不来自于亿万人民的实践和智慧。因此，必须充分调动广大人民群众的主动性、积极性、创造性，紧紧依靠人民群众推动改革，使人民群众各尽其能、各得其所，做到谋划改革汲取人民智慧，推进改革凝聚人民力量，**改革思路从群众中来、改革过程让群众出力**，做到正确对待群众、**永远相信群众、坚决依靠群众**。要善于从人民的实践创造和发展要求中，完善政策主张，越要善于集纳民智、凝聚民心、激发民力，为深化改革打

下坚实的群众基础。全面深化改革只有充分尊重人民意愿,服务群众需要,才会得到人民群众的积极支持、踊跃参与。过去的改革历程表明,正是因为尊重人民意愿、发挥人民群众的首创精神,改革才得以稳步推进。

> 当前人民政治参与积极性不断提高,领导干部要呵护公众参与热情,探索公众参与机制,培养公众参与能力,处理好各方面复杂的关系,最大程度吸纳人民群众参与改革。

2. 深入基层,不断地总结基层群众的改革经验

总结经验、开拓创新,是社会发展进步的重要途径。我国改革开放走的就是一条"摸着石头过河"的路子,也就是"先行试点——总结经验——全面推广"的改革模式。"摸着石头过河"就是摸规律,从实践中获得真知。这遵循了实践第一原则,有利于减少改革的风险和阻力,有利于社会稳定和改革的成功。现在,全面深化改革仍然需要鼓励地方、基层和群众大胆探索。

人民群众的实践探索是改革的智慧源泉,改革的根本力量在于群众,办法来自基层。 改革开放的实践一再证明,正是基层和群众的探索实践与创新创造,推动着改革车轮滚滚前行。从大包干到股份制,从农业规模经营到混合所有制经济发展,一个个来自基层和群众的新招、实招、硬招,破解了改革发展中遇到的各种种难题。

当前,我国发展进入新阶段,改革进入攻坚期和深水区。攻坚期意味着困难大,剩下的都是难啃的硬骨头;深水区意味着险滩多,风险大。这就要求我们必须坚持和贯彻党的群众路线,深入基层、深入群众,坚持问政于民、问需于民、问计于民,从人民群众中汲取全面深化改革的智慧和力量。

各级领导干部必须要把群众作为推进改革的主心骨。在制定改革方案时,要广泛听取基层和群众意见;在遇到改革难题时,要虚心向基层和群众请教问计,切不可自说自话、关起门来搞改革,更不能异想天开、凭主观愿望拍脑袋行事。全面深化改革是开创性事业,要鼓励地方、基层和群

众大胆探索，尊重群众的首创精神，激发人们的创造热情，加强重大改革试点工作，重视发挥各类综合配套改革试验区的示范带动作用。对于地方、基层和群众创造的生动鲜活的实践经验，及时发现、不断提炼、积极推广，对于改革探索中的一些失误和不足，不搞求全责备、积极加以引导、不断改进完善，真正把蕴藏在人民群众之中的力量进一步挖掘出来、释放出来。

3. 不断提高解决改革进程中的新问题的各种本领

改革开放是前所未有的伟大事业，是需要几代人、几十代人大胆探索、不懈努力的伟大事业，期间必然会出现各种各样的问题和困难。面对这些问题和困难，如果因循守旧、裹足不前甚至回避后退，无疑意味着是对改革的否定或部分否定。因为走回头路意味着僵化，意味着停滞，意味着"折腾"，这显然既无助于解决问题克服困难，也会加剧矛盾和困难，甚至有可能丧失30多年来改革取得的成果。因此，广大领导干部只有知难而进，加大改革攻坚力度，在改革与发展中解决问题。**在我国改革发展进入关键时期的重要时刻，更需要广大领导干部进一步增强改革的紧迫感和使命感**。坚持改革方向不动摇的同时，提高改革决策的科学性，进一步完善和深化各项改革，使关系经济社会发展全局的重大体制改革取得突破性进展，解决人民群众最关心、最直接、最现实的利益问题，真正做到发展成果由人民共享。

不断提高领导干部解决改革进程中的新问题的本领需要注重以下几个方面。

一是提高贯彻党的路线方针政策、结合实际创造性地开展工作的本领。改革既是一个运用科学理论的过程，更是一个结合实际进行创造性实践的过程。创造性地推进改革，一方面需要吃透中央精神，另一方面需要吃透本地区实际，做好"结合"这篇文章。

二是提高分析解决改革过程中的突出矛盾和问题的本领。**突出的矛盾和问题往往是制约改革过程的瓶颈，影响甚至决定着改革发展的全局**。领导干部应善于灵活运用所掌握的知识和经验，从纷繁复杂的事务中理出头绪，从复杂多变的形势中找到关键，及时发现改革过程中存在的突出矛盾和问题，并采取有效措施加以解决。

三是提高集中各方面智慧提出新思路、采取新举措、开创改革新局面的本领。集中群众智慧出思路、拿主意、抓工作，是领导干部引领改革开拓创新能力的重要体现。应深入实践、深入群众，善于把自己的思路与群众的智慧结合起来，总结概括人民群众在实践中创造的成功做法和新鲜经验，积极推广，指导改革实践，推动改革的发展。

四是提高协调利益关系的能力。改革开放以来，随着经济社会结构的变动，在人民根本利益一致的基础上，出现了不同的社会利益群体和不同的利益诉求，出现了错综复杂的利益关系格局，社会间利益性的矛盾和问题越来越突出。因此，**要加强对社会利益关系发展变化的调查研究，深入认识和分析我国社会利益结构、利益关系的发展变化及其趋势**。统筹各方面的利益关系和诉求，建立健全社会利益引导和利益协调机制，更好地统筹各方面的利益。

五是提高破解工作重点难点问题的能力。工作的重点难点问题往往是制约和影响工作推进的症结所在。因此，各级领导干部要创新工作理念、工作方式和工作手段，形成攻坚克难、突破创新的工作机制。遇到改革过程中的重点难点问题时，要善于开展调查研究，通过明察暗访，找到制约问题解决的真正症结，然后对症下药。

> 领导干部要深入到群众中去，发挥群众智慧，倾听群众建议，总结群众经验，从而增强突破改革过程中的重点难点问题的能力。

4. 以最大的政治勇气和智慧全面推进各项改革

全面深化改革是一场深刻的革命，涉及到重大利益关系调整和各方面体制机制完善。但唯其艰难，才更需勇毅；唯其笃行，才弥足珍贵。**现实问题的复杂与艰巨，要求今天的改革，需要更自觉地把摸着石头过河和加强顶层设计结合起来**，以制度创新撬动改革大局，用制度活力推动改革进程。正如十八届三中全会《决定》向全党、全国人民所宣示的，党中央所制定的全面深化改革的新战略、新部署、新方案，正在攻坚克难，统筹推进和全面深化经济、政治、文化、社会、生态文明建设等领域的改革，努力破解发展过程中出现的难题。

推进新一轮的全面深化改革工作，需要具有更大的政治勇气，必须迎难而上敢打硬仗。尤其是中国改革进入"深水区"后，就会出现很多必啃的"硬骨头"。比如，政府机构改革，由于带有一定的革命性，会损害部分人的既得权益，因此是一个非常难啃的"硬骨头"。再比如，政治体制改革，改革的核心是强化民权，限制公权，无疑这"一增一减"之间会产生很多新的矛盾和冲突，因此也是个难啃的"硬骨头"。还比如，土地制度改革；垄断行业改革；资源产权和价格改革等等，都会因为冲击了既得利益者，无疑会引起利益的冲突和激烈的抵抗。

正因为如此，贯彻落实十八届三中全会《决定》的改革部署，新一轮全面深化改革的任务异常艰巨，主要表现在：社会结构和利益格局发生深刻变化，协调各方面利益和达成改革共识、形成改革合力的难度加大；改革越来越多触及现有利益格局，涉及深层次利益调整的重大改革阻力较大；社会各方面利益意识明显增强，分享改革成果的愿望强烈；政治、文化、社会体制改革涉及更深层次重大问题，需要更加稳妥地推进。因此，需要全党和全国人民攻坚克难，敢啃硬骨头。

> 只有从坚持和发展中国特色社会主义的政治高度，以更大的政治勇气，更加自觉、更加坚定地推进改革开放，才能不断在制度建设和创新方面迈出新步伐，奋力把改革开放推向前进。

推进新一轮全面深化改革，也需要具有更大的智慧。改革涉及经济体制、政治体制、文化体制、社会体制、生态文明制度各领域各环节，是一项系统工程，头绪多、任务重、时间紧，因此，需要我们必须抓住主要矛盾和矛盾的主要方面，善于从事物的普遍联系和动态发展中，抓住影响经济社会发展全局、影响人民群众切身利益和对体制有支柱性意义的重要领域和关键环节，把它们作为深化改革的突破口，明确深化改革开放的主攻方向和重点，集中力量攻坚克难，务求在这些领域取得突破性进展。在这一过程中，需要处理好改革发展稳定的关系，在出台重大改革措施前要充分论证，不仅要充分论证其必要性，还要充分论证其可行性和风险性，做好应对预案，使决策更加审慎，步伐更加稳健，措施更加周密，确保改革积极稳妥地推进。一项改革要取得成功，把握好改革措施出台的时机十分重要，如果条件不具备就急于出台，可能会使改革遇到挫折，要积极抓紧创造条件，基本条件具备后再推进改革；一旦条件具备，就要果断决策，不失时机的推进改革，避免因犹豫不决错过改革的最好时机。时机就是机遇，错过时机，就丧失了机遇。

新一轮全面深化改革面临着更为严苛的审视，承载着更加厚重的期盼。 世界变化日新月异、民众诉求水涨船高，改革的时间和空间约束将进一步增强，推进改革的挑战日益增多、难度日益加大。但同时，我们更要看到，改革没有退路、不改不行。新一轮全面深化改革，要紧紧结合人民群众的殷切期待，要与转型期的风险赛跑，与解决问题的时间窗口赛跑。**只有以极大的政治勇气和智慧，敢于啃硬骨头，敢于涉险滩，才能牢牢把握改革主导权，始终掌握发展的主动权。**

第二章 勇于改革与开拓创新能力的修炼

第三章
掌权与用权能力的修炼

掌握和运用权力，是领导工作的本质特征。在所有的领导方法中，如何掌管与运用权力，是领导干部第一重要的工作方法。领导干部在掌管权力的过程中，能否保持理智，能否把握原则，直接关系到领导权力的稳固与否。而领导干部在使用权力时，是否到位，是否适度，是否科学艺术，会直接影响到领导工作的绩效。掌权与用权，需要领导干部具有一定的智慧，需要领导干部坚守底线，出于公心，廉洁清正。违背了这些基本要求，缺少科学的方法，领导权力必会受到削弱，甚至被剥夺。

一、执政为民，权为民所用

执政为民是中国共产党一切工作宗旨的体现，是每一个领导干部工作的出发点和落脚点。具体含义有：执政为民的主体是中国共产党；执政为民的客体是广大人民群众；执政的目标是使人民群众真正成为国家和社会的主人；执政为民的效果如何，要由人民群众来评价，以人民满意与否为根本标准；执政为民的实践可以用"三个为民"来诠释，即，权为民所用，情为民所系，利为民所谋。

1. 时刻牢记权力来自人民，理应服务人民

我国是社会主义国家，人民是国家的主人，中国共产党的执政地位、社会主义国家的一切权力，都是来自人民的。领导干部手中的权力说到底都是人民赋予的，因此必须始终用来为国家、为人民谋利益。领导干部不论从事什么工作，担任何种职务，都是人民群众中的一员，是代表人民群众行使权力的。如果把权力当作为个人、家庭或小集团谋取利益的手段，就必然导致私欲膨胀，是很危险的。解决好权力来自哪里的问题，最根本的是加强学习和党性锻炼，自觉地用中国特色社会主义理论体系武装头脑，认真改造主观世界，牢固树立正确的世界观、人生观和价值观。只有具备这样的思想根基，才能正确地对待和使用权力，自觉地为民尽责、为国竭力、为党分忧。

领导干部手中的权力来自人民，权利的运用也只能是服务人民。优秀共产党员牛玉儒说："我手中的权力不属于我自己，我不能随意支配。"这是牛玉儒经常说的一句话，也是最让普通群众感动的一句话。

牛玉儒"做官"27年来从不以权谋私。从来没有报销过任何吃喝享乐的费用，也没有帮亲戚朋友找过工作、联系过业务。而当牛玉儒看到人行

道上原先铺的彩釉砖一到雨雪天就变得湿滑，行人经常摔倒时，他就立即指示有关部门迅速更换为吸湿防滑的青砖。虽然青砖不如彩釉砖好看，换上后少了一项"面子工程""政绩工程"，但老百姓得了实惠。

这样一心为公、用权为民的好党员、好干部，人民群众怎能不感动、不喜欢、不赞赏、不拥护、不爱戴？要做到像牛玉儒一样为官一任，造福一方，必须抓好以下几个着力点。

首先，始终坚持造福人民的从政准则。"当干部就是要多做造福人民的事。"这应当成为广大领导干部为官从政的基本准则和不懈追求。在领导工作中，要自觉把为民造福作为第一位的责任和目标。在任何时候都要把实现最广大人民的根本利益作为观察和处理问题的根本原则，恪守为民之责，善谋富民之策，多办利民之事，兢兢业业为人民谋取更多的利益。只要是有利于人民群众的事，都要积极主动、充满感情、全力以赴。**为官一任，就要不断改善人民群众的生活水平，保一方平安、兴一方经济、富一方群众、建一方文明，上不愧于党、下不愧于民**。只有这样，领导干部才能得到人民群众的拥护和支持，才能在群众中树立起良好的形象。

其次，始终坚持关心人民疾苦的人本情怀。"群众利益无小事"，广大人民群众有许多难事、急事、愁事，尽管有些问题不大，但对群众来说，则事事牵动人心，件件都是大事。因此，领导干部要带着感情去倾听群众呼声，感受群众疾苦，体察群众情绪，了解群众生产生活的艰辛，弄清群众所思所想、所忧所虑、所愿所盼。为民造福，就要从群众的衣食住行、学习工作做起，从一桩桩、一件件看得见、摸得着的小事、具体事情做起。凡是涉及群众具体利益和实际困难的事，再小也要看成大事、要事、急事，抓具体、抓细致、抓深入、抓扎实，要把服务于民、造福于民的工作做深入、做具体、做到位。

最后，始终坚持人民是否满意为政绩评判标准。党中央一再强调，要把群众是否赞成、是否受益、是否满意作为决策和工作的依据，作为政绩的评判标准。各级领导干部要把对上负责与对下负责有机统一起来，以人民群众满意作为评价领导干部工作政绩的第一标准。无论身居何位、权有多大，都要把群众是否赞同、是否满意、是否高兴作为工作价值取向，尽心尽力地做好服务人民的每件事。千万不能搞劳民伤财的"形象工程"

"政绩工程"。只有以为人民群众办实事、谋发展、铺路子的实实在在的政绩取信于民，才能赢得人民群众的爱戴、信任、拥护和支持，党的事业也才能兴旺发达。

> 纵观历史长河，无论哪朝哪代，只有为人民谋福利，才能得到人民的支持；如果背离人民的利益，就会遭到人民的反对。处理不好这样的关系，与人民的关系不但不能达到鱼水相亲，甚至会变成水火不容。

2. 强化意识，为人民用好权

作为执政党，我们的一切权力都是人民赋予的。我们党的几代领导集体都反复强调，"立党为公，执政为民"是我们党赖以生存的根本，我们党的根基在人民，血脉在人民，力量在人民。脱离群众、甚至将群众视为对立面，不仅是感情问题、认识问题，更是政治立场问题、政治本色问题。

"立党为公，执政为民"要求必须为人民用好权，必须时刻要强化责任意识、公仆意识和民主意识。

（1）强化责任意识

各级领导干部必须增强责任意识，切实履行职责，不断加强行政效能建设，提高为社会、为群众服务的能力。必须雷厉风行、坚决贯彻、坚决落实，决不允许敷衍塞责、推诿扯皮、阳奉阴违，确保令行禁止、政令畅通。必须明确职责，健全职能，防止权责脱节，减少职能交叉，坚决纠正行政不作为和行政乱作为，有效解决出工不出力、工作效率低下的问题，确保工作部署事事有着落、件件有成效，不辜负党的重托和人民的期望。

（2）强化公仆意识

近年来，官僚主义、形式主义等作风在某些领导干部身上有着不同程度的滋长。有的领导干部习惯于坐办公室，靠开会、打电话、发文件来工作；有的高高在上，不愿深入群众、深入实际；有的对工作不负责任，相互扯皮，人浮于事；有的甚至看不起群众，造成"门难进、脸难看、话难听、事难办"等等，官僚主义作风必然给党和人民的事业造成重大损失。形式主义的问题也同样不容忽视，善于做表面文章、决心在嘴上、行动在会上、落实在纸上，讲大话、空话、套话甚至假话，实际上是对党、对人民的极不负责任。

> 领导干部要摆正"主人"与"公仆"的位置，相信群众、依靠群众、服务群众，要把群众的安危冷暖放在心上，体察民情、了解民意，真正做到情为民所系、权为民所用、利为民所谋，诚心诚意为人民群众办实事、谋利益。

（3）强化民主意识

领导干部要防止权力滥用和权力腐败，就必须加强对权力的制约和监督。

领导干部要把监督看成是对自己的关心、爱护，而不是"跟自己过不去"，要自觉接受来自各方面的监督，确保权力的行使不越轨、不出格。要牢固树立马克思主义民主观，想问题、办事情、作决策都要充分发扬民主，广泛听取群众的意见，当"班长"不当"家长"，讲"民主"不做"民王"，当"公仆"不当"老爷"，自觉地把自己置身于人民群众的监督之下，把人民"满意不满意""赞成不赞成""拥护不拥护"作为掌权、用权的标准，时刻做到慎权、慎独、慎微，堂堂正正做人，踏踏实实做事，清清白白做官。同时，要学法、懂法、用法，树立法制观念，在法律范围内行使权力，做到依法行政、依法管理、依法办事，自觉接受法律的监督。

3. 权为民所用，做实事，办难事

当前，在构建和谐社会、建设小康社会的实践中，领导干部要突出注意并重点解决这几个方面的问题：城镇下岗、失业工人的再就业问题；完善社会保障体系问题；通过各种方式扶助社会弱势群体问题；切实有效地解决农民如何增收减负问题；逐步缩小行业收入差距、城乡人民收入差距、东西部地区经济发展差距、边疆少数民族和内地省份经济发展差距和人民生活差距问题；发展经济与环境保护、生态平衡、官员腐败、执法不公等许多人民群众普遍关心的问题。这些问题的解决是直接关系党的执政全局，关系国家政治经济文化发展全局，关系全国人民的团结和社会安定全局的重大问题。

领导干部要面向社会、深入基层，了解群众的愿望和需求，特别是要把那些制约城乡经济社会协调发展的突出问题、影响人民群众日常工作生活的突出问题、关系人民群众生活质量提高的突出问题，一个一个地搞清楚，纳入工作计划，摆上重要日程。要广泛动员群众，集中社会力量，着力推动一些重点、难点问题的解决；抓一件成一件，事事见到成效，让人民群众切身感到环境美、秩序好、生活方便，使人民群众得到作风建设带来的实实在在的成果。**要多办得人心、暖人心、稳人心的好事实事，使作风建设活动既有利于解决群众实际问题，也有利于解决群众的思想问题。**

> 领导干部通过解决群众最关心的问题，可以进一步密切党和政府同人民群众的联系，增强人民群众对党和政府的信任感和支持度。

如在经济结构调整过程中，农民收入减少的情况较为突出，这已成为党高度关注的问题。这个问题不解决，就很难从根本上解决农民减负增收的矛盾。为此，各级党组织和农村党员干部，要进一步带领群众掌握先进的农业科技知识，改善生产品种，同时探索农村经济合作的新形式和新途径，帮助和组织农民学会把握市场动态，适应市场竞争，在市场竞争中开辟新的致富途径。

再如，在改革中出现的另一个不容忽视的问题是东西部地区、边疆少数民族地区同内地省份经济发展的差距。为解决这一问题，党的十六届三中全会提出，加强区域发展的协调和指导，积极推进西部大开发，有效发挥中部地区综合优势，支持中西部地区加快改革发展，振兴东北地区等老工业基地，鼓励东部有条件地区率先基本实现现代化。西部大开发现在正在进行的青藏铁路、西气东输、西电东送和南水北调四项工程已经全部开工，而且进展得很快。这些都是关系到人民群众切身利益的大事，对于促进各地区经济协调发展、最终实现共同富裕，加强民族团结、维护社会稳定和巩固边防，都具有十分重要的意义。

总之，领导干部必须从整个社会、国家和人民的利益出发，坚持集体、社会和国家利益高于个人利益的原则，坚决履行全心全意为人民服务的原则，爱岗敬业、尽职尽责，做人民群众的贴心人。对群众的态度要有亲切感，对群众的疾苦要有责任感，对群众的事业要有使命感，真正做到为群众办实事、办好事、解难事，绝不与民争利。这样才能称得上是一个名副其实的有品德、有能力、有水平的领导干部，才能赢得人民群众的真心拥护。

二、公正用权，自我约束手中的权力

公正用权实际上是指依照制度和程序规定来秉公办事。领导干部正确对待自己手中的权力，核心是要秉公、依法用权。凡事出以公心，正确处理好公与私的关系，保证权力为广大人民群众服务，不谋求个人和小集团的私利，坚决反对只讲面子、不讲真理，只讲感情、不讲原则，只讲关系、不讲党性的不良倾向。

1. 用好领导权力最重要的就是公平公正

有人说，公心是很高的境界，普通人很难做到，但领导干部却必须要有。事实上，公心是一种价值的排序，是一种做事的态度。领导干部，作为党政机关工作人员，办事过程中必须提出公平公正的公心。党和政府的各级领导干部，其个性特点、能力素质、工作方法可能各不相同，但对办事过程都有一个共同的基本要求，那就是必须公正无私，只有这样才能凝聚人心，做好领导工作。

公平公正，表达的是一种合理性的价值追求。公平公正，就是实事求

是地判断是非，公正合理地处理问题。

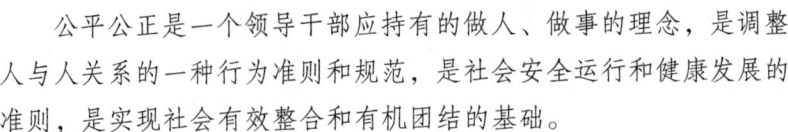

公平公正是一个领导干部应持有的做人、做事的理念，是调整人与人关系的一种行为准则和规范，是社会安全运行和健康发展的准则，是实现社会有效整合和有机团结的基础。

在政治家和英雄楷模身上，我们固然可以看到更强烈的公心，但这并不意味着公心就是高不可攀、遥不可及的。越是基层的领导干部，就越会接触到更多的老百姓，处理更多的关乎百姓实际利益的事务，在这些平凡的待人处事过程中，如果抱着一颗公心，尽职尽责地工作，公平公正的处理矛盾，同样能体现自我价值，赢得百姓和民心。

领导干部要树立良好的形象，必须办事公道，执政用权出于公心。这样才有凝聚力，才能树立起众望所归的好形象。作为领导干部，在下属及公众面前树立一个公正无私的贤者形象，才能更好地树立权威，做到取信于民。

公平正义是为官者的良心。只有领导干部首先树立了正义感，才能引导整个社会树立起公平正义的良好风气。领导干部的一项重要职能就是解决处理群众反映上来的各种问题，能否公平公正地解决这些问题，让群众满意，取决于领导干部有没有公心，取决于领导干部是不是一个主持正义的人。只有整个社会充满强大的正义感，广大领导干部才更能进一步解决社会道德生活领域中的无序、失范、冷漠等问题，从而维护社会的正常秩序，实现社会公正，促进社会稳定有序的发展。

领导干部要做到公平公正，首先心中要存正义感，要公平公正、正直无私，要认同正义并主持正义。**只有领导干部首先树立了正义感，才能引导整个社会树立起公平正义的良好风气。**

同时，领导干部还要坚持原则，不徇私情。只停留在知道是非善恶的标准是不够的，还必须在处理事情时坚持标准，坚持原则。为了个人私情而不坚持原则，是做不到办事公道的。要按原则办事，按规矩办事，不能个人说了算，提倡有主见，反对搞主观。办事要出于公心，不能带成见、带倾向，或是支持一派、反对一派。在工作中要尽量排除私心杂念，更不能感情用事,要一切从工作出发、一切为大局着想。

历史告诉我们,什么时候奸邪兴、私权盛,公正就必然废,事业就必受损。领导干部能否做到公正,关系着党的形象、党的团结和党的事业的发展。领导干部不能正直为人和公正处事,必然要脱离群众,挫伤群众的积极性,这不仅会影响党在群众中的形象,甚至会有失信于民的危险。如果领导干部是公正的,能够做到好不废过、恶不去善,不因喜以谬赏,不因怒而滥刑;不因爱而溢其美、饰其非,不因憎而增其恶、没其是,那么,党的原则就能得到维护,人们的心情就会舒畅,就有利于调动干部群众的积极性,促进安定团结。

2. 领导干部要做公道正派的表率

矩不端正,就不能画方形;规不端正,就不能画圆形。领导干部自身,就是行事的规矩。领导干部的公道正派,是从政为官的基本准则和行为规范。领导干部自己不公道、不正派,就无法端正地约束别人公平地做事。

所谓"公道",就是公平、客观、合理,遵循事物发展和人类社会关系中的基本法则,尊重事物的本来面貌;所谓"正派",就是作风、品行要规矩、光明、严谨,要符合社会大众的道德意识、思维方式和行为方式。**以"公"为"道",不偏不倚;持"正"为"派",不歪不斜,才称得上"公道正派"。**公道正派是为人处世的基本道德准则和行为规范,是人们普遍认同的处世态度和价值取向,它具有一定的社会历史性和阶级性,在不同的历史时期,有着不同的表现形式,具有鲜明的时代特征。

公道正派是先哲圣贤们始终追求的道德理想和精神境界。公道正派是一个好人应该具备的基本品质,对那些忧国忧民、以天下为己任、有着坚定的理想信念和远大抱负的各级党员领导干部来说,更应奉为行为准则。

> 领导干部在服务群众的过程中,要通过公正地处理各种矛盾,协调各方利益、化解各方矛盾,为群众排忧解难、办实事、办好事,让更多的人共享经济社会发展的成果。

（1）公道正派是党和人民对领导干部的基本要求

公道正派是一种人格情操、一种思想境界，更是党的领导干部最基本、最重要、最核心的职业品格。领导干部做到公道正派，首先要始终坚持正派的作风，坚信马列主义，对党无限忠诚。现阶段，一些领导干部屡出问题，往往都是始于操守不严、品行不端、生活奢靡、道德败坏，由小节失守导致大节沦陷，最终走上了不归路。古人讲：**"吏不畏我严而畏我廉，民不服我能而服我公，公生明，明生廉，廉生威。"**

其次处事要公正。由于受主客观诸多条件制约，领导干部在处理问题特别是处理涉及群众切身利益的敏感问题上，会出现许多矛盾，要想人人满意显然不可能。但只要出以公心秉公办事，就能使大矛盾化为小矛盾，矛盾多变为矛盾少，从而实现满意度最大化。哪里的领导干部办事公道，哪里的风气就正，党群、干群关系就和谐，人心就齐，工作就容易见起色，这是一个不争的事实。

（2）只有公道正派，才能弘扬正气抵制邪气

为官者如果做不到"公道正派"，不仅仅是个人修身的一大败笔，而且会导致口中说出的话真假难辨，手中的权力"泛滥成灾"，官场歪风盛行，最终导致国事颓废。历史上的赵高、秦桧、严嵩这些至今人尽皆知的名字都是奸邪之化身。

提起赵高，人们往往会很自然地想到"指鹿为马"的成语。赵高从一名小小的宦官起家，倚仗着秦二世胡亥对他的宠信，在秦王朝最后几年的统治中翻云覆雨，把秦朝的暴虐苛政推向了顶峰，加速了它的灭亡。所以陆贾叹道："秦任刑法不变，卒灭赵氏（指秦朝灭亡）。"唐朝李林甫居相位19年，专政恣肆，杜绝言路，终铸成安史之乱。明末宦官魏忠贤在明熹宗年间，拉开了中国历史上最昏暗的宦官专权的序幕，他自称九千岁，排除异己，专断国政，一时厂卫之毒流满天下，一大批不满魏忠贤的官员士子惨死狱中；一大批无耻之徒都先后阿附于他，更有些阿谀之徒到处为他修建生祠，耗费民财数千万。

到了当代，个别高官也因为官不正，道德败坏，而致身败名裂，令人

闻名而唾。相反，如果每一位领导干部都能以"公道正派"四字为行为准则，并始终不渝地去加以实践，那么事情就会完全不一样。包拯、海瑞成为家喻户晓的名字，姜瑞丰成为现代的"黑脸"。人们之所以用自己的信念和生命追求正义的实现，是因为这样做，虽然不能使每个人都成为兴邦兴国的历史人物，但至少可以做到任何时候都无愧于心。正因如此，人们才对"天下为公""公正廉明""邪不压正""公道自在人心"等词语耳熟能详。总之，办事公道，为人正派是领导干部必备的素质。

3. 接受监督，自我约束权力

领导干部作为人民的公仆，接受公众的监督是天经地义的。领导干部必须要深刻认识到，自己手中所掌握的权力是党和人民赋予的，理应听取人民群众的意见和建议，其中就包括中肯的批评；也理应接受人民群众的监督，不断克服工作中的缺点，改进不足。还必须充分认识到，不受监督的权力必然产生腐败。古往今来，这方面的教训并不鲜见。因此，领导干部要以欢迎人民群众批评和监督的胸怀，更是对各级政府及其工作人员提出了明确要求。在这方面，各级领导干部要起示范作用，带头接受批评和监督。

监督，就是督促和监察。其中既包括对领导干部所从事工作的督促，并防患于未然，也包含对领导干部出现问题后的批评和检举，直至诉诸党纪国法。监督不仅仅是对领导干部负面的谴责，更重要的是通过督促，让其工作日臻完善。

失去监督的权力不是导致专制就是导致腐败，这是被历史和现实一再证明的执政真理。在改革开放和发展社会主义市场经济的新形势下，进一步加强对领导干部、特别是中高级领导干部的监督，对于不断提高党的领导水平和执政水平，不断增强拒腐防变的能力，对于保证党的路线方针政策的贯彻执行，保证党的凝聚力和战斗力，保证党的队伍的先进性和纯洁性，都具有十分重要的意义。

在改革开放和建设有中国特色社会主义伟大事业的过程中，绝大多数领导干部经受住了权力、金钱和美色的考验，勤勤恳恳为人民服务，在不同的领导岗位上做出了不平凡的业绩,涌现出了一大批勤政为民、廉洁奉公的典范。但是,也有不少领导干部避开党组织和人民群众的监督,利用手中掌握的职权,来为自己及其亲属或小团体谋取不正当利益,从而走上了违纪甚至违法犯罪的道路。这些因失去监督而导致腐败的教训都是极其深刻的。因此,只有对领导干部进行严格监督,才能使他们见微知著、防微杜渐、谨言慎行,防止他们利用权力来搞权钱交易,保证权力只能用来为人民服务。

要防止领导干部权力滥用和权力腐败,就必须加强对权力的制约和监督。领导干部要自觉接受来自各方面的监督,确保权力的行使不越轨、不出格。要牢固树立马克思主义民主观,想问题、办事情、作决策都要充分发扬民主,广泛听取群众的意见,自觉地把自己置身于人民群众的监督之下,把人民"满意不满意""赞成不赞成""拥护不拥护"作为掌权、用权的标准,时刻做到慎权、慎独、慎微,堂堂正正做人,踏踏实实做事,清清白白做官。

4. 实行政务公开,让权力在阳光下运行

要让公共权力的运行公开透明,政府和领导干部应实行政务公开,主动公开自己的"权力清单""权力家底"。严格执行《中华人民共和国政府信息公开条例》,按照"公开是原则,不公开是例外"的原则,优先公开涉及人民群众切身利益的公共权力运行信息,逐步解决监督者与监督对象信息不对称的问题,真正做到让权力在阳光下运行。

实行政务公开是经济发展的必然要求。改革开放以来,随着经济的快速发展和人民生活水平的普遍提高,人民群众的民主意识得到了普遍增强,这就为建设社会主义民主政治提供了坚实的基础。政务公开工作,在不少地方和部门早就开始进行试点,有的已经全面推开。特别是在党中央的大力推行下,包括村务公开、厂务公开、警务公开、检务公开、审判公开、司法公开、校务公开等内容的政务公开活动,正在全国上下如火如荼地进行。

> 政府实行政务公开，其实质是对行政权力运作加强监督。政务公开是手段，是形式，根本目的是让群众知情，便于群众监督政府的行政行为。

实行政务公开，由公众监督政府，可以有效防范权力滥用，保证权为民所用。实行政务公开，必须把一切权力的行使置于人民的监督之下，保证权力始终用来为国家和人民谋利益，绝不能把权力变成谋取个人或少数人私利的工具。实行政务公开，人人都来监督政府，就可以把权力中用来谋私的"含金量"尽可能去掉，使权力只能用来为人民服务；就可以让人民真正起来负责，当家做主，做天下的主人。

让阳光照亮体制，许多腐败就失去了藏身之地；让人民监督政府，党和人民的事业就将永远立于不败之地。因此，政务公开，就是我国社会主义民主政治建设的具体而又生动的实践。

5. 预防权力崇拜，纠正权力崇拜

权力崇拜是个人崇拜产生的思想根源，其危害已为无数历史事实所证明。领导干部防止和反对权力崇拜的方法与艺术，包括预防和纠正两个部分。

（1）预防权力崇拜

医家有句著名的格言，叫作"预防为主，防重于治"，领导干部对待权力崇拜也是如此。倘若领导干部在日常工作中注意消除导致权力崇拜的隐患，那么，这种现象在社会主义中国的市场就会越来越小。为此，领导干部必须努力做好三方面工作：

首先，确立全心全意为人民服务的思想。为人民服务是领导干部的天职，所谓"天职"，即义不容辞的职责。**领导干部手中掌握权力而不肯为人民服务，就会使群众产生对权力的距离感和恐惧感，滋长出权力崇拜现象**。

其次，实行科学领导，注重社会效益。领导干部一要干领导的事，这既是科学领导的必然要求,又是提高领导工作社会效益的前提。为此必须做到:不干预下一层的事,不颠倒工作的主次,而是按照既定的工作程序与组织程序工作。领导干部二要做建功立业的实干家。为人民建功立业是每个领导干部的强烈愿望,但要把这一愿望变为群众眼里的现实存在,还必须有苦干实干的精神,即有饱满旺盛的干劲、英勇献身的拼劲、锲而不舍的钻劲、大胆革新的闯劲。领导干部三还要少说空话,不搞形式主义。**说空话、搞形式在过去的几十年里曾经给我们党和国家带来了无法估量的损失,也加深了权力的神秘感,对权力崇拜现象起了推波助澜的作用。**

最后,加强学习,刻苦改造世界观。防止权力崇拜,关键在于领导干部。领导干部要努力学习马克思列宁主义、毛泽东思想,刻苦改造世界观,真正分清历史唯物主义与唯心主义的界限,分清社会主义权力观与资产阶级权力观的界限,从思想深处铲除封建主义、资产阶级的权力崇拜观念,树立一身正气,带来一股清风,当好人民的勤务员。

(2) 纠正权力崇拜

由于权力崇拜容易伴随权力而产生,凡有权力的地方就或多或少、或轻或重地存在着权力崇拜,因此,领导干部仅仅设法预防权力崇拜并不能保证权力的正常行使和工作的顺利展开,还必须有效地制止和纠正正在形成着的权力崇拜。

首先要发扬民主,欢迎监督。民主是科学社会主义的一个基本特征,也是社会主义领导工作的一项重要准则。社会主义民主的实质是人民当家做主。因此,为了保护人民的合法权益,消除错误的权力崇拜现象,领导干部应当充分发扬民主,使群众参与管理和决策,在集体讨论和共同负责的基础上增强下属的民主意识,并把自己置于群众监督之下,欢迎群众的批评,发挥其主人翁作用。

其次要识民情察民意,为民解忧。兴邦治国,领导是关键。**领导干部只有懂民心、顺民意、实实在在地为人民干事业,才能有效地限制权力崇拜的蔓延。**领导干部应保持清醒的认识,时时处处严格要求自己,要记住人民不可脱离,民心不可违背。而若识民情、顺民意、为民排忧解难,则权力崇拜现象将没有市场,党的形象和广大干部的形象将日益提高。

最后,还要依法办事,敢于斗争。领导干部是无产阶级和广大劳动群众利益的代表者。维护人民的利益,为人民办事,对人民负责,是领导干部的职责。为此,领导干部就必须勇于同违法乱纪行为作坚决的斗争,广泛发动群众,造成声势,震慑那些不安分守己的人。

> 只有依法办事,同违法乱纪的行为进行斗争,严厉打击一切违法乱纪行为和歪风邪气,才能促进社会治安、社会风气的根本好转,消除权力崇拜现象。

三、刚柔并济,领导干部的用权方法

掌握和运用权力,是领导工作的本质特征。在所有的领导方法中,如何掌管与运用权力,是领导干部第一重要的工作方法。领导干部在掌管权力的过程中,能否保持理智,能否把握原则,直接关系到领导权力的稳固与否。而领导干部在使用权力时,是否到位,是否适度,是否科学艺术,会直接影响到领导工作的绩效。掌权与用权,需要领导干部具有一定的智慧,需要科学的方法,领导权力必会受到削弱,甚至会被剥夺。

1. 确保权力运行畅通的用权艺术

领导干部如何用权是关系到领导权力运行是否畅通、是否有效的重要前提。从领导干部用权的成功经验中有以下几条可供广大领导干部参考。

(1) 杜绝用权之大忌

用权之大忌是:一忌为私。领导干部必须牢固树立"为官一场,造福一方"的权力观。二忌谋私。领导干部不能搞"权、钱"交易。三忌徇私。领导干部运用权力时要公正,不能无原则地为自己或亲朋好友谋利益。**领导干部一旦为私、谋私、徇私就必然损害、牺牲多数人的利益,必然违背实现组织目标的根本要求,必然为人民群众所深恶痛绝,从而最终**

其权力必然被剥夺。因此，各级领导干部在运用权力时，要经常提醒自己，不能为私、谋私、徇私，只有廉洁清正，才能"公生明，廉生威"而有所作为。

(2) 把握好权力运用的"预期效应"

领导干部在运用权力之前，应该冷静地分析、评估和预测运用该权力后可能产生的效果，并以尽可能地增加效果为目的，做好各种相应的准备工作。这就要求在运用权力之前"三思而行"，使决策得到充分酝酿，甚至可以先征求下属意见，使决策民主化、科学化，进而达到预期的效果。为了使权力运用畅通无阻，领导干部还要尽量增加广大所属人员的认同感，把所属人员发动起来、团结起来，把工作方向统一起来，使大家共同努力。同时，也要相应地做好人员安排、物资准备、纵横关系协调等工作，为权力的运用铺平道路。

(3) 确实做到令行禁止

领导干部用权也有个信用问题。朝令夕改的领导干部，其决策结果往往会大打折扣。只有言必信、行必果的领导干部，其命令和决定才会得到坚决贯彻。因此，领导干部运用权力一定要讲究"言必信，行必果"，三思而行、认真讨论、慎重决策。领导干部提出的主张、下达的指令都必须不折不扣地兑现，全力以赴地确保完成，不允许说了不做，定了不办。

> 领导干部对于办不到的事，勉强办的事，干脆不办。一定要不办则已，办则成功。令行禁止，才能在群众中树立起坚强、有力、果断、说话算话的领导干部形象，从而增加领导干部的影响力。

(4) 奖惩并用，张弛结合

领导干部在用权过程中，多奖少惩，有利于调动积极性，但也不能只奖不惩。对于严重的违章、违纪和错误，对于造成较大损失和不良后果的责任者，不惩罚也不批评，泰然无事，就不足以教育当事人，也不足以令他人信服。领导干部要善于把奖惩有机地结合起来，只奖不惩，或只惩不奖，都失之偏颇。

张弛结合，是客观事物运行过程的韵律，也是管理工作中的一种和谐现象。领导干部在运用权力时需要做好两方面工作：一方面通过刚性作风和严格要求，形成一定的"紧张度"；另一方面又运用柔性风格和宽容管理，造成满足下属的安全感和尊重感的良好气氛。这就是人们常说的既有纪律又有自由，既有统一意志又有个人心情舒畅。

（5）用权适度

任何问题的解决都需要一定的主客观条件。在行使权力中，领导干部判断权力如何使用，是否可用，主要是看解决这一问题的主客观条件是否成熟，对解决问题是否有效。这就是用权中要选择最佳时机、最佳环境。遇到下属职权范围内的事情时，如果下属能够自行处理，领导干部就不要事必躬亲，取而代之，而应"推"给下属。下属没有把握或感到无力处理的事情，领导干部也不应急于行使权力，可先让下属拿出一个处理意见，在此基础上，对其进行指导和纠正。领导干部的这种做法不是不敢用权或回避矛盾，而是用权适度，更自觉更有效地去解决工作中的矛盾、问题。

（6）防止以权压人

衡量领导干部用权艺术的高下，取决于下属人员对领导干部权力的接受程度。**领导干部如果高高在上，脱离群众，官腔官调，热衷于发号施令，甚至以权压人，就会引起群众的反感，权力运行就将受阻**。作为领导干部，必须调节好与下属的情感距离，只有感情相通，下属才愿意接受领导。因此，领导干部在掌权过程中，要善于调节上下之间的情感距离。平时工作中要关心下属，帮助群众解决具体困难，关心下属政治上的进步和业务上的提高。与下属平等相待，对后进者也不能歧视，要用诚挚的关怀去感化他们，用精神的甘露来洗涤他们心灵上的灰尘。上下级的关系融洽，领导权力就会运行畅通。

2. 授权：分身有术的领导用权

授权，就是领导干部将自己的部分权力和责任分给下属，使下属在一定的监督下，有相当的自主权和行为权，从而为下属提供完成使命所需要的客观铺垫。授权者可以指挥和监督被授权者，被授权者应该及时汇报事务进展和职责履行情况。

如果授权合理，领导干部就宛如有了"分身之术"。现代社会是信息社会，政治、经济、文化、思想各领域面临怎样协调发展的新难题，成功的领导干部也越来越重视授权艺术。他们心里明白：不能再像过去，凡事不论巨细一手遮天，要进行合理的授权。授权是他们完成领导活动，实现现代领导目标的重要环节。

（1）以合理授权实现领导目标

不同领导岗位和领导层次上的领导干部要实现的领导目标也是有层次性的。较低层次的领导干部有较低层次的目标，较高层次的领导干部有较高层次的目标，而较高层次的目标又往往是若干较低层次目标的总和，需要以若干较低层次目标的实现为前提。后者指挥的对象是低一级的领导干部，是率"将"的；前者指挥的对象是群体成员，是带"兵"的。成功的领导干部能最大限度地调动各方面力量，齐心协力地为实现领导目标奋斗。

领导干部将自己的部分权力授予下属，就是使用"分身之术"，使部分权力的责任由下属承担，亦即把自身领导活动的总目标分解为若干子目标，交由下属分担。这不仅有利于领导干部从琐碎的日常事务中解脱出来，也有利于领导干部加强宏观控制，增大领导干部活动的自由度和准确度。

领导干部不能只顾去做具体事务，应当尽可能帮助下属在各自能力限度的范围内获得最大成果，指导下属以最有效的方式实现目标。这样，领导干部才能"一身变众身""一脑变多脑"，从而使领导干部的智慧和能力放大。

> 领导干部贵在学会科学地授权，通过合理授权，使自己重在管理，而非从事具体事务；重在战略，而非战术；重在统率，而非用兵。通过"分身之术"，有利于领导干部议大事、抓大事，把握全局。

（2）以合理授权提高领导效率

领导干部合理授权，有助于锻炼和提高下属的才干，提高领导体系的总体水平，从而提高领导效率。领导干部的合理授权使下属获得了实践机会和提高的条件。随着下属在实践中学得更多的真知，领导干部可根据工作的需要授予他们更多的权力和责任。

应该说，领导干部要下属担当一定的职责，就要授予相应的权力。敢不敢授权，是衡量一个领导干部用人艺术高低的重要标志。如果领导干部对下属不放权，或放权之后又常常横加干预、指手画脚，必然造成管理混乱。另一方面下属因未获得必要信任也会失去积极性，而合理的授权则有利于增强部下的积极性和创造性。

3. 严禁权力滥用，防范权力扩张

权力是领导干部履行职责、管理组织的必要保障。无数事实证明，过分滥用权力的领导干部，必然会造成对权力价值的破坏，危害组织的健康发展。因此，切忌滥用权力，已经成为让现代领导干部警醒的口号。任何权力都得有一定的限制和范围，如果硬要突破这种限制和范围，就会超出度外，形成"权力扩张"的现象，最终会危及并断送整个组织。以下两种用权方式，都属于领导干部用权的大忌。

（1）代办一切

命令是让下属执行的措施，领导干部不能代办命令。"这是业务命令，你就照这方法做，不然，我就给你处分。"像这种不顾下属立场，强制的命令方式，是身为领导干部绝对要避免的。因为这样只会徒然增加下属反抗的心理，只能收到相反的效果。

有些领导干部，当下属不按己意而行时，往往不愿花时间与下属商谈，马上搬出权力，想借此操纵下属。即使他不是用很强硬的态度，但此种行为也明白地表示他不相信下属的能力，而"相信下属"是非常重要的。领导干部期待下属有所表现时，首先要相信他的能力。

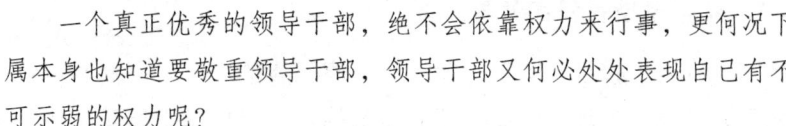
一个真正优秀的领导干部，绝不会依靠权力来行事，更何况下属本身也知道要敬重领导干部，领导干部又何必处处表现自己有不可示弱的权力呢？

（2）领导干部漠视下属

每位下属都有自尊，否则他就没有个性。没有个性的下属是好下属吗？显然不是。领导干部千万不能盛气凌人，目空一切，应该尊重下属，合理地发布命令。**无论多不可靠、多无能的下属，一旦交给他工作，就不可轻视他的能力。**应对其努力的行动尽量给予肯定，即使领导干部自己有好的构思，也要放在心里，在下属未提出比自己更好的提案前，要耐心地帮助他们，给予他们意见和忠告。

平时，下属通常有他自己的行事计划，当领导干部突然下达指示时，下属不得不将原来计划加以调整，或删去一部分或追加一些。假如这只是偶尔的现象倒无所谓，若是经常发生，下属难免会心存不满。因此，当领导干部给下属下命令时，不妨多加几句话，例如"我知道你现在很忙，不过……""我想你可能头一次做这件工作，不过……"说这些话对领导干部来说，是轻而易举的事，但却能让下属感到你在为他的立场着想，会心甘情愿地让步。领导干部要下命令，不如用这些方式，更能使下属积极工作。

四、纠正越权，避免角色错位

凡领导干部皆有一定的职位，这种职位会相应带来一定的权力，这就是职位权力，这也是领导干部履行法定职务时所必需的权力。但是执行职位权力时有错位现象，出现实际权力和职位权力不相符的情况。实际权力是由领导的才能和动机因素共同作用产生的权力。

一个善于用权、正确用权的领导干部，在领导工作中，必须防止和纠正超越职位权力的越权现象，避免领导干部的角色错位。

1. "越权就是越轨"，"越轨就会出轨"

领导的实际权力超越职位权力的现象，叫作"越权"。领导干部在领导活动中做职权以外的事，皆属于"越权"。也就是说，"越权"主要是指领导说了不该说的，管了不该管的，做了不该做的。包括范围上的"越权"和使用上的"越权"，即滥用权力。一般说来，领导一旦拥有了领导职能以外的权力，就容易发生"越权"现象。越权行为是领导工作的大忌。

（1）擅自决定不该决定的问题

领导的主要职能之一就是决策。**任何不同层次的领导，都要根据自己的职责权限，做出自己职责范围内的有关决策**。如果决定其他决策层次的问题就是"越权"。某级领导干部如果未经授权去决定职权范围外的重大问题，就是对上级的"越权"。

在正副职领导之间，常常发生"越权"现象，正职领导对全面工作负责，副职领导负责某一方面的工作。在实际工作中，正职领导往往会抛开他的副手，做出一些应由副手做出的决定；而副手也常常有应该请示正职领导而不请示，擅自决定问题的现象。这都属于越权，应当避免和纠正。

（2）插手管理不该管的事情

领导只应管领导的事，但不少领导人喜欢到处插手管事，对下属，甚至对下属的下属的工作，这也看不惯，那也不满意；这也不行，那也不对，在这里挑剔一番，在那里指责一气；立一通这样的规矩，定一套那样的做法。在这样的领导人眼里，别人干什么都不行，唯有自己才是有事业心、责任感的。这样的领导总是企图把别人溶化掉倒进自己的模子里，重新浇铸得跟自己一模一样。群众称之为"爱管闲事的领导"。他管的倒不一定是"闲事"，只是他把许多无足轻重的事看得太重要。这样的领导以对事业的无限忠诚和高度责任感，什么都要求至善至美，完美无缺。于是，这里怕坏了，那里怕瞎了，什么都去管。在他看来，什么"越权"不"越权"，大家的事大家办，只要不出漏洞，事业不受损失就行。这是陷入烦事中忽略了抓大事的"越权"领导人。

（3）越俎代庖不该执行的任务

领导叫苦不迭的就是"忙"。正当的忙是应该的。但是，对有些领导说来，有很大一部分忙，是由于有许多工作不是领导必须做的，而应该由职能部门去做。结果领导人越俎代庖，事必躬亲，不分巨细地去做下属具体管理部门的那些日常工作，陷入烦琐的事务堆中而不能摆脱。**这样的忙，既是"越权"，又是失职。包揽下面的工作是"越权"；忙于具体管理而忘记了领导的主要职责便是失职。**如果只忙于具体事物，做自己职责范围外的事情，那么势必会削弱了抓大事、抓战略、用人、决策等工作。

> 领导干部不干领导的事，不坚持分层领导的原则，不是一级抓一级，一级管一级，一级带一级，而是越级处理问题，这些就是"越权"的表现，都属于应当纠正、加以克服之列。

2. 领导越权是领导工作的最大失误

总是喜欢"越权"的领导干部，往往习惯于欣赏自己的才干，并为"越权"的结果备感得意。岂不知，这样的行为是领导工作的严重失误，领导干部应从本质上认清"越权"的危害。

（1）越权有害于正常的工作秩序

各个组织的工作都是按照一定的规律和一定的程序正常运转的。分级分层领导，各负其责，各司其职，就是为了维持其正常秩序，以取得良好效果。如果领导对下级"越权"，对工作横加干预，或有意无意地过问、插手、表态，这就打乱了下级的正常工作秩序，使下属无所适从，甚至为难。**对上级的"越权"指挥，不听不办不好，只好使正常工作程序扭曲，按领导意图办。**下级对这种照办，常常是违心的。因为在其位谋其政，下级领导熟悉自己职责范围内的工作，对上级"越权"指挥脱离实际的现象很敏感，对正常工作程序的破坏可能引起的不良后果，是了如指掌的。破坏正常、工作秩序，就像破坏机械运转的方向和速度，危害是可想而知的。

（2）越权有害于调动积极性

领导工作，主要的是决策和用人。用人，主要是调动人的积极性。这需要领导对所使用的人充分信任，放手使用，不"越权"处理问题，是一个重要方面。**如果"越权"行事，包办一切，下属就习惯于服从，而不主动去想、去干。**下属就会丧失积极性、主动性和创造性，就不会把事情办好。

（3）越权有害于团结

上下级之间，正职和副职之间，同心同德、团结一致、协调和谐，是工作胜利的保证。一有"越权"现象，就做不到这些了。**领导干部的"越权"，实际上也是一种"侵权"现象。对下"越权"，使下属有职无权，下属就会产生上级领导对自己不信任，不重用的疑虑。**群众也会对这样有职无权、说了不算的领导产生抱怨情绪，从而使领导干部加深了与上级领导人的隔阂。如果是下级对上级"越权"，也会有目无领导、不自量力之嫌，这也是影响工作和团结的因素。"越权"实在危害甚多。只有无所作为的懒汉和懦夫才欢迎"越权"，因为这样他一不操心费力，二少承担责任；只有喜欢依附于领导，阿谀奉承的庸才，才欢迎"越权"，因为这样他可以经常跟着领导屁股转，便于溜须拍马。除此之外，没有什么人喜欢领导"越权"，就是说，"越权"就大多数人来说，是不得人心的，不利于团结的。

（4）越权有害于完成领导本职工作

有意无意地习惯于"越权"的领导干部，脑子里想的，放心不下的，整日奔忙的，常常是自己职权外的事情。形成这样的工作作风、思维走向、心理热点，都在一些细小的具体事情上，很少着眼于关系全局性的大事，形成大事抓不了、小事放不下的局面。同时，人的时间和精力是有限的，用于"越权"方面多了，自然减少了用于解决本职工作问题的时间和精力，有害于本职工作的完成。

3. 防止和克服领导干部自己越权

领导干部首先须防止和克服自己"越权"，这对做好领导工作非常重要。在任何组织中，有了一位善于用权而不越权的领导干部，团队就有了核心，事业就有了无坚不摧的力量。

> 各级领导干部都能对自己的实际权力进行约束和控制，防止和纠正自己"越权"，是避免"越权"现象的根本。对这个问题，领导干部应该提高认识，采取切实措施。

（1）解决对领导越权的认识问题

领导干部解决"越权"问题的前提，是要认清和克服有关"越权"的认识问题。

①自恃高明和尊重他人。解决领导干部"越权"，首先要解决的认识问题，就是不要把自己看得过高，把别人看得过低，总觉得自己行、别人不行，总看自己的长处和别人的短处。

领导干部必须正确对待自己，正确对待别人。一个好的领导干部，能见人之长，更能容人之短。对下属那些相当明显但无关宏旨的缺点不要计较。基于这种认识，就不会因下属的缺点弱点而采取不信任态度，越权干预事务。其实，自恃高明，并不一定高明，"越权"本身就是一种不高明的做法。

②关系亲密和坚持原则。有的领导干部对上或对下"越权"，是自以为和下属或上级领导干部的关切密切，甚至友谊深厚。关系密切、友谊深厚，是处理好上下级关系的感情基础。这样相互之间就会深知对方的长处和短处，办起事来深一点浅一点，容易理解和谅解。这个事实是客观存在的。但是，绝不能因此发生角色变异，相互"越权"，上级当下级的家，下级主上级的事。这样既无上级的威严，也无下级的效应，工作不会有高效率。再说，你也只能与个别领导干部关系密切，因此而"越权"，更会

引起其他领导人和群众的逆反心理，把事情办糟。因此，关系密切，也要各负专责，照章理政。

（2）提高权力使用的自控能力

领导干部防止和克服自己"越权"唯一的实际方法是靠自尊、自爱、自重、自慎、自控。权力本身就是有效的控制。行使权力的人要提高权力的自控能力。

首先，克服权力欲。封建权力欲意识，在一些领导干部那里时有表现。他们认为权力到手，便可主宰一切，有了权力，就有了权威、权势，就可为所欲为，独来独往。于是把人、财、物等各种权力集于个人一身，主观、专断、个人说了算，建立自己的小天下。这种想法必须克服。

其次，增强自我角色意识。每个人在生活中都要扮演不同的角色。在上级面前是下级，在下级面前才是领导；"上朝理政"是领导，权限以外只是普通工作人员，而在社会上则是普通公民。这样按客观实际认识自己，才有自知之明，才能把自己放到适当的位置，在不同场合，对不同事情扮演不同的角色。

最后，在权力范围内活动。**任何领导干部的权力，都是上下有限，左右有度的。**领导干部要明确自己的权力极限，不要超越范围，而应该只在权力范围内行事，一心一意干好自己本职工作的事。当然对一些事关大局的原则问题，也应当及时指出并采取措施纠正。这和解决越权、合理用权是不矛盾的。领导干部如此用权，才能在具体事务中心平气和，胸有成竹，高屋建瓴地做好领导工作。

4. 明确权限，防止下属越权

领导工作的职、权、责范围不明确，就容易造成下属越权。一般从下属方面看，其"越权"现象有三种情况：一是由于职责范围不甚明了，或是写在纸上的明确，在实践中糊涂，因而无意地、不自觉地"越权"；二是由于对上级领导有成见，或为了显示个人才能而有意地、不正当地"越权"；三是在非常情况下的"越权"。领导干部要根据不同的"越权"情况，采取不同的防止下属"越权"的方法与艺术，既要严肃批评、积极补救,又不挫伤下属的积极性和伤害其感情。

(1) 防范下属越权的方法

明确职和权的范围。明确职责范围,不能仅停留在行文规定上,甚至把文字贴在墙上,而要研究出若干办法,制定实施细则,根据已有的经验,定位、定人、定责、定标、定权。除规定常规决策、指挥、组织、管理等工作的分工外,明确可能出现的非常规问题由谁负责处理。防止出现有些问题、临时发生的事情谁管都可以、谁不管都行的含糊不清的现象。

上下级的领导工作,正职与副职的工作,特别是基层领导与其下属的工作,有些不是那么泾渭分明的,这就更需要明确职责范围,各司其职,各持其权,各负其责。

进行一级抓一级的教育。除了对下属明确职、权、责的范围外,还要对下属进行分级领导原则的教育。分级领导就是分层领导,这是事物发展的客观要求。任何事物,都作为系统而存在,都有层次结构,它的发展变化都是有规律的,系统之间能否有效地运转是层次性决定的,同一层次的诸系统的功能联系须由各级系统之间自主地进行。只有在发生障碍、产生矛盾、出现不协调时,才提交上一层次的系统解决。这是分级领导的理论依据。下属根据这一原则,要认真地做好本层次的工作,对上级领导负责,执行上级的指示,接受上级的指导和监督,主动地经常请示汇报工作,积极地创造性地完成上级领导交给的一切任务。不能见硬就缩、见难就退、见险就躲、推诿拖拉,也不能固执己见,各行其是,擅自做主、独往独来。**对下属的"越权",尤其是有意地"越权",应提高到目无组织、目无领导,闹分散主义、本位主义和闹独立性的一种表现的高度来认识。**这样,下属对自己的"越权"才会引起警觉。

主动为下属排忧解难。领导在决策的基础上,在给下级部署任务、提出要求的同时,要深入基层,为下属完成任务创造必要的条件。领导干部要为下属服务,支持、鼓励、指导、帮助下属,关心、爱护下属,为下属排忧解难,及时解决他们工作中自己难以解决的问题及不协调的关键问题。这样,也可以防止或减少下属由于来不及请示而出现的"越权"现象。如果不深入下属,不接近群众,高高在上,门难进、脸难看、事难办,就会助长下属"先斩后奏""干了再说"的"越权"行为。

（2）纠正下属越权的艺术

一旦发生下属"越权"现象，要积极慎重地根据不同情况，采取不同方法予以纠正。

先表扬后批评。对下属"越权"，要作具体分析，不能简单地批评和指责。有的下级"越权"，是做了应由上级主管领导决定的事，这是和他有较强的事业心、责任感，工作有积极性、主动性，不推不靠、敢作敢为、敢于承担责任等优点相联系的。这和工作不负责任，推一推、动一动，工作稍有难度就推给主管领导相比，这种"越权"的精神反倒显得是可贵的。

> 对于出自正当动机而"越权"的下级，应该又表扬又批评，先表扬后批评，肯定其积极性，指出"越权"的危害，以"越权"的具体事实帮助其分析研究，指出不"越权"而又把事情办得更好的方法。

维持现状，下不为例。领导干部对下属"越权"产生的和将产生的效应，也要作具体分析。有时，下属"越权"决定或处理的问题，可能和主管领导的思路、决策是相吻合的，是正确的，有的地方干得更漂亮，成绩更出色。这样自然要维持下去。但即使是这样，也要下不为例。有时下属"越权"行为与领导干部的正确决策有一定差距，在成果的取得上要受一定影响，存在某些损失，但如果仍是正效应，无损大局。这样的情况可以维持现状，继续下去，在进行过程中，尽量使其向更好的方向转化，取得更大的成绩。

因势利导，纠正错误。有时下级"越权"，对问题的决定或处理本身就是错误的，已经或正在产生负效应。这时，领导干部就要根据情况予以补救、纠正，"亡羊补牢"，力争把损失减少到最低限度，并教育下属吸取教训，认清"越权"的危害。

五、廉洁自律，手握权柄不可贪腐

为官从政，必须坚守廉洁自律、公私分明的准则。只有廉洁自律、公正无私，领导干部才能治国理政—匡天下。

官员公私不分，损公肥私历来为官场所忌讳。领导干部姓"公"不姓"私"，端的是国家的饭碗，拿的是国家的俸禄，就要按照国家的法律法规办事，不打"擦边球"，不搞无原则的变通。

1. 管住自己，用好公权要自律

公权是把双刃剑，可以使人高尚，也可以使人堕落；能成就一个人，也能毁掉一个人。目前，有些领导干部权欲膨胀，不当使用权力或滥用权力，权钱交易、权色交易等现象不时出现，让老百姓非常气愤。因此，领导干部慎独自律，管住自己，抵制任何"糖衣炮弹"。

"管住自己"，就要善于自我控制，知道节制。否则就会授人以柄，受制于人，失去自主。春秋时的曾参很穷苦，鲁国国君知道后，派人给他送去钱财，他再三推辞。来人说："并非你去求国君，而是国君要送给你，你为什么不接受呢？"曾参答道："受人者畏人，予人者骄人，即使国君赐而不骄，我能受而不畏吗？"曾参始终不肯接受，不是故作姿态，而是不愿为外物所累。"管住自己"，是时下颇为流行的一句话，这句话听起来十分简单，但对于领导干部而言，"管住自己"的内涵则延伸到廉洁自律以及心不为物所役上来。所以对于领导干部来说，"管住自己"说起来容易，做起来就难了。

> 做优秀的领导干部,要慎用公权,善用公权,秉公用权,心怀一种信念,肩挑一份责任。惦记民之难,为了民之便;惦记民之忧,为了民之乐;惦记民之疾苦,为了民之安康。

作为领导干部,一旦管不住自己,那危害可就非同小可。纵观历史,因"管不住自己"而亡国身败的为政者不乏其人,当今那些面对金钱、异性、享受的诱惑,没有经受住考验而堕落到罪恶深渊的人也不胜枚举。虽然这些人失足的原因各异,但其共同点,都是没有管住自己贪婪的欲望,使自己在权钱交易中,在腐朽堕落的贪图享受中身败名裂。

翻开领导干部腐败堕落的案例我们会发现,为数不少的腐败分子不是倒在政治上,而是倒在生活作风上,问题不是出在八小时以内,而是出在"八小时以外"。近年来,党的一些干部的堕落,从根本上讲就是"管不住自己"。有位领导干部就从自己从政数载的经历中,得出了这样一条经验:"管住自己,天下无敌。"

能不能"管住自己"与一个人的世界观、人生观、价值观有关,更与一个人的生活作风和生活道德密切相关。领导干部的生活作风虽然不直接体现在领导干部行使领导权力和职责的过程中,但却比较具体地体现在日常生活中,并为广大人民群众直接接触和感受。一些领导干部在生活作风方面,由于受到社会上一些腐朽堕落风气的影响、冲击和侵蚀,产生了贪图享乐、不思进取的思想,在人民群众中造成了极其恶劣的影响,损害了党和国家的形象。

面对灯红酒绿的诱惑,我们的领导干部要管住自己的腿,不该去的地方绝对不能去,要远离变味的"娱乐风",守住自己的道德底线。 那么,领导干部如何守住道德底线呢?除了党和政府的各级组织要对领导干部加强思想教育与监督管理外,领导干部自身也应严格遵守道德规范,切实改进生活作风,时刻警醒自己。领导干部要加强道德修养,保持良好的生活作风,就要努力做到以下几个方面。

其一,树立正确的人生观,始终保持高尚情操和革命气节。能经常想一想"现在当干部应当做什么"以及"将来身后应该留点什么"这些问题,用自己的实际行动做出正确回答。

其二，以艰苦奋斗、勤俭朴素为荣，以铺张浪费、奢侈挥霍为耻，检点生活，防止物欲横流。

其三，养成良好的生活习惯和生活追求。不患得患失，不贪小便宜，不逐小利益，平和恬淡地生活，清清白白做人，堂堂正正做官。

其四，坚决摒弃"业余生活是小事，只要不出大问题，小节上无关紧要"等自我宽容的错误认识。面对复杂的世俗人情，要保持清醒的头脑，筑牢法纪、道德和党性的防线。

> 在任何情况下，领导干部都要自觉地管住自己的嘴，不该吃的不吃；管住自己的手，不该拿的不拿；管住自己的腿，不该去的地方不去，带头树立拒腐防变的良好形象。

2. 绝不把权力作为谋私的工具

作为领导干部，一定要牢记，自己手中的权力来源于人民。因此，权力的使用只能是为人民服务，切忌把权力当作自己谋取私利的工具。

然而，在现实生活中，确有一小部分领导干部把人民赋予的权力当作为自己谋取私利的工具，当作捞取个人好处的资本。**他们用权力换取财物，用权力换取美色，用权力换取更大的权力，大搞权钱交易、权物交易、权色交易、权权交易。**更有一些领导干部利欲熏心，处心积虑想着如何得到更多的好处和实惠，对人民的利益漠不关心，责任感、义务感和服务观念消失殆尽。感觉工作对自己没有好处的时候，就会消极怠工、玩忽职守、互相推诿、不负责任；该处理的事情，不及时处理；群众来办事，门难进、人难见、话难听、脸难看；甚至故意设置障碍，设置关卡，企图以此非法谋取个人利益。虽然这些人一时得逞，满足了自己利欲熏心的"邪望"，但最终吃亏的还是自己。

贪财而取危，贪权而取竭。把权力作为谋私工具的为官者，注定会自毁前程。领导干部利用自己手中的权力，为自己谋取私利，常为此沾沾自喜。岂不知"要想人不知，除非己莫为"，早晚会东窗事发，受到党纪国法的惩处。2008年6月3日在海口展览中心开幕的海南省首次"反腐倡廉警示教育展"中，共展出案件109起，除了中央纪委查处的7起全国省级领导干部案件外，其余102起都为海南省近10年查办的领导干部违纪违法案件。

展览中最引人注目的是原海南省委委员、文昌市委书记谢明中的赃物。专题展览称，谢明中曾经28岁当正处级、33岁当副厅级、38岁当正厅级，曾经被称为海南政坛的一颗"新星"。然而，在担任文昌市委书记期间，他利用职权，在工程审批、资金安排、干部提拔等方面为他人谋取利益，大量收受或索取贿赂，还与多名女性发生不正当男女关系。海南省纪委共查获谢明中转移或藏匿的赃款折合人民币2500余万元，另有金银首饰等物品17件。海南省委常委会给予他开除党籍、开除公职处分，海南省中级人民法院判处他死刑，缓期2年执行。

可见，领导干部一定要处理好个人利益与公共权力的关系，协调好个人利益与公共利益的关系，特别是不能利用职权谋取非法的利益，防止个人私利这种诱人的海妖干扰公共权力的运用。

3. 拒绝诱惑，经得起糖衣炮弹的袭击

领导干部要自觉增强拒腐防变的抵抗力，经得起任何"糖衣炮弹"的袭击，这是时代对领导干部的要求与考验。领导干部面对今天的种种诱惑，一定要始终保持拒腐蚀、永不沾、与腐败做坚决斗争的共产党人光辉形象。

从纪检监察机关查处的违纪案件看，近几年来，腐败现象向党政领导机关、行政执法机关、司法机关和经济管理部门渗透，案件的性质从单一性向多重性发展。经济领域的犯罪分子不择手段地捞取钱财之后，又不择手段地拉拢腐蚀掌握一定权力的领导干部。**犯罪分子因人而异，投其所好，拉干部下水，但主要的手段是金钱和美色。**

清代史学家总结历代贿赂的现象后，得出一个结论叫作"贿随权集"。意思是行贿围绕权力而运行，这个结论，今天同样适用。各级领导干部手中掌握的权力，是不法分子追逐和进攻的重点目标。因此，作为领导干部，必须树立正确的权力观。必须明白以下三点：一是自己手中的权力谁

给的；二是权力的本质和作用，为谁掌权，为谁用权；三是在一定职位上权力运用的法律范围。**树立正确的权力观，才能增强公仆意识、遵纪守法、廉洁奉公、勤政为民**。相反，如果把权力作为等价交换的商品，就会以权谋私，搞权钱交易、权色交易。这不仅对党、对国家、对人民是犯罪，而且最终也会毁了自己。

社会上的一些不法分子为了达到自己的罪恶目的，往往把进攻的目标放在领导干部的配偶和子女身上，利用领导干部职权，与其配偶和子女勾结在一起，共同进行犯罪活动。因此，领导干部一定要管住管好自己的配偶和子女。中国早就有"修身、齐家、治国、平天下"的古训。先管好自己，管好家，才能治理国家。自己和家人都管不好，何谈治党治国执政？

近几年，在领导干部中，治家不严，对配偶和子女利用自己的地位和权力的影响谋取非法利益的现象视而不见、不闻不问，甚至纵容亲属违法犯罪，包庇亲属违法犯罪。**领导干部绝不能把手中的权力当作为自己和家庭成员谋私的手段，绝不能搞封建社会那种"封妻荫子""一人得道、鸡犬升天"的腐败之道！**

如果对金钱、美色的诱惑做一下分析，可以看出有以下两种情况：一种是"设诱者"，即以金钱、美色作诱饵，拉领导干部下水；一种是"寻诱者"，即有的领导干部自寻"糖衣炮弹"，不用拉就自动下水了。所以，要防"诱惑"，净化、清理外部环境固然重要，但关键是净化、清理自己头脑中容易被诱惑的因素。也就是说，能不能经得起权力、金钱、美色的考验，决定的因素是内因。这个内因就是领导干部自己的世界观、人生观和价值观，领导干部在忙于工作的同时，千万不要忘记改造自己的主观世界。

> 领导干部千万不能忘记，在新形势下，会经常遇到诱惑，要经常反诱惑；会经常遇到腐蚀，要经常反腐蚀，不断增强拒腐防变的抵抗力。

4. 廉洁自律，决不做贪腐之官

廉在领导活动中有极为重要的意义，要保持廉洁，就要为官清正。清廉不仅包括"不贪不沾"，还包括"艰苦奋斗。"失去清廉，官员以及政府就要腐败变质。而一旦发生腐败变质，必将失去民心。所以廉与腐、清与贪，是检验人心向背最好的试金石。

说到腐败，新加坡资政李光耀先生曾说过这样一番话：**"危害最大的问题是深入行政文化的腐败难以根除。腐败不仅会严重阻碍经济发展，更危险的是它已成为政治的火药桶，对腐败的不满会很容易集聚起反政府的情绪。"** 这就清楚地表明：人民大众最痛恨官员腐败，如果不下决心予以惩治纠正，不仅会使领导干部失去官位权力，还极可能动摇我们党的执政地位。党的领导干部要聚集民心，必须廉洁自律，从我做起，反腐戒贪，做一个廉洁清正的百姓欢迎的好官。

廉洁的反义词是腐败，当前党政官员队伍中的腐败现象，大多是由贪婪引起的，主要有以下几个方面。

（1）贪钱

党政领导是全体人民的公仆，受人民之托，行使公共权力，管理社会事务，为公民服务，所以不能以权谋私与民争利。贪官一般都有着超乎常人的高消费、高积累的追求财富最大化愿望，这构成其经济偏好，即在现存的制度安排中谋求个人经济福利最大化。说白了就是追求金钱、财富的欲望和冲动，要在行政职位上"致富"的偏好。**作为官员，要想在自己的职位上"致富"，往往是肆意扩大在职消费、公共服务有偿化、送礼受贿、权钱交易等等。**

（2）贪权

追逐权力中的腐败现象首先表现为敛财、行贿买官，再受贿，再行贿买更大的官。民间流传着这样一句顺口溜"不跑不送，降职使用；光跑不送，原地不动；又跑又送，提拔重用。"当买官行不通的时候，有人往往以造谣诬陷中伤的方法除掉阻碍自己升迁的"心腹之患"。

（3）贪功

某些官员贪婪的另一个对象是功绩。一些富有正义感的官员往往是推功揽过，而一些心理阴暗的行政官员则是推过揽功。

（4）贪色

贪婪的第四个对象是女色。许多官员的腐败最后都走上了沉湎于女色的颓废之路。由贪欲走向纵欲似乎是一个带有规律性的现象。为满足对女色的需要又回过来追逐钱财，加剧贪欲。

在从贪欲走向纵欲的道路上，某些官员首先丧失的是对自我的把握，这就会陷入纵欲，自己丧失人格，失去尊严，丧失理想和目标。一个终日纸醉金迷的人如何还能有严肃的思考和认真的工作态度。**在纵欲中，什么国家的前途、人民的命运，什么行政责任、社会责任、法律责任全都置之脑后，某些官员只空有一副人的躯壳，而没有了真正的人的追求。**

廉洁的反面是贪婪，所以要做到廉洁奉公，就必须从反对贪婪、节制欲望做起，加强制度建设，把党政领导干部的欲望控制在合理合法的范围之内。

第四章
识人与用人能力的修炼

　　领导工作最基本的内容就是用人。古今中外卓越的领导干部，都把识人与用人视为关系到事业成败的天赋使命与重要职责。科学地识人与正确地用人，既是领导智慧的体现，也是领导能力的直接反映。识人即发现与选拔出色的人才，是用人的前提。用人即任贤用能、人尽其才，是识人的目的。识人、用人需要领导干部既要讲究识术选才的艺术，又要研究用人的科学。现在正值党和人民的事业蓬勃发展，迫切需要优秀人才之际，各级领导干部都应当自觉地修炼识人与用人的本领，用慧眼识英才，让出色的人才各尽所能，为党和人民建功立业。

一、成事在人，得士者昌

人才是事业之基，聚才是领导之智。自古以来，任何事业的成功，关键都在于选用优秀的人才。从事领导工作，如果缺乏人才意识，不知尊重人才，不懂唯才是用，就很难取得良好的业绩。当今时代，人才是最宝贵的资源。一个善于挖掘人才资源，善于知人用人的领导干部，事业上往往就能得到迅速发展，工作上也就能取得不凡的业绩。

1. 求贤用才是领导工作的关键

求贤用才，自古以来皆为杰出的领导干部所重视。领导工作千头万绪，但最重要的就是两条，即决策和用人。而决策方案的实施和决策目标的实现又依赖于人才，因此，领导工作的关键在于选用人才。

我国古代有卓识的领导干部，都懂得人才的重要，把尊贤、举贤、用贤作为自己的重要职责。墨子主张："选择天下之贤者，立为天子。"他认为，虽然是出身贫贱的农夫、工匠，如果有贤能，则可以提拔任用，给以高官厚禄，托以大事。王安石在一篇题为《兴贤》的文章中说："**国以任贤使能为兴，弃贤专己而衰。**"贤能之士，什么时候都有，就看你对贤能之士使用与否。王安石在列举了商周以来的历史发展之后，强调指出："有贤而用之者，国之福也，有之而不用，犹无有也。"

古人所说的"贤"者，就是类似于今天人们所说的人才。所谓人才，是指在某一方面或几个方面有较强的能力或才干，对认识世界或改造世界做出了积极贡献的人。人才具有以下几个方面的基本特征。

杰出性。凡是人才，都是指在某一方面或某一领域有超群的才能的人，是人群中的佼佼者。当然，这个"杰出"与"超群"是相对的，是在一定人群范围内的"杰出"与"超群"。

方向性。**凡是人才，都是对人类社会的发展起了积极推动作用的人，**

而不是有损于社会发展、阻碍社会前进的人。一些反面人物，尽管他们也有高超的才能，但也不能称作人才。

创造性。创造力是人类的共同特点，但作为人才，还必须具有较强的创造力。他们能够向社会提供较多的创造性的劳动成果，从而比他人更能推动人类文明向前发展。

专业性。在社会分工高度发达的今天，任何一个人都只可能在有限的领域里做出超群的贡献。人才也只能是某个领域中的人才，但在他所在的领域里，他的确是出类拔萃的。

成果性。大凡杰出人物都拥有先进的成果，否则，他就很难被社会承认为人才。没有成果者，最多只可以被称为潜在的人才。领导干部本身也就是人才，一个高明的领导干部，就是一名杰出的人才，但是，这里所要论述的人才，是指领导干部为了实现领导目标而选拔、使用的下属专业技术人员或管理人员，既包括下属某一部门的领导干部或管理者，也包括下属的某些机构的专门的技术人员。

选拔人才是领导工作中的关键性环节。首先，领导干部的各项决策，在决策之前需要参谋人员出谋划策，在决策之后需要有关人员去组织落实，而这些人员还必须是具有较高的组织、管理水平和专业技术水平的人，即管理人才和技术人才。其次，为实现领导干部所确定的领导目标，大量的日常管理工作需要领导干部的下属人员去做，而这些下属人员必须具有一定的工作才干。再次，领导干部在公关活动中，需要人才鼎力相助。领导干部的公关活动包括对内的人际沟通和对外交往两大方面，无论在哪一方面，领导干部都不能单枪匹马，而必须有下属在公关方面有专长的人才给予协作。使用人才的前提是人才的选拔，所以，选拔人才是领导干部极为重要的工作。

> 尽管领导干部的工作千头万绪，但关键就在于选拔人才。一个卓越的领导干部，不需要在各方面都是才干超群，但必须具备超群的选人与用人的才能。

2. 人才是领导干部的珍宝

世界上第一宝贵的"资源"就是人才,领导干部工作成就的取得,无处不需要人才的聪明和智慧。人才是领导干部的珍宝。

在我国古代,有这样的一个故事。战国时期有一天,齐威王与魏惠王一起到郊外打猎,惠王向威王问道:"你身为齐国之王,可收藏些什么宝物?"齐威王答曰:"没有"。魏惠王说:"像我这样的小国,我都藏有直径一寸大的珍珠10颗,这种珍珠所发出的光彩可以照耀12辆车子。你这千乘之国,何以连一件珍宝都没有?"齐威王回答说:"我有一些珍宝,但是与你所说的珍宝不同,我有一个臣子叫檀子,我派他驻守高唐,北方的赵人不敢来打鱼;另有一个臣子叫黔夫,我派他驻守徐州,能管理徐州那里四方来往的百姓7000多户;我还有一个臣子叫种首,我叫他防备盗贼,百姓可以路不拾遗、夜不闭户。像这样的珍宝,它的光辉可以照耀千里,何止12辆车子?"人才是最可贵的珍宝!齐威王的这一席话,道出了齐国之所以富强的原因。

中国有句古语:"得士者昌,失士者亡",又说,得才兴邦,得才兴业。我国古代有些将领,本身并没有什么高超的本领,但因为能够在拥有杰出的下属,从而能够成就一代伟业。齐桓公有了管仲,成为春秋第一霸主;刘邦有了萧何、曹参、韩信,最后击败项羽,建立西汉王朝;刘备三顾茅庐得了诸葛亮之后,逐渐摆脱寄人篱下的困境,入主巴蜀,形成了魏、蜀、吴三国鼎立的局面。唐太宗李世民是杰出的封建君王,治国成就赫赫,他总结说,他成功的主要原因就在于用人:第一,不妒忌有才能的人,看到别人的才能,好像就是自己的才能;第二,用人所长,避免其短;第三,敬重贤良,原谅犯错误的人;第四,褒奖正直,从不黜责出去一人。唐太宗深知人才的价值,正是如此般地用人,他才实现了"贞观之治",在中国历史上写下了显赫的一页。我国著名历史学家范文澜先生说"纳谏和用人是唐太宗取得政治成就的两个主要原因"。

在当今世界,"**人才是最重要的资本**"已成为国际经济活动中新的价值观念。为争夺这种"**最重要的资本**",各国展开了激烈的人才竞争。例如，瑞士一名研究生研制成功一支电子笔和一套辅助设备，可用来修正遥感卫星拍摄的红外照片。美国一个大企业和瑞士一些公司为了引进这位人才，就曾展开了一场提高薪水的人才争夺战，轮番加价，最后美国人说，现在我们不加了，等你们加定了我们乘以一个五。就这样，美国成功聘请到这位研究生，并取得了电子笔和辅助设备。在争夺人才战中，甚至还有的为了获得一名人才，不惜花巨资把对方整个企业都买下来的奇闻。荷兰菲利浦公司为了在美国挖走一个研究第五代电子计算机的工程师，出了年薪200万美元也没有成功，最后竟花去了3000万美元把包括该工程师在内的整个公司全部收购。可见人才在当今社会中的价值。

> 我国正在进行的现代化建设，迫切地需要优秀人才贡献其聪明才智，各级领导干部都应以慧眼识英才，放手选拔人才，为他们施展才华提供用武之地。

二、观人举止，鉴人识才

"治世之本，唯在用人"，用人的前提是发现和选拔人才。人才的选拔不仅需要科学的方法，同样也需要讲求选才的艺术。选才的艺术，广泛而深邃，它体现在古今中外的优秀政要和将领的实践中，是他们的智慧和实践的结晶。这里以及下面的第三节在总结广大领导工作者选拔人才的实践经验的基础上，概括地分析领导干部选才艺术的几个方面的内容。

1. 树立理性的人才观

选才艺术的首要内容，是对人才有着科学的，理性的认识。即首先搞清楚什么是人才。领导干部选拔人才的实践说明，必须树立以下几个观念。

（1）人才，并非是全才

现实中，有人要否定某人不是人才，通常是指出他在某个方面的"不才"。这些人的人才观念就是：人才即是全才。全才，大概是指人的全面性的才能，即在各个方面都有过人之处，不然，就不能以"人才"相冠。而事实上，这样的人才是根本不存在的。**行行通，行行松，一个人的智力、体力，都是有限的，任何一个人都不可能在所有的方面超过其他人。**虽然现实中也有某某人是"文武"全才的说法，但这种"全才"也只是相对而言，或者是指他的综合才能要比别人高一些，并不意味着他在任何方面都超过了别人，因此，人才，并非是全才。正确的人才观应该是，人才，仅仅是指有一技之长、一专之能的人。也就是指在某个方面，某一点上有所擅长的人。人才大体可以分为开拓型、稳健型、守成型等。然而，即使现在被人们推崇的开拓型领导人才，其实也不过是专门性人才而已。这种人胆识过人，作风泼辣，说干就干，很少保守思想，容易开创工作局面，但他与稳健型人才相比，往往在对问题的深思熟虑方面欠佳。所有的领导干部，也只是专才，是领导方面的专门人才。离开了领导岗位，厂长不一定是一个技术好的车工，财政局长不一定是个业务拔尖的财务出纳员。因此，不能强求一个人样样精通，人才，不等于全才。

（2）人才，并非是奇才

一提起人才，许多人会自然地想到历史上的张良、诸葛亮，或者想到我们时代的伟人毛泽东、周恩来这些奇才式人物。这类奇才异能之人古今都有，但毕竟为数极少。这类人才具备了他人无法比拟的先天条件，因而创造出了前无古人，后少来者的辉煌成就。这些人是人才中的精华，而不是人才的全部，大量的人才还是与奇才相对应的平凡之才。

如果不是用一种极端的标准来衡量人才，就可以发现，我们周围不乏专业上的"状元"、单位里的"尖子"，这些都是人才，但都不是奇才。

如果我们要求一切人才都具有高超的奇异的本领，那么，我们就像戴了墨色眼镜，看不到五彩缤纷的世界，看不到各种类型的人才，甚至像盲人一样，找不到人才。

人才分为三种类型：决策性人才，执行性人才、操作性人才。大量的人才是执行性人才和操作性人才。这些人才，不可能也不需要是奇才。他们只需要在处理日常工作和技术性问题时，有较高的才能，而不需要他们人人足智多谋、才艺双全。即使是决策性的人才，也不可能都是像张良、诸葛亮、毛泽东、周恩来那样杰出的奇才。因此，现代领导干部必须确立这样的人才观念：人才，并非是奇才。

(3) 人才，并非是完人

古人有训，"金无足赤，人无完人"。道理讲起来很简单，但真要做起来确实并非易事，比如有的领导干部碍于"德才兼备"的标准，可能会由于对其"德"拿不准而废其才。

要坚持"德才兼备"的选拔标准是毋庸置疑的，但不可强求每个人才都是完人。古代开明的政治家们都懂得这个道理。唐朝陆贽就指出："人之才行，自昔罕全，苟有所长，必有所短。若录长补短，则天下无不用之才，责短舍长，则天下无不弃之士。"**贤人也有不贤之点，能人也有不能之处，苛求没有缺点的人才只能是幻想。**一个人的优点，同他的缺点，常常是不可分割地联系在一起的。鲁迅曾经很形象地打了一个比喻：孔雀开屏的时候是很美的，但同时也把最丑的地方——屁股露了出来。我们不能只盯住孔雀屁股而看不到它五彩缤纷的羽毛。哪一个人在工作上发挥自己的优点时敢保证时时处处都不过头，都能恰到好处？又有哪一位领导干部在观察部属发挥优点时能精确地把握住优点与缺点的"结合点"？稳重与寡断，细致与繁琐，深思熟虑与谨小慎微，独立见解与主观自恃，果敢决断与不够民主，雷厉风行与性格急躁等等，一边是优点，一边是缺点，这两"点"往往会在一个人身上同时显现出来。因此，**每个领导干部都应懂得，人才，并非是完人。以完人来要求人才，都会是"人将不才"**，这样，不仅埋没了人才，也会给自己的事业带来损害。

2. 发现人才的良方

晏子有云："国有三不祥"，"有贤而不知"是第一不祥。可见，在古人眼中，发现人才也是极其重要的。在树立了理性、科学的人才观念的基础上,领导干部发现人才还需要讲求方法。这些方法主要有以下几个方面。

(1) 随时观察

领导干部通过日常的工作和生活,对身边的下属和下级干部进行有意识地观察。对于这种考察方法,古人的论述很多。《吕氏春秋》提出"八观"之法,即"通则观其所礼,贵则观其所进,富则观其所养,听则观其所行,止则观其所好,习则观其所言,穷则观其所不受,贱则观其所不为。"此外,刘邵《人物志》和司马光《资治通鉴》中提出"五视"之法,《贞观政要》中亦有"六观"之术。

参照古人的做法,总结今天的经验,日常的观察可以从以下四个方面入手:

● 留心被考察者生活、学习、工作等各方面的言论举止,看其觉悟高低,作风好坏,能力大小。

● 根据同类相聚、同气相求的原理,通过他结交什么人,敬重和仰慕什么人,鄙弃什么人,看其思想状况和品格。

● 通过被考察者在关键问题上和关键场合中的表现,辨其良莠。有的人平时表现一般,但在关键时刻却表现得非常清楚。● 在相互比较中观察。同是下属,在同一个问题上的态度和做法就大不相同,优劣、高低就自然地显现出来。

(2) 专家推荐

要考察和选拔从事某一专业或主管某方面业务工作的人才,最好请该专业的专家和同行来推荐、评议。因为只有内行人才能对其业务水平做出深刻、全面、恰如其分的评价。如果担心人际关系和感情因素会使考核结果失真,可以在专家评议时采取个别征询的方式进行。

(3) 直接面谈

孔子认为,"不知言,无以知人"。韩非也说:"不听其言也,则无术者不知"。面对面交谈能使领导干部对考察对象产生亲身感受和较深的体验,了解其思想水平高低和见识深浅。如果不见其面,不听其言,就很难得到具体深刻的印象。对于不大熟悉的干部，领导干部可以通过面谈了解其工作经历、受教育情况、有何专长、兴趣、志向和气质如何以及应变、表达、见识能力怎样。

> 面谈之前，应对被考察者的各种背景材料进行尽可能多地了解。谈话的气氛要轻松愉快、亲切融洽；领导干部要掌握谈话的主动权，善于观察和分析对方的反映。

面谈形式并不一定都是"一对一"式的，也可以采取开座谈会的方式，将若干被考察者召集到一起，向他们提出各种问题，通过他们的应答情况考察其素质和水平。 所提的问题可以是一般性的知识和专业理论，也可以是实践中待解决的问题和某种新奇的想法，从中了解被观察者能否抓住问题的实质，对解决问题的方法是否可行、是否巧妙，思路是否灵活多变，知识面、专业水平，应变应答能力和分析问题能力如何等。

（4）让群众评议

仅仅靠领导干部个人的智慧和少数包括专家在内的"伯乐"来发现人才，难免有片面性和局限性。要想对人才的思想、品质和能力进行全面客观地了解，必须充分征求广大群众的意见和看法。这样，不仅有利于防止和纠正可能出现的偏见，还可以使领导干部开阔视野，拓宽知人渠道，在更广的范围和更多的层次中选贤任能。孟子说得好："左右皆曰贤，未可也；诸大夫皆曰贤，未可也；国人皆曰贤，然后察之，见贤焉，然后用之。"让群众参加评议的方式，目前主要有调查访问，民主评议、群众推荐、民意测验几种方式，可以视情况而用。

需要特别指出的是，对群众的意见也要采取分析态度。经验告诉我们，再好的人才也不可能获得群众百分之百的赞扬和拥护。越是原则性强，具有开拓精神强的干部越容易得罪人，而一些工作无能、讨好有术的人，却能赢得数量可观的支持。所以，必须把群众评议同组织考察结合起来。《论语·子路》篇也认为，**只有全乡的好人都说他好，而全乡的坏人都说他坏，才证明这个人确实好。**

（5）有意考验

仅仅面谈和观察，有时还不足以识别一个人，这就要求进一步采取一些必要的方法，对被考察者进行一些有目的的试探，在动态中进行考察。我国古时有些做法很值得借鉴，如"咨之以计谋而观其识""告之以祸难而观共勇""烦使之而观其能""苦之以验其志"等。这种"丢个石头试水深"的办法，现在也经常使用。比如，有意识地把某人放在某环境中看他的表现，有目的地把某项工作交给他去完成，从而检验他的能力，授意他在某场合发言以考察他的水平。这里需要注意的是，考验要有一个尺度，不能"陷入于法"，诱使干部犯错误。比如说，领导干部故意让人拿一些财物去贿赂部下，看看谁欣然接受，谁拒不收纳，以此来考察干部是否廉洁，这种做法就不可取。

3. 鉴人识才的秘诀

以上所述，是发现人才的一般方法，下面再进一步地探讨鉴识人才时一些需要特别注意的问题。

（1）切莫"按图索骥"

明朝杨慎所著的《艺林伐山》中，有这样的一段故事：善识"千里马"的伯乐，年老时根据自己几十年的相马经验，写出了一部《相马经》，伯乐的儿子很想把父亲的经验继承下来，便熟读《相马经》，按照书上描绘的各种马的形态，去对照、辨认。书中说千里马的额角高而丰满，眼睛闪闪发光，四个蹄子大而端正。他便据此出外寻找千里马。路上遇见一只大癞蛤蟆，便兴奋地对伯乐说："您，看，我找的这匹千里马，跟您书上说的差不多吧，只是蹄子还不够端正。"气得伯乐哭笑不得。这个故事虽然不是真实的，但却对我们有两点启示。

一是辨识人才不能僵化地遵循书本上所规定的一些标准。关于人才的特征和标准，尽管在理论上有各种研究和规定，以供各级领导干部们参考，但人才毕竟是活生生的现实中的人，理论上的那些规定和标准是很难准确把握的。

> 如果硬要把活生生的人予以僵化、呆板地看待，并用事先准备好的"人才框架"去套，其结果是要么找不出人才，要么找到的只是个"庸才"，这就会闹出类似"按图索骥"的笑话。

二是辨识人才不能用片面眼光。古人说："见骥一毛，不知其状；见面一色，不知其美。"辨识人才也是这样，不能看某人在某一时，某一事、某一方面的表现，而要从多方面进行观察，作综合性的思索，然后再下结论。某人在某一时或某一事上因偶然性原因表现出与众不同的情况是经常有的，如果据此就认定他是人才，并委以重任，那就必然要犯错误。古人说："白石似玉，奸偿似贤""不有百炼火，熟知寸金精"，这里所告诫我们的，就是识别人才要进行较长时间、较为全面地考察。

（2）"事不成无以知君子"

判断一个人才能大小，最可靠的标准是看他做成事情的多少与难易。我国古代思想家荀子将其概括为"岁不寒无以知松柏，事不成无以知君子"。一个领导干部也应注重在实践中考察和熟悉人才，了解其工作表现和工作成绩，并以此作为根据，鉴别他是不是人才，是属于哪一层次、哪一方面的人才。**选才用人要大胆，但又必须慎重，因为人才与事业是紧密联系的，用人不当，必贻误事业**。所以必须多在实践中对人才进行全面观察，做到"操千曲而后晓声，观千剑而后识器"。

（3）"任不重，则无以知人之才"

着眼于现有的业绩，往往还不能全面地认识一个人才，尤其判断不准他具有多大的能力，能胜任哪个层次上的工作。一个人如果仅从他的现状看并没有"雄才大略"，假若把他放到一个恰当的位置上却会使其表现出非凡的才能。这正如日本的一位企业家所说的，人们往往不是有这个能力才担负这个职务，而往往是担任了某个职务才发挥出了惊人的能力。我国古人也有相同的见解，《中论》上说："**路不险，则无以知马之良；任不重，则无以知人之才**"。由此可见，我们有必要有意识地为人才安排一个锻炼提高的机会，是人才便脱颖而出，是平才让他适当其位，是庸才自然要被淘汰。

(4)"辨才需待七年期"

白居易有一诗句:"试玉要烧三日满,辨才须待七年期。"这就是说,辨识人才绝不是一蹴而就的事情,需要放长眼光,从发展趋势中去考察,去把握。每个人都具备一定的基本素质,根据这些素质识别人才,要求领导干部具有一种特殊的或者说是近乎潜意识的洞察力。伯乐有相马的非凡本领,别人识别不了的千里马,他识得出来,其洞察力就在于他能根据马的外貌、脾气、筋骨以及鞭策后的反应等,看其是否具备千里马的素质。人的素质不会是一成不变的,它会随着人的年龄的老化,生理机能的衰退而减弱,也会随着人的实践锻炼和自我造就而增强,或者形成新的素质。领导干部要善于从人才的现有状态看发展,从潜在的素质看趋势。识别这种才能,虽然比较困难,但却十分重要,这实际上是领导干部在识人问题上所做的一种带有战略性的决策。

三、任贤用能,人尽其才

选拔人才的目的是为了使用人才。用才,既有一般的方法,也有高超的艺术。在整个领导艺术中,用才的艺术是最微妙,最富有感情的艺术,也是难度最大、最高超的艺术。在这里,领导干部的工作对象是人而不是物,而人是富有思想和感情的,思想和感情又是不断变化的;同时,这里所指的人还不是一般的、普通人,而是拥有特殊才能和智慧的人才。因此,使用人才的艺术,是最高超的艺术。在整个领导艺术中就占有特别重要的地位。每一位领导干部,都必须掌握这门艺术。

1. 疑人不用,用人不疑

中国有一句古话,叫作"疑人不用,用人不疑",这就是说,如果你怀疑他,那么就不要用他,而要用他就必须信任他。古代有这样的一个故事：战国时期，魏文侯任命乐羊为大将，去讨伐中山国。可乐羊的儿子恰恰是中山国国君的近臣。因此，许多人都认为乐羊一定会袒护他的儿子，不会尽力攻打中山国。当乐羊攻打时采取了"围而不攻"的战术，于是便有很多人上奏，建议魏文侯撤换乐羊。但魏文侯对乐羊深信不疑，将攻击乐羊的奏折一一收藏起来。后来乐羊终于攻破了中山国，得胜回朝。魏文侯又为乐羊举行隆重的庆功大典。藏书任将，用人不疑，魏文侯表现出了大政治家的气度。

用人不疑的用才艺术，在今天的改革中意义更为重大。改革中，必然要实行一些非常规的做法，也必然要触犯一些人的利益，因而站在改革前列的人必然会引起一些人有意识的攻击，所以，保护改革中的人才就成为各级领导干部义不容辞的责任。

用人不疑、保护和支持人才，是一种强大的激励手段。因为人被信任，他的责任感和自信心便油然而生。尤其是上级对下级的充分信赖，就是对下级的最好的激励，它将形成一股促使下级努力工作的强大动力。

> 信任是一种催化剂、助推器，它可以加速蕴藏在人体深处的自信力的爆发，而这种自信力一旦爆发，工作起来就可以达到忘我的程度。

聪明的领导干部，总是选择最恰当的方式来表示对人才的信赖，主要有以下几种方式。

●在大庭广众、众目睽睽之下，领导干部有意识地制造最"隆重"的气氛，将最困难、最光荣的重要工作交给某位同志，使他觉得这是上级领导干部对他的最大的"信任"。

●在某位同志完成任务以后，前来向上级领导干部汇报经过时，领导干部有意识地不听他的工作汇报，而是说：你辛苦了，先不忙汇报，好好地休息一下吧。并且真正地给他一点额外的但又不过分的"照顾"。

●在听到别人对自己下属人才的不公正的"非议"时，领导干部应当立即旗帜鲜明地予以驳斥，并且一如既往地使用他。

●在下属人才屡遭挫折、工作进展不顺利时，领导干部应当及时提供必要的支持和帮助，决不中途"换人"。

总之，**领导干部用行为来表示信赖，比用语言来表白信赖效果要更好。**

如果说，真正失去上级领导干部信赖的下属人才，绝不是一个好的人才；反之，如果疑虑重重，不信赖下属的领导，也绝不是一个好的领导干部。即使对于屡有过失，恶习难改但有重大贡献的下属人才，即对成绩突出，缺点也突出的"两头冒尖"的人才，不妨"再信赖"他一次，因为"将功补过"，也许就萌生于"这一次"之中。

2. 动人以情，不徇私情

领导干部对下属人才的引导必须充满丰富的情感，唐代诗人白居易说："感人心者，莫先乎情。"列宁认为，没有对人的感情，就从来没有也不可能有人对于真理的追求。**人们常说的"通情达理"，强调的是先"通情"，然后才能"达理"。**因此，不能忽视感情的因素，不能不在晓之以理、以理服人的同时，动之以情，以情感人，只有这样，才能真正使人"心悦诚服"，激起下级的信赖和力量。

领导干部要讲究对下属人才的感情，但是不能讲私情、拉关系，结团伙。秉公办事，不仅是每个领导干部应当具备的品质，还是从事领导活动的必备条件。

> 为了避免引起下级之间不必要的猜疑和误解，避免在工作中掺杂多余的"私情"，坚持"等距交往"是精明的领导干部自觉采取的一条"处人"良策。

等距交往，最根本的是要讲究原则，不做不符合原则的事情，不谋个人利益。同时，还需要注意以下几点：

- 在上班时间内，只与下级发生工作接触，公事公办，不徇私情；
- 对待下属人才，不分亲疏，一视同仁；
- 处理下属之间的纠葛和矛盾时，不受个人恩怨好恶所影响，不带任何倾向性；

• 结交公事以外的朋友，不拉拉扯扯、吃吃喝喝，对于所有的下级，都抱着令人信赖的"善意"。

唯有坚持等距接触，领导干部才能赢得绝大多数下属人才的信赖和拥戴，并拥有从事创造性领导活动所必需的个人影响力。

3. 扬长避短，人尽其才

每个人都有他独到的优点，也有其不可回避的缺点，完美无缺的人是不存在的。人的长处和短处，优点与缺点，不仅是共生的，而且在某些情况下，就是同一个问题的两个方面。例如，具有办事果断、泼辣的优点的人，同时也具有武断的缺点；具有虚心、谨慎的优点的人，往往同时也具有优柔寡断的缺点；具有事业心强、好胜心强的优点的人，也具有好出风头的缺点。可见，人无绝对的优点和缺点。这对领导干部使用人才就提出了一个重要的课题：**如何扬长避短，既发挥他的长处，又避免他的短处。这是一个领导干部的用人艺术问题，是一个十分微妙的问题。**

（1）用人，首先要看其长处

任何人才，都有长有短，那么，怎样来看待他们，这是领导干部在使用人才时，首先需要解决的问题。

高明的领导干部，总会有胆略、有魄力地公开提出："用人，不妨先看其长。"道理很简单：人人皆有所长，先看其长，就能充分利用其长，尽量发挥其长。领导干部的目的是组织人才为实现领导目标去工作，是做事情而不是审人，既然是为了做事情，那么，就要找能够做事的人，找具有做事才能的人。**唯有先看其长，才能发现谁有做哪件工作的才能和专长，才能不至于埋没人才。**

看人先看其长，对人才还是一种重要的激励方式。这是因为，从心理学的角度讲，任何人都希望别人能看到自己的长处，尤其是希望上级领导干部看到自己的长处。对于具有较强自尊心的人才则更是如此。倘若领导干部能够只看他有什么优点，不计较他有什么缺点，这样，就会对人才产

生"士为知己者死"的效应,产生巨大的激励和鼓舞作用。有时候,先看其长,能够使人增添无穷的信心和力量;也有时候,先看其长,可以收到扬其长抑其短的奇效。

在一些特殊的情况下,如果领导干部能首先看到对方的长处或优点,则激励效果更佳。其特殊情况如下:

当下属人才的某些缺点遭到人们的过分非议,而他的某些优点却被人们所忽视的时候;当人才因为种种原因,突然陷入人际关系的"旋涡"之中,眼看就要遭到冷落的时候;当人才因为过去的过失和错误,尽管决心痛改前非,却始终无法偿还精神债务、无法卸下思想包袱,心境极度苦闷的时候;当人才被某位领导认为他不能被重用而事实上问题却主要出在那位领导身上的时候;当人才确有某些明显的缺点,以至于掩盖了他的另一些优点,致使他长期被人们搁置在一边的时候。

在上述情况下,这些人才在大众眼里都是形象不佳,自己也感到灰溜溜的,虽然心里不服,认为不公平,但也无可奈何。在这种情况下,如果某位领导干部能够"慧眼识珍珠",那么,被识者就会从内心产生由衷的感激之情,一旦被重用,就会更加忘我地工作,"士为知己者死"的意识就更加强烈。

> 看人先看其长,不等于只看其长。实际上,能知其长也就能知其短。最后的"落脚处",应该放在分配最合适的工作上。唯有这样,才能真正做到扬长避短。

(2)容其所短,适当抑制

先看其长的另一方面是容其所短。人皆有短,这是无可争论的。领导干部要想充分发挥下属人才的长处,就要善于容忍他的短处、缺点。当然,这种容忍是有一定条件和一定限度的。这种条件,就是以不影响充分发挥其长处和实现上级制定的目标为前提,以不激起周围群众的反感和不滋长下属人才的骄傲自满情绪为界限。一旦下属人才的弱点日趋严重,超越了上述条件和限度时,作为上级领导干部,就不能一味迁就和容忍了。

现代有些管理学家,甚至提倡"适当护短"的用才艺术,即对有贡献的人才在偶犯过失和错误而处于困难境地时，不要落井下石，不要从严处理，应以不出大格为前提，挺身而出，勇于为其"护短"。当下属人才摆脱困境之后，他必定加倍努力工作，以此来报答上级领导干部对他的爱护。我国古代流传着许多"护短"的佳话。战国时代子思向卫慎公推荐苟变具有领兵的才干。卫慎公说，苟变征收民税时曾经吃过人家两个鸡蛋。子思坚持说，不能因为两个鸡蛋的小过而将人才弃之不用。结果，卫慎公起用了苟变。楚汉相争时期，刘邦就放手起用了有盗嫂、受贿之嫌的陈平和曾受过胯下之辱的韩信，这两人在辅助刘邦打败项羽，在其事业中，起了重要的作用。

当然，"护短"并不等于"爱短"，在"护短"的同时，又要对人才的短处进行适当的抑制。只有这样，"护短"才能达到应有的目的。"护短"本身不是目的而是手段，"护短"的目的在于发挥其长处。为了达到这一目的，就必须对其短进行适当的抑制。"护短"与"抑短"是对立的统一，是相辅相成的。**用其所长，还应抑其所短。护短的同时，还要抑短，这就是使用人才的辩证法。**

> 高明的领导干部总是这样，对人才在"用长"、"护短"的同时，还采取适当的措施，抑制其短。从而使其长处真正地得到发挥。

4. 适才适所，才尽其用

清代人顾嗣协有首《杂兴》诗，诗曰：

> 骏马能历险，犁田不如牛。
> 坚车能载重，渡河不如舟。
> 舍长以就短，智者难为谋。
> 生才贵适用，慎勿多苛求。

这首诗告诉人们：骏马虽然品质优良，能日行千里，闯难走险，但是，用它去犁田，却不如耕牛；坚固的车子虽然能载大量的货物，但用它去渡河，却比不上船，这是为什么呢？因为马、牛、车、舟各有其长短。使用时必须是各用所长、各适其所。用人也是如此。这首诗告诉了人们这样的一个使用人才的艺术：适才适所。

适才适所，是指要把适当的人才安排到最能发挥他才能的适合的工作岗位上去，实现人与事的最佳配合。一个人只有处在最能发挥其才能的岗位上，他才有可能干得最好，把自己的能力全部发挥和贡献出来。适才适所，是一条重要的用人艺术，由于不同的人之间在学识、专业经历、品德志向、智力、体质、性格等方面都存在着很大的差异，因此，要想使每个人都最大限度地发挥积极作用，就必须遵循适才适所的艺术规律，也就是说，要尽可能把每一个人安排在最适合于他的岗位上。比如欲用某人担任某项职务，首先要考虑他的专业种类和能力高低等条件，同时还要考虑其气质、志趣等多种因素，使该项职务要求与他的专长、气质、志趣能够基本适应。只有这样，才能避免用非所长、用非所学、用非所好、用非所愿等不合理的用人现象，做到用人所长、用人所愿、专才专用、偏才偏用，大才大用、小才小用，实现人尽其才，才尽其用。

"适才适所"的用才艺术的具体内容，主要有以下几个方面。

（1）用才，必须发挥其专长

适才适所的用才艺术，其首要内容就是发挥专长，根据人才的某一专长来安排其适宜的工作岗位。

在科技竞争、人才竞争愈演愈烈的现代社会，使用人才讲求适才适所的艺术，具有越来越重要的意义。人才资源总是有限的，每个单位所拥有的人才更加有限，因此，充分地发挥每个人的长处和才智，而不是埋没才智，是时代的要求。适才适所的用才艺术，要求把人才安排到真正能发挥其才能的工作岗位上。在我国，在尊重知识、尊重人才的今天，很多单位的领导干部将一些成就突出的人员提拔为行政领导干部。

（2）用才，不可轻视其"偏长"

适才适所的用人艺术的第二个方面的内容，就是使用"偏长"，即把拥有偏长的人才使用到最合适于他的工作岗位上去。所谓偏长，就是指某人在某一个别方面所具有的某种特长。具有这种偏长的人，算不上杰出的人才，甚至还算不上一般的人才。但是，发挥这样的人的偏长，也是高明的领导干部所注重的用才之道。

现代领导干部，如果充分地注意使用人才的偏长，也会起到一些意想不到的效果。北京有一家印染公司，有位闻名全厂的"风流女士"，她穿着打扮非常入时，有人称她"领导服装新潮流"，也有人骂她"臭美"。然而该厂的厂长却认为，她是一位具有懂得服装艺术的偏长之才，于是，起用她组织时装表演队，果然获得了很大的成功。她的才能被人们所认识，继而被提升为广告科科长，最后又升任广告公司的经理。这位女士从此偏长得到发挥，为该公司的生产经营发挥出了重要作用。

(3) 用才，不可忽视其气质和兴趣

适才适所的用人艺术，第三个方面的内容是，在安排人才的工作岗位时，要注意人才的各种条件、气质与兴趣。即是说，不仅要考虑人才的专长、偏长，而且还要考虑他们的气质类型和兴趣特征。

关于气质，心理学将人的气质分为胆汁质，多血质、黏液质、抑郁质四种类型。不同气质的人对工作岗位的适应性不同。 比如，精力旺盛、动作敏捷、性情急躁的胆汁质人才，适于安置在开创性的工作岗位或技术性强的工作岗位上；性情活跃、动作灵敏、善于交际的多血质人才，适于安置在行政科室或多变、多样化的工作岗位上；安静、稳重、忍耐自制、动作迟缓的黏液质人才，适于安置在需要条理性、冷静和持久性的工作岗位上；性情孤僻、优柔寡断、心细敏感的抑郁质人才，适于安置在需要细致、谨慎的工作岗位上。实际上，大多数是四种气质类型的混合体，这里所谈的只是有所侧重而已。

关于兴趣，常言道，兴趣和爱好是最好的老师。因为当兴趣引向活动时可变为动机，兴趣产生时，能使人的注意力高度集中，能激励人的工作热情，广泛而稳定的兴趣，能使人眼界开阔、想象力丰富、思路敏捷、创造性增强；兴趣往往又是人具有某种能力的标志。具有某方面能力的人，一般来说对某方面的事情感兴趣。领导干部在使用人才的时候，既要强调专业对口，但又不能将此绝对化，还要考虑到他的兴趣。一个人的志趣不是一生不变的。鲁迅、郭沫若原来都是学医的，后来都改行成为作家，李四光原来是学机械的，后来改行研究地质；钱学森原来是学机电工程的，后来改行研究空气动力,之后又从事社会科学的研究。志趣的转移,使人才渴望在新的领域中进行活动。领导干部应该根据他们的新的志趣来改变其工作岗位。

> 使用人才需要充分地根据其专长、气质,兴趣等多种要素,综合地考虑,尽可能地安排他们到最适合于发挥其专长、偏长、最符合他们的气质、兴趣的工作岗位上去。这就是适才适所的领导艺术的要求。

5. 心胸浩荡,提携超己

对选拔人才,作为领导干部还必须具有浩荡的胸怀,有提携超己即选拔超过自己的才干的人才的高尚品格。无论多么优秀的领导干部,也不可能胜过所有的人,因此,高明的领导干部必须敢于提携超己,敢于使用比自己更聪明的人,决不能因为自己在某一方面不如别人,就妒贤嫉能,故意压制,埋没那些超过自己的人才。古今中外,凡是成大事者,无不放手提携超己之才。刘邦提携张良、韩信、陈平、萧何,刘备三请诸葛亮,这都是高明的举动。李世民说,他之所以能够成就一番事业,原因之一就在于"从古帝王往往妒忌有才能的人,而我见到别人的才能,好似就是我自己的才能"。提携超己,不仅不会"威胁"自己的地位,而且还会大大地"巩固"自己的地位。因为能力比自己更强的人,不需要凭借溜须拍马等不正当手段来混饭吃,他们有的是技压群雄的真本事,凭真本事工作,就能成事,反之,凭假本事工作只能败事。

提携超己,必须具有敢于正视现实的勇气,敢于承认自己在某一方面不如别人;必须有不计较个人得失,处处以大局为重的公心;还必须有虚怀若谷,心胸浩荡的大将风度,具有唯才是举、不计较个人得失的高尚品格。具备了这些内在素质,你才能毫无顾忌地去提携超己。而你一旦放手提携了一个能力胜过自己的人,在你周围很快就会围起一群能人,形成一个以你为核心的人才团体。

6. 鼓励冒尖，人尽其才

在选拔人才的时候，领导干部要"胸怀浩荡，提携超己"，即敢于选拔在能力上超过自己的人才。在使用人才方面，也仍然需要这种胸怀，领导干部要鼓励人才冒尖和脱颖而出，而不是压抑有能力的人才，更不是排斥打击有才华、能够做出一番成就的人才。

所谓冒尖，就是指一些人才由手他的才智，更由于他的勤奋工作，在工作中一下子做出重大的成就或突出的贡献。人才冒尖很不容易，其成就都是辛勤劳动的结晶。当然，冒尖的人才都有其"才智"作为基础，但是，仅靠其基础是不行的，更需要辛勤的劳动。鲁迅先生在别人赞扬他成就赫赫、是一位天才时说："我哪里是什么天才，我是把别人喝咖啡的时间都用在工作上"。对于靠辛勤劳动所赢得突出成就的冒尖人才，领导干部首先要做到理解他、关心他，应有宽阔的胸怀，为他们的成就而高兴。有些领导干部，往往做不到这一点，人家一冒尖，他就感到不舒服，进而采取压制、排斥的手段。人才如果超过自己，就想办法压制人才"。这种"武大郎开店"的做法，是领导干部用才之大忌。

人才冒尖，总是很不容易的。在一些风气不正的地区和单位，冒尖等于冒险。冒尖人才最易遭受嫉妒、诽谤、攻击和污蔑。由于冒尖者在人数上居少数，在精力上又一心扑在工作上，无暇顾及"自卫"和"反击"，因而他们最易被"小人"和"庸才"掀起的舆论恶浪所吞没。如果听任这种"掐尖"的恶习和歪风蔓延开来，社会主义现代化事业将难以成功。因此，作为领导干部，应该有宽阔的胸怀鼓励人才去冒尖。

鼓励人才冒尖，能够开创工作新局面，因为鼓励人才冒尖，能够冲破惰性和陈腐势力的束缚，造成一个人人争当先进的良性竞争局面。鼓励人才冒尖，是对人才的一种极为重要的激励手段。大凡人才，都有较强的事业心，他们不愿虚度年华，平平庸庸，都渴望做出一番业绩。领导干部如果能够满足他们的这种需要，为其冒尖创造条件，那么，对他们就是一种重要的激励。有些人才，只要能够让他们干出一番事业，生活再苦，工作再累，也都心甘情愿。相反，如果不愿让他们在工作中做出成绩，他们的工作积极性就一落千丈。鼓励冒尖是人尽其才，才尽其用的重要手段。所谓尽，就是充分地让他们发挥才干，有一分热，发一分光，有多大的能耐，干多大的事业。而鼓励冒尖，为其冒尖创造条件，就为他们尽才、尽用提供了宽广的大道。因此，要真正做到人尽其才、才尽其用，就必须鼓励冒尖。

鼓励冒尖的最好办法，除了口头表扬外，还要给冒尖者职务、工资等物质上，精神上的适度奖励。

> 奖励冒尖人才，就等于为广大群众树立了榜样。高明的领导干部，不仅深知鼓励冒尖的巨大激励作用，而且还善于掌握鼓励的时机、分寸、范围和"量级"。

鼓励冒尖是一种重要的用才艺术，在具有敢于鼓励冒尖的领导干部周围，总是聚集着一批"高势能"拔尖人才，他们始终乐意为领导干部效"犬马之劳"。各级领导干部都应学会这一艺术。

四、管理有术育才有方

领导工作的基本内容就是人员管理。由于人员个性与素质千差万别，管好人、用好人，就成为领导干部所面对的难度最大、挑战性极强的一项能力考验。管人有术，强调的是管理方法的科学有效。其中，对各类人才和下属的善于选拔任用，善于奖励激励，善于教育培养，是被实践证明行之有效的管人育人方法。

1. 选拔人才：不拘一格

"九州生气恃风雷，万马齐暗究可悲；我劝天公重抖擞，不拘一格降人才。"这是清朝著名思想家，政治家龚自珍所写的一首诗。他渴望中华民族的复兴，急呼不拘一格地选拔人才。他的这一美好愿望，在当时的历史条件下，是无法实现的，然而在今天就完全可以做到了。为了实现中华民族的伟大复兴，为了社会主义现代化的早日实现，各级领导都应采取各种方式和有效的方法选用人才。下面，我们把选拔人才的各类方式、方法，归结为"挖、吸、荐、请、聘、借、换"七个字，并分别加以说明。

（1）挖

所谓挖，就是要发掘"潜人才"，使名不见经传的小人物脱颖而出。人才一般可分为两类：一类叫"显人才"，就是那些能力已被开发，为社会做出了贡献，被人们公认的人才。另一种叫"潜人才"，就是那些能够成才，但还没有机会或条件显露其才华，尚未被人们所认识和公认的人才。发掘"潜人才"的主要方法有：

竞赛法。竞赛法包括比赛、考试等，就像选拔体育人才那样发现潜入才。在竞赛环境中，潜人才可以比较充分展现其才能，尽管其才能的发挥常带有偶然性，但仍不失为挖掘潜人才的一种好方法。

成果鉴定法。用鉴定成果来评价潜人才，这是常见的一种方法。从事各个专业和各项工作中的潜人才，可以通过他在自己专业和工作范围内所作出的成果或贡献来被发现和承认。

试用法。通过试用，对潜人才作进一步的考察和评价。这种方法具有一定的实践性，使用时应注意为被试用者创造一定的条件和环境，适当地委以重任，使其充分展露其才华。

（2）吸

所谓吸，就是从各个方面创造条件，使本单位像磁铁一样把人才吸住、引来。吸引人才主要有以下四种吸引条件。

工作条件。就是要做到用人专业对口，发挥其特长，配备必要的研究、实验设备和计算、测试手段，提供自我成就的机会。

人事环境。就是要创造出上上下下尊重知识、爱护人才的人事环境，防止嫉贤妒能，勾心斗角，做到心情舒畅，便于合作共事。

生活条件。就是要在食、住、行以及子女入托、入学等生活方面安排周全，提供方便，使其不要被繁杂的家务劳动缠住了手脚，把主要精力用在他所从事的工作上。

晋升。就是要做到考核方式活，晋升机会多，不受年资限制，敢于对真才实学者进行破格晋升。

> 吸引人才需要做到，在工作条件上要有利于满足成就感；在生活条件上要有利于满足方便感，在人事环境上要有利于满足安全感；在晋升机会方面要有利于满足成长感。

(3) 荐

所谓荐，就是推荐人才。推荐可以有两种形式，一种是他荐，另一种是自荐。他荐是由其他人向用人单位或部门推荐介绍。常言道："千里马常有，而伯乐不常有。"这就要激励人们争当伯乐，甘做人梯，勇于荐贤举能。为此，有的单位专设了"伯乐奖""荐才奖"，开展群众性的荐才举能活动，让群众去识别、评价和选拔人才。然而，只靠他荐，仍不免有些能人贤士"怀才不遇"，因此，还要鼓励自荐。自荐是个古老的社会现象，在我国有着上千年的历史，毛遂自荐的故事几乎家喻户晓。自荐者较之他荐者更难能可贵的地方，在于他自信心足，有干一番事业的内在动力。但是，在自荐尚未形成良好的社会风气的今天，自荐者一方面欲勇于自荐，而另一方面又尚存疑虑。**领导干部要破除世俗偏见，为自荐者创造良好的条件，这是开发人才的一条重要途径。**

(4) 请

所谓请，就是在人才不足，或者现有人才无力解决某方面的问题时，请求外界有关单位或有关人员支援。特别是对一些单纯需要靠智力解决的问题，可以邀请有关专家、学者来进行诊断，提供咨询服务，或者邀请有关团体来举行有关学术活动，引进智力、吸收信息，共同解决难题。作为一名领导干部，应善于借助外在的力量来推动本单位的工作。

(5) 聘

所谓聘，就是以各种优厚条件招聘各单位用非所学、用非所长，在原单位不能很好地发挥作用、而本单位又急需的各类对口人才。具体做法，可以采取登广告、张榜招聘的方式。**招聘可分为在职聘用、短期聘用、长**

期聘用等不同的具体形式。聘用可以打破地区的界限，甚至到国外去招聘，我国的很多单位就已经聘请了国外很多人才。但是，要注意一点，招聘人才一定要做好考核鉴定工作，以防某些平庸之辈为捞取种种好处而鱼目混珠。

（6）借

借他山之石攻我之玉，借别人智慧促我之发展，这是解决人才缺乏的又一条好途径。一般条件较差的单位与一些大单位挂钩，实行有偿技术协作。借用就是要大力挖掘外地或外单位的那些由于人才相对过剩或使用不当而无法发挥作用的人才。主要是向人才集聚的大中城市或知识分子政策不落实的单位借用人才。

（7）换

换，就是单位与单位之间互换人才，调剂余缺。由于我国目前宏观人才管理体制还存在着一些问题，对人才实行统分统配，分配渠道不畅，致使一大批专业人才浮在上面的机关和研究所里，下面单位里却在闹"才荒"，急需人才的单位没有人才。在目前人才管理体制还没有很大变动的情况下，有关领导干部应发挥主动性，做好人才调剂工作。

2. 人才激励：奖惩分明

人才激励，是指通过满足人才的物质、精神方面的需要等手段，对人才的工作积极性进行激发鼓励。每个人都有物质和精神方面的种种需要，人才也是如此。获得这些需要的愿望构成人才行为的内在动机，满足人才的这些需要和愿望，就能够有效地调动人才的工作积极性、主动性和创造性。

对人才的激励，主要有以下几个方面：第一，物质激励：工资和奖金等物质报酬；第二，成就激励：工作、事业上取得成就；第三，职务激励：晋职与职称晋升；第四，情绪激励：人际关系和情感。

上述四种激励方式都仅在某一方面满足人才的某种需要，而人才的需要则又是多方面的、相互交错和丰富、具体的，因此必须把各种激励方式综合地运用，才能达到较好的激励效果。在综合运用这些激励方式时，领导干部还必须考虑到不同人才的不同特点，必须采取灵活多变的策略，因时、因地、因人而异。

对于人才激励，在前面几节中，实际上已经涉及这个问题，例如：看人先看其长、容其所短，就是一种情绪激励；鼓励冒尖，人尽其才，就是一种成就激励，并且，下一章还将要专门讨论激励问题，因此，这里就不作全面展开，而只根据我国的实际情况，重点谈谈职务激励问题。

(1) 不唯资历，破格晋升

在我国的现实生活中，论资排辈问题严重地打击了人才的工作积极性，提升职务讲究论资排辈，甚至连涨工资也讲论资排辈。这种状态必须改变，我国由于10年"文化大革命"的历史原因，使一大批老同志在工作岗位上没有能够在当时及时得到晋升，这在客观上也为论资排辈提供了社会基础。在政治上、生活上照顾这些老同志是正确的，但是，在职务、职称晋升上论资排辈，就非常不利于调动年轻人的积极性。**年轻人富有朝气，工作上有能力，打破论资排辈、提倡破格晋升，是人才激励和人才管理中的重要内容。**

(2) 无功即过，能上能下

在我国现实生活中，盛行着"无过不下位"的不成文的规定。许多领导干部认为，一个干部只要不犯大错误，就是能力再低，工作业绩再差也不能降职，认为没有功劳，还有苦劳，哪有降职之理！对政绩平平的干部，即使是调动，也只是平级调动。这样的做法是非常有害的。如果某个干部在自己的岗位上长时间没有建树，打不开局面，那么就阻碍了该地区、该单位的发展，从这个意义上讲，"无功即过"。"无过不下位"的陈腐观念，严重地影响了对干部和人才的激励，因为这种观念，实际上起着鼓励人们去"做一天和尚撞一天钟"，得过且过，不求上进。相反，对那些敢于创新和冒风险的干部和人才是一种打击；**容忍"没有突出表现"的人混饭吃，势必使整个地区和单位滋长惰性，丧失开拓和进取精神。**

因此，作为一个好的领导干部，应该大力倡导"无功即过""开明让贤"的气度，果断地将一些"无功"者降下来。把有突出贡献的贤能者升上去，做到唯才是用，能上能下。提倡"无功即过"形成良性竞争的健康风气，这样就会极大地调动干部或人才的工作积极性。提高工作效率，开拓新的工作局面。

3. 人才培育，面向未来

从人才使用的角度看，为了使将来能够有才可用，必须现在就注重培育人才。使用与培育，相辅相成，相得益彰。从激励人才、调动人才工作积极性的角度看，培育人才，使之进一步发展为栋梁之材，是对人才最好的激励，因为任何人才，都有成就理想和自我实现的要求，对人才进行培育，使他能够在将来更加有所成就，这样就能够很有效地激发他的工作热忱。**十年树木，百年树人，一位高明的领导干部必须懂得培育人才的重要性和意义，把人才培育放在重要位置上。**

对不同层次的人才的培育，应有不同的方法。

第一是训练。训练的对象是尚未成才的职工。训练的目的在于使职工掌握一定的技术技能，提高工作效率。职工训练又分为三个方面：一是技能训练，二是态度训练，三是知识训练。

第二是教育。教育的对象是中、下层管理人员。**教育的目的在于培养管理人员具有转换工作的能力和潜力，提高他们的管理水平。**各级管理人员的培养需要较长时间，因为越靠近高层，所需的领导水平和艺术就越高。

第三是发展。发展的对象是全体员工。发展的目的在于使本组织的全体员工都能够适应和促进该组织的发展、变化及成长的需要。组织要生存和发展，就必须培养未来发展所需要的有发展弹性的人才。

以上三个层次，结合在一起，就构成了组织的人才开发体系。

人才的培育不仅要注意层次，还要注重方法，实践证明，下列几种方法是行之有效的。

（1）用、养并重

在一些组织中存在着这样的怪现象：越是使用得多的人才，就越没有时间进修和提高。每当办什么培训班、进修班，大多是平时工作不多的人去，这些人成了"学习常委"，这样的做法必须改变。美国的国际商业机器公司对于中、高级管理人才和已有一定专业知识的科技人才，选送到高等院校继续提高本专业的技能，或为了扩大他们的知识领域而学习其他专业。这种培育人才的做法是十分可取的，值得我们借鉴。

(2) 划分层次、区分对象地进行培训

对人才的培养必须开展多层次、分对象的培训方法，而不能采用"一锅煮"的做法。**从管理的层次的角度上可分为上、中、下三个层次；从专业上分，有技术、管理、政工三个层次；从文化上分，有高级、中级、初级三个层次。**针对不同层次、不同对象，要提出不同的培训要求。

(3) 采用多种多样的培训形式，开辟多种多样的培训渠道

人才培训形式应该适应在职干部的特点，分别采用长期脱产培训、短期脱产培训、在职业余培训等多种形式。培训渠道：第一是自己办学，自己培训；第二是选送骨干，到外地大学、党校进修；第三是利用社会化教育渠道培训干部，如组织参加广播、电视学习；第四是鼓励自学，参加高等院校自学考试等。

(4) 实行轮调法

轮调法是西方和日本企业界促使职工"多能化"和培养高阶层企业管理者的基本方法之一。它和上述几种育人方法的不同之处是：上述几种方法注重理论教育和课堂教育。而轮调法重视从实践中不断获取新的知识。轮调的方法就是：在职工有一个相对稳定的职务的前提下，调动他参加几种不同的工作。

第五章
指挥与监督能力的修炼

　　指挥与监督是领导干部的日常工作方式。作为领导干部，他需要运用手中的权力，及时向下属下达指令，同时还要监督下属对命令的执行情况。领导干部要做到指挥有效、监督到位，至关重要的先决条件是能够善用科学的方法。善于运筹帷幄、驾驭全局，就能掌握主动权；而不能审时度势、当断不断，就会心中无数，盲目草率。善于尊重规律、形成机制，监督就能有效，事半功倍；而不能区分轻重、主观随意，监督就会失灵，形同虚设。总之，领导方法决定了领导干部指挥、监督工作的质量与结果。

一、领导干部现场指挥的方法

指挥是领导干部固有的职能。领导指挥的水平与效果,既要靠权威影响力,也要靠方法和策略。其中,工作现场往往是对领导干部指挥能力最直接的检验。是全局在握、成竹在胸、沉着自信、有条不紊,还是指东画西、不懂装懂、盲目拍板、自乱阵地,关键取决于领导干部自身的素质,取决于指挥方法是否正确。

1. 指挥是领导干部工作的基本职能

指挥是领导干部工作的基本职能之一,它是通过组织机构指使、率领其下属努力实现既定目标的领导行为过程。正如马克思所指出的:"一切规模较大的直接社会劳动或共同劳动,都或多或少地需要指挥,以协调个人的活动,并执行生产总体的运动——所产生的各种一般职能。"由此可见,指挥是人类社会进行共同劳动的必然产物和必要条件。**社会的发展,使得人们活动的内容越来越丰富,而领导干部指挥的地位和作用也越加凸显其重要性。**

现代领导干部的指挥一般具有以下特征。

(1) 强制性和约束性

领导干部的指挥反映到领导干部与被领导干部的关系上,表现为权威与服从的关系,这种关系说明指挥具有强制性和约束性的特征。在实施指挥的过程中,领导干部为了保证指挥的实现,一方面要凭借党和国家的力量、法律的力量以及手中掌握的奖惩等各项权力,发动和组织群众、调动他们的积极性和主动性去实现群体目标;另一方面又不能滥用手中的权力简单地发号施令,而必须耐心地启发群众、引导群众,发挥群众的自觉性,并取得群众的信任和支持。只有在这样的基础上指挥,才能令行禁止，卓有成效。

同时，领导干部本身同样接受约束，不仅要接受既定决策、方针政策和领导活动客观规律的约束，还要表现得比被领导干部更加自觉，不然就无法形成上下一致、干群一致地完成工作任务的和谐局面。

领导干部和被领导干部的区分具有一定的相对性。作为领导干部，对于上级来说是被领导干部，对于下属来说又是领导干部。因此，**领导干部和被领导干部应根据自己所处的实际地位的转换，主动接受强制性和约束性这一特点的制约。**

（2）统一性和严肃性

没有统一的指挥，不可能有统一的行动。故而为了统一认识、统一意志、统一力量、统一行动，就必须统一指挥。而领导干部的指挥的统一性是同其严肃性分不开的。所谓严肃性，是指领导干部要严肃地对待不同的认识和意志，在严肃认真分析的基础上，谋求统一认识、统一意志，进而实现统一行动。同时，有了统一行动的号令，还必须严肃、认真去执行，不然的话，就无法保证指挥统一性的实现。由此可见，没有严肃性，就没有真正科学的统一性，二者是相辅相成的。

（3）自觉性和示范性

指挥的自觉性是针对领导干部与被领导干部两方面来说的。要自觉地按照领导干部的指挥的客观要求和规律去行使指挥权，对于被领导干部来说，要自觉地接受指挥。领导干部的指挥为什么要强调自觉性，因为人的主观能动性的发挥贵在自觉。**自觉不仅决定着主观能动性发挥的方向，而且决定着它的程度。**所以，只有建立在自觉的基础上，领导干部才能正确而充分地行使指挥权，而被领导干部也才能愉快地听从指挥，在行动中充分而正确地发挥主观能动性。

为了引导、激励被指挥者的自觉性，领导干部就要注意在指挥过程中的示范作用。示范作用是指领导干部要身先士卒，以身作则，以表率的作用影响群众自觉地服从指挥。

> 凡是要求群众做到的，领导干部应该首先要自身能够做到，为群众做出榜样，用事实来教育群众。正因为事实具有强大的说服力，故而，典型示范是领导干部最有效、最具影响的指挥艺术。

2. 实现领导干部正确指挥的基本原则

对于任何层级职别的领导干部来说，要实施正确的指挥，就必须遵循指挥的一些基本原则，如知己知彼、审时度势、运筹帷幄等。只有如此，领导干部才能驾驭全局，掌握指挥的主动权。

（1）知己知彼，成竹在胸

《孙子兵法》中指出："知彼知己，百战不殆"，它告诉我们：领导干部要做到指挥有方，就必须对主客观情况了如指掌。毛泽东同志曾经指出："做工作要有三条：一是情况明，二是决心大，三是方法对。"在这里，首要的条件是情况明。**只有情况明，才能做到心中有数，在这样的基础上进行指挥，才能胸有成竹，信心十足。**反之，假如情况不明，心中却有无数点子，势必会违反客观规律，造成指挥混乱。

（2）审时度势，多谋善断

领导活动和其他社会活动一样，其所面临的形势、条件不但是复杂的，而且是多变的。领导干部要能在千变万化的形势下进行正确有效的指挥，就必须掌握审时度势、多谋善断的方法。具体来说，领导干部要审慎地观察、分析、揣度、预测客观形势的变化及其趋向，并据此出谋划策、当机立断，这样才能进行正确而有效的指挥。

领导干部在指挥过程中，如果既能做到多谋善断，那么，他就可以在复杂、多变的形势下进行正确而有效的指挥了。

（3）运筹帷幄，驾驭全局

领导干部要做到正确而有效地进行指挥，还必须掌握指挥的主动权。**要掌握指挥的主动权，就必须学会运筹帷幄、驾驭全局的方法。**具体说就是：要具有战略眼光，深谋远虑；处处从长计议，从远着想，统观全局。如果缺少战略思想，只着眼于小事，忙于事务，势必会因小失大，陷入被动。我们正处在一个伟大变革的时代，必须面向未来，关注未来，向未来挑战。譬如一个企业家，要指挥好生产，就要放眼未来，抓好"四代"产品，即：生产一代，储备一代，研制一代，规划一代。要手里拿着一个，眼里看着一个，心里还要想着下一个。只有不断推陈出新，才能立于不败之地。指挥生产是如此，指挥其他工作也是如此。**只有运筹帷幄，驾驭全局，才能掌握指挥的主动权，使指挥有条不紊、卓有成效。**

3. 领导干部指挥的三大基本形式

由于受领导干部所处环境和个人品质等因素的影响，在实际指挥过程中领导干部选择的指挥方式不尽相同。但有一点是不变的，那就是高明的领导干部从来不会死守某一种形式，而是会依据实际情况，采取不同的方式灵活运用。

领导干部指挥的方式有许多，主要采用以下三种：

（1）指令式指挥

凡有关政策、原则及方案程序的实施，均由领导干部决定，并下达批示、命令，交下属执行，这种指挥方式即指令式指挥。这种指挥是以无条件地服从为前提，主要用于军事指挥领域。在现代组织活动之中，主要适用于主要领导干部。它要求被指挥者有令必行，有禁则止，必须服从。这种指挥的严肃性和强制性是客观规律的要求，我们党和政府的大政方针的贯彻落实，主要靠这种方式。所以，指令式指挥对于任何执政的政党、政府来说，都是不可缺少的。

（2）说服式指挥

领导干部通过对被领导干部的说服教育，使其自觉自愿地从事领导指挥所要求的行动，这种指挥方式就叫作说服式指挥。这种方式要求领导干部在指挥时，向被领导干部讲道理，把行动的意图、方案交给被领导干部。要向被领导干部反复讲明决策的动机、目标、具体方法、步骤，使之深刻认识决策的作用、意义和要达到的效果，做到被领导干部心中有数。同时要注意解决思想问题，对思想障碍要认真分析，冷静考虑，采取说服的方法加以排除。通过说服教育，被领导干部和领导干部心往一处想，劲往一处使了，领导指挥就会收到事半功倍的效果。

说服式指挥方式易于调动被领导干部的积极性、主动性，发挥其创造性，因而有益于提高领导指挥的效能。在当代领导工作中，应广泛采用。但这种方式也不是十全十美的，不是对任何条件都能运用的，它要消耗领导干部相当多的时间和精力，所以在任务紧迫时，容易贻误战机，降低效能。

（3）示范式指挥

这种方式的指挥有两层含义：一是号令一出，领导干部要身先士卒，做出表率，用自己的模范行动带领群众前进，这是无声的命令，是实际的指挥；二是表扬先进，树立榜样，推广正确的做法。榜样的力量是无穷的，通过典型引路，使群众学有榜样，赶有目标。**示范式指挥是领导干部通过自身或部下的示范性行动来调动被领导干部的积极性和主动性，用以提高指挥效能。**它与说服式指挥的主要不同点在于，一个是用说服教育来达到目的；一个是用真实的示范行动来达到目的。

示范式指挥是一种有效的、重要的指挥方式，它可以使被领导干部直接明了地知道应该怎样行动。所以，我们要努力采用这种指挥方式。当然，示范式指挥也并不是在任何条件下都可以采用的。

> 领导指挥的三种基本方式各有其特点和长处，也各有其不足。高明的领导干部不是死守某一种方式，而是依据实际情况，采取不同的方式，灵活地加以综合运用。

4. 要设法使下属积极执行命令

如何能提升下属积极执行命令的意愿呢？领导干部可用有效提升下属执行意愿的沟通方式代替经常性的命令。对"命令"含义的认识，领导干部应该打破固有的窠臼，不要陷于"命令即服从"的固有认知，命令不仅仅是让下属正确理解领导干部的意图，而且还要让下属乐于接受并愿意去执行。

或许领导干部会说，领导干部有职位的权力，不管下属是否愿意都必须要执行。的确，下属慑于领导干部的职权，必须执行命令，但有意愿下的执行与无意愿下的执行，其结果会产生很大的差异。有意愿的下属，会尽全力把命令的工作做好；无意愿的下属，心里只想能应付过去就好。

那么，如何提升下属执行命令的意愿呢？领导干部必须注意下列五个传达命令的沟通技巧：

（1）态度和善，用词礼貌

作为一名领导干部，在与下属沟通的时候可能会忘记使用一些礼貌用语，例如："小张，进来一下"，"小李，把文件送去复印一下"。这样的用语会让下属有一种被呼来唤去的感觉，缺少对他们起码的尊重。**为了改善和下属的关系，使他们感觉自己受到尊重，领导干部不妨使用一些礼貌的用语**。例如："小张，请你进来一下"，"小李，麻烦你把文件送去复印一下"。要记住，一位受人尊敬的领导干部，首先应该是一位懂得尊重别人的领导干部。

（2）让下属明白他所做工作的重要性

下达命令之后，告诉下属这件工作的重要性，例如："小王，这次项目投标是否能成功，将决定我们公司今年在总公司的业绩排名，对公司来说至关重要。希望你能竭尽全力争取成功。"通过告诉下属这份工作的重要性，激发下属的成就感，让下属觉得"领导干部很信任我，把这么重要的工作交给了我，我一定要努力才不负所托。"

（3）给下属更大的自主权

一旦决定让下属负责某一项工作，就应该尽可能地给他更大地自主权，让下属可以根据工作的性质和要求，更好地发挥个人的创造力。例如："这次展示会交由你负责，关于展示主题、地点、时间、预算等请你做出一个详细的策划，下个星期你选一天我们要听听你的计划。"还应该

让下属方便取得必要的信息,例如:"财务部我已经协调好了,他们会提供一些必要的报表。"

(4) 共同探讨情况,提出对策

即使命令已经下达,下属也已经明白了他的工作重点所在,领导干部也已经相应地进行了授权,但也切不可就此不再过问事情的进展,尤其当下属遇到问题和困难,希望领导干部协助解决时,更不可以随意拒绝"

> 领导干部应该意识到,他之所以是你的下属,就是因为他的阅历、经验可能还不如你,那么这时候领导干部应该和下属一起共同分析问题,探讨状况,尽快找出解决方案。

(5) 允许下属提出疑问

可询问下属有什么问题及意见,例如:"小王,关于这个投标方案,你还有什么意见和建议吗?"你可采纳下属好的意见,并称赞他。例如:"关于这点,你的意见很好,就照你的意见去做。"

上述五个传达命令的沟通技巧能提升下属接受命令、执行命令的意愿,通过有效的沟通技巧,领导干部的意图会被下属积极执行,同时让下属体味到一种开放、自由、受尊重的愉悦感。

5. 多提"建议",少用"命令"

在工作过程中,身为领导干部,对下属下达任务、发号施令,这是很自然的事情。可是,怎样下达命令才能使下属积极、主动、出色地去完成工作,使领导干部的计划能得到彻底的实施呢?那么,就请多用"建议"少用"命令"吧!

一些领导干部经常这样说:"陈文,把这份材料赶出来,你必须尽你最快的速度,如果明天早上在我的办公桌上没有看到它,我将……"

"你怎么可以这样做?我说过多少次了,可你总是记不住!现在把你手中的活停下来,马上给我重做!"

这时,下属一定会面色冰冷、极不情愿地接过你派给他们的任务,去完成它，而不是做好它。等工作交上来后，领导干部往往会大为失望，甚至不禁有些生气：

"好了！看来你只是个平平庸庸、毫无创新的人而已！我对你期望很高，可你总是表现得令人失望！就凭你这个样子，永远也别想升职……"领导干部与下属的关系就完完全全地进入了一种恶性循环。

造成这种局面的症结就在于领导干部下达命令的方式不恰当！很多领导干部认为，自己是领导干部，所以就有权在别人面前指手画脚，发号施令。但没有人会喜欢领导干部命令的口气和高高在上的架势，要知道，尽管领导干部与普通员工职务不同，分工不同，可是在人格上却是平等的。并不存在着高低贵贱的区别。

所以，领导干部想让别人用什么样的态度去完成工作，关键在于下达命令的方式。多用"建议"，少用"命令"，不但能维护对方的人格尊严，还能使对方积极主动、创造性地完成工作。即使指出了别人工作中的不足，对方也会乐于与你合作。

有一位秘书这样评价自己的上级领导：他从来不直接以命令的口气来指挥别人。每次，他总是先将自己的想法讲给对方听，然后问道："你觉得这样做合适吗？"当他在口授一封信之后，经常说："你认为这封信如何？"如果他觉得助手起草的文件中需要改动时，便会用一种征询、商量的口气说："也许我们把这句话改成这样，会比较好一点。"**他总是给人自己动手的机会，从不告诉他的助手应该如何做事；他让他们自己去做，让他们在自己的错误中去学习去提高**。可以想象，在这样的领导干部身边供职，一定会让人感到轻松愉快。

这种方法维护了下属的自尊，使他感受到一种强大的精神鼓舞，从而希望与上级领导合作，而不是从内心抗拒。可见，领导干部让下属主动地接受任务，而不是被动承担，把"要他做的事情"，变成"他想要做的事情"，这两种方式产生的效果是截然不同的。

> 如果领导干部要向下属下达命令，让他做自己想让他做的事或是要他改正错误，那就尽量避免使用"命令"的口吻，不妨试试"建议"的方法。

二、领导干部工作监督的方法

领导工作,一旦做出了决定就要落实执行,一旦进行了部署就要检查督办。否则,决定就变为一纸空文,部署就形同虚设。下达指令之后撒手不管的行为,决不是一个尽职尽责的领导干部应有的表现。领导干部要使落实工作深入而到位,执行而有效,就必须把督办检查工作做细、做实。

1. 领导干部督办检查的基本内容

领导干部的督办检查,不能事无巨细、面面俱到,这就要求领导干部要有选择地对下属进行督办检查。领导干部对下属的督办检查,主要是以实现领导目标为准绳,依据一定的法律、纪律、政策、程序对下属的工作行为、工作状态和工作效果进行检查、监督和催办。

（1）监督检查下属的工作行为

下属在工作中的行为,既反映着下属的工作态度、工作状态,也影响着工作效率和领导目标的实现。 对下属在工作中的行为进行检查和监督,并督促其行为符合规范,是领导干部监督检查下属的主要内容之一。

检查监督下属的工作行为的规范性。国家的法律法令和本组织的各种规章制度,是每一个下属行为的基本规范,必须遵守,不得违反。领导干部必须保证所属下属的行为符合法律和制度的规范,遵纪守法。为此,需要对下属进行经常性的检查监督,一旦发现问题,立即督促其改进。

检查监督下属之间行为的协调性。下属与下属之间,以及下属中的领导干部与被领导干部的人际关系,对工作的顺利开展关系极大。团结、协调的人际关系是提升工作效率和保证目标实现的重要条件。领导干部不能简单地把下属之间的人际关系看作是与工作无关的私人问题。现代领导要求组织内部必须有协调、团结、正常的人际关系,这就要求领导干部必须把人际关系纳入领导干部管理活动的控制范畴之内经常了解、检查下属的人际关系状况，对下属之间出现的人际关系问题进行适当的干预和协调，并实行有效监督，以保证领导干部采取的措施得到落实，领导干部的意图得到贯彻和实现。

检查监督下属工作行为与领导目标的一致性。下属的行为有时与领导干部要求、领导干部意图不一致，这对实现领导效率和领导目标常常是不利的。尤其是某些领导干部指示，要求较高，下属实施和执行起来难度很大，或对下属的个人利益不利，对此更需要领导干部的督办检查。否则，会影响甚至破坏工作秩序，影响工作进展和工作效率。

> 领导干部为保证对下属的要求和各种意图能够得到正确的贯彻和执行，一方面，需要做好思想工作和指导说明，使下属能正确领会领导干部的指示、要求、意图；另一方面，需要对下属在执行和实施的工作过程中进行必要的检查、监督和催办。

（2）督办检查下属的工作状态

下属的工作状态也是领导干部督办检查的重要内容，主要包括以下几个方面：

督办检查下属的工作进度和效益。**下属对任务计划的执行进度、工作数量，是领导干部必须了解、掌握和控制的**。工作进度和工作数量，是工作质量和效率的基础。在实际工作进程中，由于客观条件的变化、下属的工作态度等原因，造成工作进展缓慢，拖延计划任务的完成。领导干部必须对其进行有效的监督，及时了解下属的工作进程，发现妨碍进程的因素，积极采取各种手段和措施，保证工作进程和数量，进而保证效率和目标的实现。

督办检查下属的工作质量。质量是效率的关键，是实现目标的关键。任何工作规划、设计方案，都需要高质量的工作来保证。下属由于工作能力和工作态度的差异，在工作质量上也会形成差异。领导干部督办检查可以针对不同原因的质量问题采取不同措施，以提高工作质量，高效率地实现目标。

督办检查下属的工作效率。效率是工作实践的生命，提高下属的工作效率是领导活动的重要目标。领导干部的督办检查是提高下属工作效率的一个重要手段和途径。有效的检查监督，可以克服下属对工作的拖拉、懈怠，促进下属转变工作作风，努力完成任务；克服下属因相互不协调或工作环节不配套造成的效率低下；还可以发现、调整和纠正工作中的其他各种影响效率的因素，使其及时地得到解决，从而提高工作效率。

2. 领导干部督办检查的操作程序和途径

领导督办检查工作，有其客观规律，领导干部在具体操作过程中必须遵循一定的规律和程序。

（1）充分准备，明确目的

实施督办检查必须有充分的准备，这是督办检查操作的第一步。做好预测，心中有数，力争主动。**思想上的准备是掌握工作主动权的前提**。然而思想上的准备不是凭空产生的，也不是靠下定决心就能保证的。领导督办检查操作要做好预测工作，才能有充分的思想准备。一是预测尚未执行的新的方案、计划可能出现的情况、问题，从而做到心中有数，在督办检查操作时就可以做到有针对性、有准备；二是预测下属实际工作中，可能出现的情况和问题，并做好各种准备，在实际督办检查操作中有效地加以解决；三是预测领导干部督办检查操作中可能会发生的问题和在下属中引起的反响，并制订相应的对策和办法。

> 领导干部督办检查不是无目的地、随意地、一般性地了解情况，而是有明确目的和要求的。首先要明确督办检查要了解什么情况，解决什么问题。目的明确、问题清楚，督办检查才能有的放矢，事半功倍。

（2）深入实际，掌握实情

领导干部明确了实际工作中应解决的问题，或应该确保的工作重点，就需要深入实际、掌握实情，为解决问题提供信息、奠定基础。

有选择地深入实际。领导干部督办检查，难于全面深入各个实际环节之中，只能是围绕目标，有选择地重点深入某些方面的实际。选择的依据应该是关系到工作、目标、目的的重点问题和关键环节。

深入实际是为了掌握实情。**在深入实际过程中，领导干部必须对了解的情况和各种信息进行分析，不能被表面现象迷惑，偏听偏信**。任何结论都应该是领导干部在依据可靠事实的支撑下，通过分析而产生。

(3) 分析现状，制订方案

领导干部掌握了实情，不等于掌握了真理，还必须对实际状况作出科学的分析。第一要对现状做出总的评估，发现、把握其总的倾向、趋势；第二要对现状可能出现的变化进行分析，为决定应采取的措施做好准备；第三是对下属的现状进行分析，掌握民心民情，以便领导干部的决策尽可能与下属在认识上得到统一。在此基础上，还要注意分析重点问题，找出问题的症结、原因，有的放矢，才能找出合理办法和措施。

通过科学的分析，掌握了现状及其发展趋势后，领导干部就应组织有关人员制订方案，解决督办检查操作中发现的问题。督办检查操作中制订决策，解决问题，具有追踪决策的特性，要在保证原方案优化合理成分的基础上，力求比原定的方案、计划、规定更加优化合理。

(4) 组织实施，调整控制

组织实施就是根据制订的计划和方案，组织有关人员或领导干部亲自对实际工作实施监督和催办。组织实施监督催办过程中，一是规定监督催办的内容；二是明确工作要求和标准；三是明确责任和权利，以及必要的奖惩办法。

为了保证督办检查操作的有效性，关键在于领导干部要采取正确措施，实施调控。在实施调控中，领导干部一般可采取的方法和手段是：第一，力量的调整。包括对中层领导干部和下属调配，加强薄弱环节，充实重点部门，调离不胜任工作的领导干部，以确保力量的分布与工作实际需要的协调一致；第二，人际关系的调整。对下属人际关系状态，领导干部不仅应了解和掌握，而且应有一定的控制，绝不能允许不协调的人际关系影响工作。对于此类人群，要适当地调离，或采取措施使其不能影响工作;第三,对信息的调控。领导干部对下属和所属各部门的信息传递必须控制,保证信息的准确性以及及时性,同时利用信息对下属的行为进行引导和调整。比如有意识地向下属渗透某些信息,以引起下属对某些工作或状态的重视;第四,对下属工作行为的调控。领导干部可以采取奖惩手段、政治思想教育、制订规章制度、进行具体指导等各种方法和手段,以引导和制约下属行为,使之有利于实现目标。

(5) 追踪检查,保证落实

追踪检查、保证落实是领导干部督办检查操作中的重要程序和步骤。**一切准备、设计、手段,最终都要落到实处,取得实效,才有其价值,否则都是无用之功。**督办检查就是要抓落实,见实效。

追踪检查,就是领导干部不能满足于发现问题、制订方案、采取措施,而必须锲而不舍地一抓到底。这就需要追踪检查,追踪检查包括对下属工作的整个过程进行检查;对需要纠正的问题的纠正情况及其效果进行逐项检查;对新出现的情况和现象进行监测检查。

保证落实,需要一定的条件和领导干部的努力。一是要催办,对需要下属完成的工作,要督促下属努力完成。二是抓反馈,在下属实施或完成领导干部的决定、指示、要求后,一定要有信息反馈,听取下属汇报。三是抓兑现,领导干部无论是有关奖惩的规定,还是制订的政策、制度、要求,一经公布,即为生效,在实际工作中都要使其兑现。四是抓骨干,没有骨干的队伍,难免是一盘散沙或形聚神散。

> 一切工作要落到实处,仅靠领导干部督办检查是很难落实的,还必须要培养一支强有力的骨干力量带头努力,保证落实。

3. 领导干部检查工作时应注意的问题

有布置而无检查,是领导干部失职的表现;虽有检查,但不得其法,也收不到良好的效果。根据许多领导干部的经验,要做好检查工作,必须注意以下几个问题。

（1）不要为检查而检查

检查下属的工作，主要是检查对路线、方针、政策的执行和落实情况，看下属是否准确迅速、积极主动、卓有成效地完成应该完成的各项任务，这是检查工作的主要目的和内容。**检查工作不是一件单一的、孤立的事情，如前所述，它也是搜集信息、考察培养干部、推进工作、提高自身领导素质的重要渠道。**既然检查工作这件事有着如此丰富的内涵和重要的意义，它也就理所当然地成为领导干部的一个重要职能，就应当把它放到应有的突出位置上，下大力量抓好。如果能意识到这一点，就不会为检查而检查，或把检查工作看得过于简单，在行动上就不会粗枝大叶，草率了事，而是自觉地把上述要求作为努力实现的目标，坚持标准，从严要求，达到高质量、高效益。

（2）事先要有准备

检查工作是一件严肃而细致的事情，如果毫无准备，心中无数，就不要开展，而应准备好了再说。所谓准备，就是对所要检查的工作，在总形势上有一个基本的了解，在方针政策上比较熟悉，对倾向性问题也要心中有底，以便更有针对性地进行检查。不然，检查时，就容易出现一问三不知、说错话、出歪主意的现象。同时，对检查的重点在哪里，哪个是关键部位，何处是薄弱环节，也要基本掌握，不然就会收效甚少。对于一些大规模的、复杂的检查项目，事先要有一个较详尽的计划，人力如何配备、时间如何安排、采取哪些方法步骤、达到什么要求，都应事先讨论明确，然后按照要求分工，各负其责。

（3）检查要有标准

检查工作没有标准，大家就无所遵循。**一般地说，要以原来制定的目标和计划为标准，但是又不能把这个标准看死了。工作标准既是确定的，又是不确定的。**所谓确定的，是说必须拿目标、计划作为尺度来衡量实际工作情况。所谓不确定的，就是不能削足适履，硬要客观事实符合主观认识。为此，检查可以分为两步：第一步是以既定目标和计划为标准，衡量工作进展情况及绩效；第二步是以实践结果为标准，分析其与原定目标的差距，找出得失成败的原因，拟订纠正的措施。

（4）既当先生，又当学生

从上级检查下属工作这一角度讲，领导干部是先生，负有检查、督促、宣传、解释、表扬、批评、指导、帮助的责任；从向实践学习、向基层干部群众学习的角度讲，领导干部又是学生，要虚怀若谷，眼睛向下，不熟悉的事情要认真了解，不懂的东西要不耻下问，虚心向一切内行的人请教，从基层干部和群众中汲取营养，丰富自己的头脑，积累多方面的经验和才干。

（5）不要乱发议论

领导干部检查工作，当然要表示态度，提出意见，发表议论，但不能随意地、无所顾忌地、不负责任地乱发议论。因为基层的同志长年在下面工作，那里的情况他们最熟悉，最有发言权。即使有需要指正的地方，也要看准了再说，不要乱表态，因为上级领导干部的意见，下面的同志是很重视的。如果乱发议论，不但会使自己陷入被动，降低自己的威信，而且会给下属造成思想压力，形成瞎指挥，给工作带来损失。

（6）要敢于表扬和批评，但要注意方法

领导干部在检查工作时，必然要对下属的工作做出评价，或表扬或批评，目的是更好地调动积极性，激励他们做好工作。为此，首先要坚持原则，敢于讲话，是非要清楚，功过要分明，正确的坚决支持，错误的坚决纠正，好的要表扬，坏的要批评，不能含糊敷衍，模棱两可。其次，要掌握分寸，不能过头。表扬要实事求是，留有余地；批评要诚实中肯，恰如其分，严而不厉，同时不抹杀对方做出的努力和成绩。只有这样，才能使其口服心也服，便于今后改进。

（7）防止主观性、片面性和表面性

凡是不从实际出发看问题，而是戴着有色眼镜看问题，先入为主，自以为是，就是主观性。片面性就是不能全面地客观地看问题，只知其一，不知其二，只见树木，不见森林。所谓表面性，就是走马观花，蜻蜓点水，知其然不知其所以然。这些都是检查工作的大忌，一定要注意防止和克服。

> 领导干部下去检查工作，不要带框子，抱成见，而要一切尊重客观事实，具体问题具体分析；好话坏话都要听，缺点成绩都要看；要扎扎实实，了解真情况，获取真知识，不要作风浮躁，浅尝辄止。

（8）要在解决问题上下功夫

只看病，不治病；只调查，不解决，是一些领导干部检查工作时常犯的毛病。但检查工作的目的就在于发现问题，解决问题，把事业推向前进。当然，与发现问题比起来，解决问题是要费力气的，领导干部就是要知难而上，努力从解决问题上看本事，见高低。凡是当时就能解决的，就要立即解决；当时不能解决的，也要本着负责任的态度，创造条件，争取尽快解决。

4. 跟进：实施监控后的领导任务

领导干部的监督任务不只是制订计划，还应该对计划进行跟踪，及时发现问题并在第一时间予以解决。合理有效的监控是完成任务的保证。

领导干部的及时跟进是相当重要的。在跟进的过程中，不但可以协助和支持下属顺利完成任务，还能监督下属，避免其偏离正确的方向。

组织领导干部应该对下属进行跟踪，及时发现问题，及时决策，及时提供支持。当然，领导干部，尤其是高层领导干部都有许多工作要做，一忙起来可能就把对计划进行跟踪这件事忘到脑后了。所以，为了保证领导干部能及时跟踪，应建立一个跟进计划，以保证工作的顺利进行。

跟进计划的内容应包括以下几项：目标是什么？什么人负责这件事？什么时候？通过什么方式？使用何种资源完成任务？等等。跟进计划的内容是固定的，但形式却可以灵活多变，尤其是高层领导干部因为要从整体上把握工作，所以更需采取简单、有效、灵活多变的办法。

罗兰·贝格是一家大咨询公司的创始人和总裁。就像所有的大公司的领导人一样，罗兰·贝格每天需要与各方面的人打交道，处理各种各样的事务，可谓日理万机。但同大多数高层领导人不同的是，他从不会忘记哪怕一件小事，在一项计划进行到规定完成的最后期限，有关的负责人总会接到罗兰·贝格打来的询问事情进展情况的电话。是罗兰·贝格记忆力超过常人吗？非也。他有自己的跟进方法。他每天都接触大量的各色各样的人物，处理各种各样的事物。为避免遗忘本应自己去做的事，他随身带了一个小录音机，每一件需要自己去做的事他都会用录音机记下来，再由秘书打印后发放给相关人员。他通常每天会发出40～50个给不同人的"内部备忘"。每一份"内部备忘"都会被写上一个时间，到了这个时间秘书就会把这个"内部备忘"重新放在罗兰·贝格的案头。所以，没有任何一个人能够侥幸让他忘记一件他关心过的事情，他总能在合适的时间向负责某项执行工作的人员询问事情的进展。

列宁曾经说过："信任固然好，监控更重要。" 及时适度地跟进计划并非不信任下属的表现；相反，这只能表明领导干部重视某件事情，所以适度的跟进并不会损害下属的工作积极性。当然，跟进计划一定要注意两点：一是及时，只有在第一时间发现阻碍工作进行的障碍，才能尽快排除障碍，确保工作的顺利进行；二要适度，领导干部需要的是跟进计划，而不是去具体执行计划，领导干部需要做的是鼓励下属把执行工作落到实处，而不是越权指导，更不是直接插手去落实，否则只会把事情弄得更糟。所以，领导干部应掌握跟进的艺术，既保证战略规划得到不折不扣的执行，又不损伤下属的积极性，只有这样才能取得好的效果。

第六章
组织会议与会议讲话能力的修炼

召开会议是一项基本的公务活动，是领导干部组织交流工作的手段，它需遵守一定的程序，以保证会议的有序进行；还需要有一定的会议纪律，要求出席者共同遵守。会议是公务活动中影响最大的公众场合之一，与会者要保持良好的精神风貌，通过出席会议，可以树立良好的公众形象。领导干部出席会议时的表现，很大程度上影响着自己的公众形象，还间接地影响着人们对国家机关的看法。所以，领导干部无论是主持召开会议还是参加会议，都要端正工作作风，遵守会议纪律，按照会议程序和要求行事，不做违背会议礼仪的事情，不说违背会议礼仪的言语。只有这样，才能保证会议的成功，使会议达到预期的效果。

一、会议组织工作的要求

会议是指将人们在一起研究、讨论有关问题的一种社会活动方式。参加会议,对领导干部而言,是一项经常性的公务活动。领导干部对会议组织得如何在很大程度上影响着自己和党政机关的会议效率和公众形象。从更高的层次上来看,甚至关系着人民群众对整个国家领导机关的看法。

1. 充分做好会议的组织工作

会议的组织工作,包括规则的制定、筹备、进程的组织和收尾。

(1) 会议规则的制定

组织会议要有规则。有些会议有完整的规则,由有关法规和制度规定,就不必提前制定了;有些则需要会前专门制定,以便使会议召开有章可循,会议组织有条不紊。

(2) 会议的筹备工作

做好会议的筹备工作,首先需要确立会议的中心议题,然后拟定出席会议的议程,及时通知与会人员,特别重要的会议,可发预备通知,以便使与会者提前做好必要的准备;对会议通知中未尽事宜可发补充通知。

同时,要根据会议的规模、大小来选择会场的档次、规格。会场布置也要和会议内容相符,主席台上方要挂有该会议名称字样的横幅,根据会议的档次决定是否在会场中张贴宣传标语。**主席台人员的席签应视会议性质和档次确定是否摆放**。如果是大型会议如全国人民代表大会等,还应制作参加会议代表团的标牌、指示路线的路标及表示欢迎的室外标语等。要事先装配、调试会场灯光、音响设备,以及会场茶水、饮料等物品的采购、准备,一些大型会议还得配备保安、医务人员及有关设施。

（3）会议进程的组织

会议是一个程序化很强的流程，需要对每一个环节和步骤加以科学合理的安排，对会议进程进行适当和必要的调度。会议组织者要对整个会议有一个总体安排，会议主持人要掌握会议的进程，保证会议如期举行，准时开会，顺利完成各项议题。会议进程体现在会议程序安排之中，包括会议日程安排和会议程序的推进。

（4）会议的收尾工作

会议能否取得成效，除了精心筹备、周密安排外，还需要做好收尾工作。主要工作有以下几项：形成会议结论或可供贯彻、传达的文件，对会议文件材料进行处理，为与会者离会提供服务，做好会议总结。

2. 简约办公，注意改进会风

会风，从根本上讲是政风的一种反映，是国家行政机关及其工作人员思想作风、工作作风在会议举行过程中的具体表现。

会议过多，会期过长，会议讲排场、铺张浪费而不解决实际问题，会上陈词滥调、东拉西扯、没有中心，对重点问题议而不决、决而不行、不了了之等，均属不良会风。**不良会风不仅影响了国家行政机关的行政效率，而且与社会主义国家的政风也格格不入。**

（1）端正会风要则

要端正会风，就要不断改进会风，需要坚持以下三大要则。

一是破除官场习气。不准搞形式主义与官僚主义的会议，不能将会议举行的多少与政绩挂钩。

二是严格管理会议。对于会议的准备、议程、时间、地点、膳宿等，都应依据中央的八项规定做出明确规定，并且应由专人负责，领导把关。

三是严肃处理滥办会议者。对于滥办会议者，只批评、教育还不够，在必要时，唯有依照有关法规给予严肃处理，方能奏效。

国家行政机关要改进工作作风，落实到会议问题上，就要努力提高会议效率。提高会议效率，在此主要指的是，在举行必不可少的会议时，尽可能以更少的时间、人力、财力、物力，去取得最圆满的会议效果。这也是改进会风的一个具体表现。

（2）改进会风措施

国家行政机关出面召集的会议，通常可分成两类：一类是政策的研究性会议；另一类则是行政的协调性会议。即使举行这两类必不可少的会议，也必须采取必要的措施来保证提高会议效率。

第一，集中主题。在一般情况下，一次会议应有单一的主题。假定要把几个内容并到一次会议上讲，亦须确保会议主题鲜明。这样便于执行会议精神，且不易使会议松散，提高会议效率。

第二，压缩内容。如有可能，应围绕会议主题，将毫无实际意义的内容统统删去。有些发言，可以书面材料形式代替。不提倡领导同志出席与己无关的会议，会议的组织者也不得以此举来抬升会议档次。

第三，限定时间。**对会议的起止时间和发言时间，事先应明确规定，届时也要严格遵照执行。这样一来，将有助于从根本上纠正会议冗长拖沓的不良风气。**

第四，改进方式。只要能解决问题，则对于会议的举行方式在一般情况下可以灵活多样，不必拘泥。

> 实践证明，利用电视、电话、广播以及计算机网络等现代化的信息传播方式举行会议，既节省时间、开支、人力、物力，又不会耽误工作，是一种值得推广的现代化会议方式。

3. 规范程序，确保会议顺利

一次会务能否取得圆满成功，在很大程度上取决于组织工作是否按照严谨的会务程序进行运作。国家行政机关的会议，尤其是大规模、正式的会议，在会议进行前、会议进行中和会议进行后的组织、准备工作的会务程序要求，往往各有不同。

（1）会议进行之前

会议进行之前的组织工作，大体上共有四项。

第一，确定会议主题。**凡正式会议，皆应首先确定其主题**。所谓会议主题，即召开一次会议的指导思想。会议的主题，不仅可在其具体名称上有所体现，而且往往也是确定会议的方式、内容、议程、任务、期限、人员的先决条件。

第二，拟发会议通知。会议通知，是会议主办单位发给与会单位和个人的书面文件。其要点有六个：标题、主题、会期、出席对象、报到时间与地点以及与会要求。通常会议通知应提前下发，并保证及时送达。

第三，起草会议文件。会议所需要的各种文件材料，均应在会前准备完成，并在会议正式开始之前发给全体与会者人手一份。应当认真准备的会议文件，主要有开幕词、闭幕词、主题报告、大会决议等。**在起草会议文件时，需要实事求是，有的放矢**。

第四，做好会务工作。在会议时，许多具体的事务性工作，应当一一提前认真做好。要重点安排好会议工作人员，布置好与会者的接待，联系好传媒，准备好会议场地，对会议举行时所需使用的各种音响、照明、投影、摄像、空调、通风设备进行必要的调试与检查。

（2）会议进行之中

会议进行之中的纯会务性工作，主要包括如下四项：

第一，人员签到。**为统计到会人数，并确保会议的安全，大型的正式会议往往要对与会者进行人员签到**。具体做法有：签名签到、磁卡签到、交券签到、画名签到等方式。有些会议不必签到，而代之以凭出席证、列席证、会议通知入场。

第二，例行服务。会议正式进行时，在会场内外应安排专人迎送、引导、陪同与会人员。对与会的老、弱、病、残、孕者，还须重点加以照顾。此外，对于与会者的一切正当要求，应有求必应，闻过即改。

第三，做好记录。凡重要会议，皆应做好必要的会议记录。正规的会议记录，不仅要由专人负责，而且还须包括会议名称、出席人数、时间地点、讨论事项、发言内容、临时动议、选举表决以及记录员姓名等方面的详尽内容。

第四，编写简报。会期较长的会议，一般应编写会议简报，以对会议动态、过程、反响、内容进行扼要报道，并帮助有关方面掌握会议的全局。

> 会议简报，通常要求快、准、新、简。快，要求讲究时效。准，要求准确无误。新，要求富有新意。简，则要求字少篇短。

（3）会议进行之后

在会议结束之后，进行会后的收尾工作，一般有三项必不可少的具体工作要求：

第一，形成会议文件。在会议结束前后，一般应形成会议决议、会议纪要等专门性的会议文件。它们既是一次会议的主要成果，又是与会者将来贯彻、落实会议精神之所据。形成会议文件时，应当集思广益，求同存异，并且力求简明扼要。

第二，处理会议资料。**会议有关的一切图文、声像材料，应当根据保密制度与工作需要，于会后集中进行处理。**该汇总的会议资料要认真汇总，该存档的会议资料要一律存档，该回收的会议资料要如数收回，该销毁的会议资料要仔细销毁。

第三，提供返程方便。在会议结束后，应为全体与会者的返程提供一切便利。在必要时，应主动为对方提供、联络交通工具，或是为其订购、确认返程的车票、船票、机票。当团队与会者或与会的年老体弱者离去时，还可安排专人为其送行。

二、主持会议的基本方法

会议的成效与会议主持人关系密切，影响关联。主持好一次会议，最关键的是主持人掌握和运用其正确的方法。一个会议主持人，如果不了解会议的基本程序，不懂得主持的方法技巧，就无法有效地控制会议的进程，从而使会议的效果大打折扣。因此，掌握主持会议的方法是保证会议圆满成功的基本保证。

1. 熟知主持会议的基本程序

会议的种类不同，操作过程也不同，有的会议按法定程序进行，不能随意变更，如各类政治会议、立法会议；有的会议按事先确定的议程进行，一般情况也不变，如各类工作会、业务会、动员会；有的会议没有固定程序，由主持会议的领导干部根据情况自行确定，如各类办公会、协调会、座谈会等。虽然各类会议的具体程序不尽相同，但也有其相同之处。就一般会议而言，主要有以下基本操作程序。

（1）宣布开始

主持会议的领导干部宣布会议开始，并作简单的开场白或开幕词。简要介绍会议的背景及有关情况，会议的议题、宗旨、要求，会议的开法及程序，出席会议的人员等。**开场白或开幕词应开宗明义、简明扼要，不能拖泥带水**。用最精练的语言，向与会者讲明为什么召开这次会议、会议的主要任务是什么，主要解决什么问题，会议的议程有哪些，出席会议的人员有哪些，这样可以使与会者有一个总体了解，从而便于领会和把握会议精神，为会议报告或研究问题做好铺垫。

（2）研究议题

研讨议题是会议的实质性阶段。上级精神的传达、工作的研究部署、一系列问题的协调解决、各项工作要求的提出，都将在这个阶段中完成。因此，**主持会议的领导干部应严密控制会议进程，注意会议进行中出现的新情况、新问题，积极调动与会人员的情绪。**

主持一些大型会议、立法会议、工作会议，要按照法定程序或事先确定的程序一项一项地进行，无须变更。会议主持者只是起个联结、引导和介绍的作用。分析形势、研究问题、布置任务、提出要求等事项则由其他人员来完成。

主持座谈会、讨论会时应首先把会议的目的、指导思想、要求说清楚，然后重点引导大家发言，听取大家的意见。主持这样的会议，首先要放下架子，以平等的态度出现，认真仔细地听取大家发言，善于从大量的意见中吸取有价值、有见地、切实可行的意见。要善于控制场面，善于引导大家的议论点，善于调动大家的情绪，善于提出问题，这样才能提高会议的效率和质量，达到预期目的。

主持办公会、协调会时就要按照事先确定的研究议题，逐项展开。主持会议的领导干部是整个会议的核心和灵魂人物。通过主持者讲话去通报情况、分解任务、落实责任、协调矛盾、确定解决问题的方案、研究讨论有关政策措施、决定一些重大事项。**在会议主持过程中，应充分发扬民主，广泛征求与会者的意见，集思广益，科学决策。**

（3）会议总结

会议总结是在会议即将结束时，把会议研究讨论了哪些问题，办了哪些事情，制定出台了哪些政策文件，取得了哪些成果，形成了哪些共识，交流了哪些经验等，进行高度概括、归纳，向与会人员报告。对有些研究透彻并达成共识的问题，在集中大家意见的基础上，及时做出科学决策。同时，对会议的传达学习、贯彻落实及下一步工作提出具体明确的要求，对会议确定的目标、任务进一步分解落实。这对于进一步统一思想，提高认识，抓好落实，促进工作具有重要的意义。**会议总结应本着实事求是的态度，客观评价会议取得的成效，既不扩大，也不缩小。**

（4）宣布闭幕

有的会议在结束时，会议领导干部还要作专门总结，待总结结束之后，另由主持人作简短致辞，然后宣布散会。这个致辞与会议总结不同，它只是很简要地说一下会议的情况及下一步的要求和打算。对会议结束后的一些具体事宜，向与会者说明。到此，会议就算正式结束了。

> 主持会议的领导干部在主持会议时，只要清楚了会议的基本操作程序，就能按部就班地进行，做到会议秩序井然有序。

2. 熟练掌握主持会议的技巧

主持会议的技巧主要体现在两个方面：一是主持人会不会提问，是否善于提问；二是遇到特殊情况时，能否随机应变，化危为机。

（1）主持人提问的技巧

主持会议不可避免地要发问，而发问的类型可分好几种。

①"事实的发问"，凡是寻找事实或情报的问题，及寻找某一广泛问题的事实答案，都属此类。

②"解释的发问"，指为探询有关事实或情报之意的问题。

③"价值的发问"，是在要求对方的意见和判断。例如，"这个问题有多严重？"就属于此类，因为"多严重"是一个牵涉到价值判断的说法。通常在回答这类问题的时候，对方可能引证一些事实或情报，以支持自己的论点。因此，面对这种情况，担任主持人的领导干部一定要能够辨识出意见和事实间的差异。

④一般性的发问，是用以引发讨论的开场白，希望参与者中有某些人能就准备讨论的议题提出意见并进行讨论。这种发问方式也可以用做归纳当时所发表讨论意见的一种方法。

⑤反语性的发问，是用来激发参与者的思考和发问。这种发问多半用来引发参与者的兴趣，引起他们集中注意，或者建议他们从其他的角度深入探讨。

（2）主持人处理棘手问题的技巧

在任何形式的会议的开展过程中，主持人都可能遇到一些令人不快的、棘手的问题。

①参与者发言太长。遇到这种情况时，主持人要认真地听发言者说话，也许他希望被人尊重，也许他觉得别人没有注意听或不重视他。遇到这种情况，主持人可以在会外私下约他谈，从而发现他的需要。此外，还可以请他帮助你使那些害羞的、不爱说话的参与者能踊跃发言。

②参与者不愿发言。几乎所有指导开会的手册，都强调全体参与的重

要性，因为群体需要每一个参与者的意见。如果一个参与者能够参与，他会比较支持群体的决定，会觉得这个决定也有他的意见在内，也较愿意去实行它。近来的研究发现，参与者的参与感是衡量对会议满足感的指标。当参与者想说话时，就能毫无障碍地自由参与发言，这是很重要的一点。你的目标是促使每个参与者愿意发言，这要比强迫参与者发言有效得多。所以，使每个人都有相同的参与机会而不是强迫每个人都必须参与，是主持会议的领导干部努力的关键所在。

③争端和冲突。事实上，会议需要有不同的意见和冲突，以便充分显示各种看法和解决方案。如果每个参与者的看法都一致，就根本没有讨论的必要。**当不同的看法和意见被提出时，每个参与者都有责任去听、去了解和去解释**。只是在经历这个过程之时，领导干部处理问题应依据客观事实，而不可进行人身攻击，更不可使用"莫明其妙""愚笨""没知识""太幼稚"等毁誉性的字眼。

> 主持人在回答各种提问的时候，要尽量态度和善，尊重对方的观点，多从对方的立场来考虑，这样才能避免冲突，有利于双方的沟通。

3. 有效地控制好会议的进程

会议要在什么时候开始？需要多长时间？解决什么问题？应该怎样讨论那个问题？在会议进行的过程中，这些方面都需要作为主持人的领导干部有效地控制，否则，会议很有可能就达不到预期的效果。

有效控制会议进程需要领导干部在时间上和议题上把握好，主持人可以采取以下措施：

（1）按时开始

如果通知会议定于上午 10 点开始，那就准时开始，如果到那时没有人来，还照样开始。当与会者迟到而入，发现主持人在空荡荡的会议室里情绪激昂地独自演说，那时他们的脸上一定会浮现一些怪异的表情，但是他们一定会意识到一点：下次，还是按时到场比较好。

(2) 制定基本的规则

只要是会议，即使是自由形式的头脑风暴型会议，主持人也要做到有章可循。基本的规则可以为每个人建立一个共同遵循的会议行为标准。

更好的规则制定方式是将这项任务委托给下属们，而不是由主持人个人指令。由一些志愿者组成规则制定特别小组来制定各项规章条例。

一个典型的条例应该包括以下几项要求：一是与会者要按时出席；二是遵循议程；三是别人发言时不要打断；四是不要冗长发言，给别人一个发言的机会；五是对别人要表现出礼貌和尊重。

(3) 休息后马上回来

当主持人宣布稍作休息时，要事先讲明休息的时间是多长。会议再次开始前一两分钟，巡视一下屋子。如果还有许多人没有回到座位上，就应该发出召集信号，宣告一下会议即将开始。

(4) 保证会议有条不紊

主持人要想保证会议有条不紊地进行，就应保证会议进行的连贯性，让会议的议题循序渐进，按部就班得到解决。

这种程序可以按如下4个步骤来进行：首先，界定需要解决的问题；其次，对该问题进行会面讨论；再次，探讨可行方案，并权衡各项解决方案的利弊；最后，确定最终解决方案。

在召开会议时，主持人要掌握会议的时间和轨道。遵从既定的程序有利于使与会者保持在会议的正确轨道上。一旦谈论的话题偏离了正题，主持人可以通过提示其中某个步骤，将谈论者拉回到正题上来。

4. 善于进行会议总结

在会议即将结束时，作为主持人要对会议召开的有关情况及所取得的成果进行全面、客观的总结，对不能确定的或未解决的问题做出解释说明。对会议总结得如何，是衡量领导干部水平高低的重要方面。会议总结要简明扼要、全面准确、重点突出、实事求是，因为好的总结可以帮助与会者加深对会议精神的理解和把握，有利于会议的贯彻落实。

（1）会议总结的模式

会议总结虽然没有一个固定的模式，但内容大体应包括以下几个方面：

①会议基本情况。这一部分主要是讲会议的进程及与会者的表现。会议进程主要是对会议的几个重要环节进行综述和分析，对每个环节实施情况做出评估；与会者会议期间的表现如何，要列举典型事例进行评述。要对会议举行了多长时间、进行了哪些议程、办了哪些事情、办得怎么样、与会者的参与程度等情况向与会者做出说明。

②会议的主要收获。这一部分是会议总结的重点。主要讲通过大家的共同努力，会议统一了哪些思想、提高了哪些认识、研究解决了哪些问题。要高屋建瓴地概括归纳，使条理分明，便于记忆。**谈收获要紧扣会议主题，突出反映主题，切实符合会议的实际情况**。每条收获都应有具体的事例加以说明，要注意引用与会者的发言，特别是一些好的意见、建议及具体的措施和打算，从而给人以具体生动的感觉。

③今后的工作意见。这一部分主要是根据会议总的精神，结合工作实际，提出实施会议主题的意见。就是对会议的传达学习、贯彻落实提出具体要求，对会议确定的目标、任务、政策措施进行分解，落实到有关责任单位和责任人。

（2）会议总结的方法

要使会议总结得法，一般可采用如下方法：

①直叙法。**简要概括地回顾叙述会议办了哪些事，达成了哪些共识，解决了什么问题，加深与会者的印象**。比如："这次会议我们传达学习了某某文件，研究讨论了某某决定，某某领导做了重要讲话，对下一步的工作做出了具体安排和部署：一是，二是，三是……这些意见完全符合我们的实际，对于促进工作具有重要意义，希望大家认真抓好落实，切实抓出成效。对贯彻好这次会议精神，我再提几点意见：一、二、三……"

②归纳法。在简要回顾会议的基础上，对整个会议进行高度归纳、概

括。比如："我们这次会议开得很成功，概括起来有几个特点：一、二、三……或者我们这次会议形成了几个方面的共识：一、二、三……初步解决了几个方面的问题：一、二、三……现在，对解决这几个方面的问题，大家都达成了共识，拿出了具体的对策措施，下一步关键是抓好落实。"

③鼓动法。对会议不作全面总结的情况下，用鼓舞人心的话作总结，对大家提出希望和要求，号召大家为实现某个目标或完成某项任务而努力工作。

> 对会议的总结是详细还是简要，要根据会议的要求、会议气氛、与会人员、时间安排等情况而定。可以根据上述介绍的一般结构和方法进行调整、完善，灵活掌握。

5. 注意主持会议的语言禁忌

在主持会议的过程中，在语言表达方面一定要注意以下几个问题：

（1）忌含混模糊

主持人在会议一开始，就应明确中心议题，这样，才能迅速集中与会者的注意力，使其围绕中心议题积极思考。而为了使讨论富有成效，不至于东拉西扯，主持人在明确中心议题时，还应明确与此相关的各种条件，不可含混模糊，否则与会者容易离题。如果发生了漫无边际乱讨论的情况，可以采取各种方法扭转，一般来讲，用明晰的语言重申主题尤为可取。

（2）忌陈词滥调

现代社会中人们的观念不断更新，时间概念不断强化，对"会海"越来越反感。主持人如不能把握这一心理状况，势必给会议带来负效应。由于各种原因，主持人在会议中会由于生怕不周全而表现出一种左顾右盼的态度，导致"穿靴戴帽""会议八股"味浓厚，这种不厌其烦的表述常使与会者精神不振。

(3) 忌拖泥带水

主持人要学会用简明的语言表达深刻的思想，不要以啰唆的语言说明肤浅的道理，语言拖泥带水必然使与会者疲惫松散。会议是因事而开，因此应把握好时间，不宜开得过长。据生理学家研究，当人参加会议或讨论时，脑力的最佳状态只能保持 40 分钟～45 分钟，超过一小时，与会者的注意力就会分散，会场纪律也会难以维持。**事明即当散，衡量会议的质量不在时间而在内容。**当然，会议也不能因时限而疏漏内容，否则，虽"简明"却不能解决问题。

(4) 忌语言断流

做出一个科学的决策，需要多种方案；确立一个正确的观念，需要各种思想的交锋。与会者之间的分歧，与会者与主持人之间的分歧，是好事而不是坏事，好就好在能从各个方面提醒领导干部防疏补漏。因此切不可不容反面意见，而应将不同的思想朝有利于解决会议中的问题方面引导，特别是产生观念的会议，主持人的语言更应特别注意，要在引导上下功夫，引导势必使言路大开。语言是一个"外壳"，主持人要具备引导的能力，其根本还在于主持人应具备较好的素质。

(5) 忌搞一言堂

主持人切忌将会议搞成一言堂，而应充分发扬民主，提倡各抒己见。在会议中，主持人要学会把握设问句的句式，给与会者以启发，而不要用肯定句式贯穿始终，这在讨论会上尤为重要。**主持人的水平在于通过思考之后，将各种意见综合起来进行比较，择其优者而从之。**即或对那些不妥的意见，在语言中也不应流露出否定之意，而应肯定其在讨论中的作用，这对以后的讨论无疑具有重要的作用，主持人一锤定音不仅使会议开不好，而且会破坏民主气氛。

(6) 忌冷若冰霜

主持人要善于制造某种气氛以适应各种不同类型的会议。在讨论上切忌语言刻板，而应含蓄、诙谐；在发散型会议上，要富有鼓动性，具有号召力，切忌照本宣科，态度冷漠。应该通过热烈的语言和生动的表情表现出朝气、信心和魄力,以此感染与会者,达到鼓舞人心的目的。要使语言富有感染力,主持人应掌握一定的讲演技巧,使自己能用感情和理智驾驭会议。

> 主持人要想让会议总结有一个清新的感觉,就要做到:一是开门见山,二是坚决不说与会无关的话,三是语言生动。否则,一来浪费自己和大家的时间,二来使会议主题被冲淡。

三、在会议上发表讲话的艺术

领导干部参加会议并发表讲话,是会议的基本议程和常规内容。领导干部由于其身份的重要性,他们的会议讲话应做到内容丰富、要点切题、语言生动,而不能泛泛空谈、套话连篇、不着边际。因此,掌握会议讲话的艺术应成为领导干部修炼的一项基本功。

1. 选用丰富、生动、典型的话料

话料是讲话的材料,在领导干部即席讲话时所讲的话是对话料加工后的结果。"巧妇难为无米之炊",即席讲话离不开话料。有了话料,才有话可说;有了话料,观点才有寄托。从听众的方面来看,丰富的话料容易诱发联想,唤起共鸣,使即席讲话的效果更为理想。所以,平时积累和选择话料是领导干部讲话成功的一个重要方面。

领导干部成功的讲话除了能使听众在精彩的话料陈述中受到启发以外,还能使人感到在言语之间,甚至在言语之外都存在着对表达的观点的强大支持。这种支持既来源于观点的科学性,又来源于丰富的话料。

那么,领导干部应该选择什么样的话料呢?

（1）要选用支持观点的话料

领导干部进行会议讲话时必须注意选择能够反映观点、支持观点的话料。只有这样的话料，才能使观点形象化，成为观点的依托，使话料与观点有机地统一起来。观点对话料的选择有客观的制约性。不能不负责任地乱用，否则就难免说"废话"。"少说废话"的道理很简单，但要做到这一点并不容易。

（2）要选用翔实准确的话料

"实事求是"是会议讲话的一个基本原则，要做到讲话实事求是，重要的是保证所运用话料的翔实、准确。对待话料不能采用实用主义态度。不能对话料任意加工、添枝加叶、主观臆想、随意引申，或者把道听途说、支离破碎的信息拿来拼凑当作话料的做法，都是领导干部在会议讲话时不可取的。

（3）要选用典型、深刻的话料

一段话不可能面面俱到，要说明一个道理，总是要通过"个别"反映"一般"的。这就要求说话时要选择典型的话料。典型，就是要求说话时能够深刻反映事物的本质，具有广泛的代表性。毛泽东同志说："材料是要搜集得愈多愈好，但一定要抓住要点和特点（矛盾的主导方面）。马克思研究资本主义，列宁研究帝国主义，都收集了很多统计材料，但并不是全部采用，而只是采用最能表现特点的一部分。"这里所说的"抓住要点和特点"就是抓住典型。《三国演义》中有一段"白门楼斩吕布"的故事。当时，吕布被曹操所擒，曹操考虑到吕布武功盖世，有意饶其不死，收在自己帐下。为此，他征求刘备的意见。刘备本可以给曹操列举不少吕布的劣迹恶行，但刘备担心吕布归顺曹操后，壮大了曹操的力量，不利于自己日后称雄天下，为免除后患，希望曹操处死吕布。他仅选择了吕布心毒手狠、恩将仇报、曾亲手杀死义父的典型事例来说明问题，他当时只说了句："公不见丁建阳、董卓之事乎?"一句话，提醒曹操想到吕布反复无常，很难成为心腹，弄不好自己也要落个丁建阳、董卓的下场，成为吕布的刀下之鬼。这一来，便促使曹操下决心，立斩吕布。

> 刘备的妙语,妙就妙在抓住了典型的话料,点明曹操根本利害所在,彻底改变了曹操原来的打算。这就是人们常说的"讲话要讲在点子上"。

(4) 要选用生动、新颖的话料

在"翔实""准确"的基础上,"生动""新颖"也是选择话料的一个重要标准。因为生动形象的话料,能够调动听话者的主观能动性,引发联想,使之如见其人,如闻其声;也能够使会议讲话声情并茂,增加表达的感染力,唤起听众的共鸣；**新颖而有特色的话料能使听众耳目一新,启发听众的兴趣,给听众留下深刻的印象。**

那么,什么样的话料才是生动、新颖的呢?

话料的生动性表现在:它能准确、形象地反映观点,能缩短说话者与听者之间的心理距离,能沟通双方的感情,使听话者感到说话人的真挚、诚恳,从而增强讲话的感染力。

话料的新颖性表现在:它不是流水账式的繁琐无奇,也不是老生常谈的内容,而是听者闻所未闻的事情,从而增加材料的新鲜感。

2. 讲话的语言要富有知识性

领导干部要使自己的会议讲话充实动人,必须具有丰富的知识性。知识可以使演讲产生魅力,知识可以使演讲闪现光彩。那么如何才能让讲话富有知识性呢?

(1) 要有生活常识色彩

处处留意、时时积累各种常识,对演讲来说是十分有益的。领导干部的会议讲话要尽可能地掌握各种有用但又极其普通的生活常识,如风俗人情、乡土言谈、趣闻轶事以及谚语笑话等。各种知识在的恰当运用,常常可以取得很好的效果。

(2) 要有专业知识色彩

领导干部的会议讲话需要常识,更需要专业知识。如果说常识能使演

讲显得生动、活泼，那么，专业知识却可以使演讲深刻、严密。领导干部的专业学识水平直接关系着听众获取的知识量（或称信息量）及其质量。领导干部的专业知识丰富且有较深造诣，演讲就能深刻，给人以启迪。

（3）要符合逻辑

语言学家吕叔湘、朱德熙在《语法修辞讲话》中指出："要把我们的意思正确表达出来，第一件事情就是要讲逻辑，一般人所说'这句话不通'，多半不是语法上有毛病，而是逻辑上有问题。"显然，逻辑是正确表达思想的首要条件。领导干部要使自己的演讲概念准确，判断恰当，推理合理，论证有力，同样要依靠逻辑，使之符合逻辑要求。

（4）要善于运用警句

警句，就是诗文、谈话中言简意深、语意新颖、警策动人的句子。在领导干部讲话中适当使用警句，往往能够妙趣横生、余味无穷，使听众眼界大开，收到事半功倍的效果。

3. 让即席讲话不同凡响

有时，领导干部会以与会者的身份被邀请作即席讲话。应当说这是群众出于对领导干部的信任，准备认真地听一听领导干部的意见。千万别把它看成是"赶鸭子上架"，恰恰相反，这正是领导干部展示随机应变能力与分析总结问题水平的大好时机。**精彩的发言，可以收到"一石激起千层浪"的效果，令听众动容，同时树立起领导干部的个人威信，真正令下属生出由衷的钦佩之情。**

（1）做好准备

有些领导干部认为即席讲话就是临场发挥，不要做什么准备，一上来便先"啊"一阵儿，然后便是"今天我本来不打算讲，既然让我说，我就随便讲几句话"，随后便侃侃而谈，既无话题，又无观点，简直是没话找话说，短话长说。人们会问"他到底在干什么？"虽然是即席发言，仍可以做准备。一般来说，会议的议题会事先通知领导，某些相关资料也会发到其手上，这些都为发言划定了一定范围，对要讨论的内容心中有数，就不至于闹出南辕北辙的笑话。

（2）明确话题

领导干部在开口前，略加思索，尽可能选择合适的话题，这对即席讲话的成功是十分重要的。在讲话的全过程中，围绕话题展开，就不会信口开河，前言不搭后语。总的说来，选择会议话题总的来说要审时度势，紧扣主题，根据会议进行的情况合理取舍。

> "实事求是"是即席讲话的一个基本原则，作为领导干部说话要尊重事实，保证自己选用的材料都是翔实、准确的，才能获得听众的信任，收到预想的效果。

（3）言简意赅

即席讲话时间都不长，多则五六分钟，少则两三分钟；内容相对集中，一次只说一个问题，力求说深说透。许多人并不明白精练的重要性，几分钟可以讲完的内容偏要洋洋洒洒地谈上半天，如同温斯顿·丘吉尔对他儿子兰道尔夫的性格所做的评价一般："他空有一门大炮，却没有多少弹药。"只要把自己想要表达的意思说清楚，讲透彻，不必长篇大论，一样会给人留下深刻的印象，这正是"言简意赅"的精妙所在。

（4）通俗易懂

讲话要让人听懂，这是对发言者的基本要求。讲话人若是板着脸孔，卖弄辞藻、用一些艰涩的语汇，只会令听者敬而远之，这样的讲话无异于浪费时间。在讲话过程中，应力求用最通俗易懂、生动形象的语言来表达自己的意思，这样，听众觉得很轻松很亲切，而发言者所讲的道理也易于被人们理解和接受。

（5）先声夺人

领导干部发言，能不能一开始就抓住听众，往往决定着整个讲话的成败，好的开场白就像一个出色的导游，一下子就可以把听众带入讲话者为他们拟设的环境；好的开场白是演讲人奉献给听众的一束迷人的花朵；好的开场白最易打开局面，便于引入正题。因此，领导干部发言开场白应尽量避免平铺直叙、平淡无奇，要努力做到不落俗套，语出惊人，这样才能出奇制胜，先声夺人。

4. 领导干部会议上插话的技巧

会议插话，通常是指领导干部在会议进行中，打断正在讲话发言者的思路，或是借题发挥，或是补充、强调的一种随时讲话。一句或一段精彩恰当的插话，不仅能活跃会场气氛，引起人们听讲的注意力，还能起到画龙点睛，升华主题的作用。如果是突兀生硬、无关痛痒、不合时宜的插话，则会成画蛇添足之笔。**同是插话，由于使用的方式不同，时机的把握各异，效果大相径庭，足以使人玩味和思考。**

由于插话是人们在他人的谈话表达过程中，有针对性地、不失时机地运用语言进行的一种交际形式，事先难以预料和把握，更谈不上经过认真和周密的准备。那么，插话是不是毫无规律、随机即兴而发呢？答案是否定的。任何事物都有自己运行和发展的规律，插话也不例外。它除了日常加强领导干部自身思想文化素质的修养外，在具体运行中，还是有一些基本原则和方法可循的。开会的时候，有些领导干部不大注意选择插话的时机，只要觉得自己有话可说就憋不住，不分先后地往外倒。这样插话的结果，对正在发言的人并没有起到很好的配合作用，反而造成了某种程度的"冲击"，影响了会议效果。这样做至少会产生两方面的负效应：一是作为主讲的领导干部可能会想，"是不是我讲得不好，既然这样，干脆你讲得了"。二是作为听众也可能产生逆反心理："你老是打断别人的发言，我们到底听谁的呢？"所以，领导干部在插话时，一定要注意选择好时机，只有认为是应该"补充几句"才足以说明问题的时候才去插上几句。

插话不仅要选择好"插缝"，而且要插在点子上。插话要环环相扣，句句"插"到点子上，决不能信口"插"话。为了哗众取宠而故弄玄虚的新鲜离奇的插话，会大大降低插话者本人的威信。一句好的插话能将会议推向高潮；一句不好的插话能把会议方向引偏。插话一般都是对讲话的补充，因此，它应与会议主题有密切的关系。如果是可有可无的插话最好不说。因为，发言人正在讲话中，思维具有连贯性，一旦被打断，势必会影响发言人接下来的发言效果。假如插话不能讲到点子上，还引起听众的不快。所以插话还要考虑好话题，所要补充的话必须是会议精神的重要组成部分，或是主讲人没有讲够、讲透、讲深、讲细的内容，只有在这种前提下"插几句"才能奏效。

语言的使用要服务主题，不拘一格，灵活多样，这是插话者敏锐、机智、善变等素质的集中体现。可供插话者的时间很短暂，要求语言使用一语中的，点到为止，不要言不及义，无的放矢。还应注意语言要干脆利索，简明扼要。因此，作为插话者必须努力做到"短些，短些，再短些"。

冰冻三尺，非一日之寒。插话语言的修养非朝夕之功，是领导干部综合素质和各方经验的集中体现。要丰富插话语言，应注重加强语言积累，着重进行自然、灵活、准确、简明的语言训练。自然，"何意百炼钢，化为绕指柔"。插话的语言要顺其自然，切合时境，不要刻意雕琢，要达到呼之欲出的境界。

> 插话应以短见长，幽默而富有感染力。抓住重点，三言两语，讲完即收。衡量领导干部插话有没有水平，是否精彩，并不在话的数量，而在于话的质量。话虽不多，但要条理清楚，言语合适。

四、善于组织会议讨论

组织好会议讨论是一门领导艺术。作为会议组织者，既不能搞一言堂，压制不同意见，以防造成会议冷场；又不能缺乏管理引导，造成会议跑题，对会议冲突纠纷束手无策。会议组织者需要运用灵活的会议组织艺术，巧妙地处理干扰会议主题、会议程序的情况，引导会议讨论围绕中心议题有效地展开。

1. 巧设议题，鼓励发言

对议题而言，一要使议题符合要求，二要使议题安排得当。

议题要符合下列要求：①时机适当。所要讨论的议题应是工作中急待解决的问题，并且时机适当。②组织有序。所讨论的问题系属会议权限范围之内的事情，议案执行有组织保证。③主题明确。会议议题中心是什么，要解决什么问题，必须使到会者明确。④经济节约。应当考虑该项议题提交会议讨论所需花费的时间、人力和经费是否合算。

会议要根据议题来合理安排会议程序，以下几点可做参考：①需要立即做出结论的议题应排在前面，可以留待下次决议的问题可排在后面。②需要会议成员集中精力商讨的问题，应安排在会议的前半段，大家都很关切的问题可放在稍后。③议程最后一项以取得大家的意见一致为好。④有些议题将缩小和扩大参加讨论范围的，最好是在会议的最前或最后。

一般来说，会议有四个主要目的：一是通过会议的形式传递信息；二是征求对于某项决策的意见；三是评论解决某个问题有何方法；四是提出新设想，引导大家提出新观点和意见。为了顺利地实现这些目的，与会者要畅所欲言，充分交流。而领导干部由于是会议的发起人和主持人，对会议成败负有重要责任，所以要掌握一定的方法。

首先，创造平等相待的气氛。会议要达到目的，需要所有与会者真诚地投入，这必须建立在平等的基础上。如果领导干部高高在上，对于群众的呼吁不闻不问，或者只是以某次会议作为装点门面、显示民主的工具，甚至以主人的姿态强迫命令，不仅不能达到效果，反而会引起下属的反感。久而久之，必然损害领导干部的威信和工作绩效。因此，领导干部必须牢记：下属与自己之间是平等的。召开会议也正是为了请教他们的意见和想法。

其次，讲出真诚热情的话语。讲真话，是开会时领导干部使用语言的又一项基本要求。有时下属会把会议当成一次了解领导干部意图、反映自己心声的机会，希望借此机会了解工作部署，解决实际问题，提出自己的创见，同时也对领导干部进行民主监督。因此，领导干部必须言之有理，持之有据，不刻意渲染成绩，也不隐瞒回避问题。

最后，避免过于激烈的争论。保持一定程度的争论将有助于保持会议的热烈气氛，不会出现冷场的情况。但是，过于激烈的争论容易导致一种敌对情绪，进而阻碍双方继续的交流，甚至制造出新的矛盾。因此，应该防止出现这种现象。

> 有些时候，会议会成为发泄私人恩怨的最好场合，更会有人利用它来给部门、单位的工作制造麻烦。领导干部更易成为恶语中伤的对象。这种时候，是勃然大怒，还是冷静下来，泰然自若地应付就看领导干部的涵养了。

2. 会场上调动与会者情绪的妙法

作为领导干部，能否在会场上把下属的情绪调动起来，在很大程度上体现了他用人能力的高下。**在会场上调动下属的情绪是必需的，因为只有一个有活力的会议方能够真正做到思想沟通，才能真正发现问题，解决问题。**否则的话，下属就很难说出真心话，开会就起不到任何的作用。尤其是某些定期会议，若缺乏热烈情绪，会议就只能流于一种形式。

那么领导干部如何在会议中提高下属的情绪，避免会议形式化呢？可以参考以下几点意见。

首先，要对下属开诚布公，鼓励其说心里话把解释条条框框，反面的意见更好，不要使发言流于形式。不要让他们有当作报告，也不要他们只报告成绩，而不提问题或意见，要鼓励下属不打草稿，不做事前准备，心里怎么想就怎么说。

其次，要敢于批评下属避重就轻、不敢正视问题的报告方式，尽可能给他们当面指出来。比如说当听到了"很顺利""没有问题""没有值得报告的地方"等字眼时，领导干部就应该给予当面的指责，要问清楚，他们是由于真没发现问题，还是心里有话不敢说。要敢于说一些刺激他们的话，如"发现不了问题，就说明对工作不负责、不努力"等之类，以此调动他们说心里话。领导干部以这样的方式鼓励他们，便会增强他们的责任感,同时也会调动许多下属的会场情绪。

最后,每一次会议都要有一个圆满的结果,最好准备好时间,定下会议的结论再结束会议。如果一个会议结束了而没有结论,那等于半途而废。下属甚至会因此对你做事情的能力产生怀疑。

总之,在会场上,领导干部把下属的情绪调动起来是至关重要的,一次又一次成功的会议,必会大大加快你成功和辉煌的步伐。

> 会议是工作的一面镜子。领导干部在把经验和意见传给下属的同时,也会从下属身上获得不少信息,既了解了他的性格又提出改进的要求。要知道,这些对于一个领导干部是至关重要的。

3. 在讨论中,要正确对待反面意见

"兼听则明,偏听则暗",光懂得让人讲话的好处是不够的,还必须具有能够容纳各种不同意见的宽阔胸怀,要有从谏如流的气度和精神。这样,才能够在自己管辖的范围内,逐步培育出一个允许下级充分发表意见的良好环境。在会议讨论中,经常会有人提出反面意见,对此,要认识到这是很正常的现象。**领导干部应正确对待那些反面意见,并从反面意见中吸取智慧。**

(1) 反面意见不一定是错误意见

在会议讨论中,会产生与上级或居主流地位的意见相反的意见。**"反面意见"这个词,并不包含有内容是否正确的含义,它可能是错误的,也可能是正确的。**因此,不能将它同错误意见混同起来。明确这一点,负责人主持会议时,才有可能在思想上重视听取反面意见。

(2) 提反面意见未必就是和领导唱对台戏

有的领导干部在会议讨论过程中,一听到反面意见,就觉得下级有意跟自己过不去,和自己对着干。这就大错特错了。对着干的只是个别现象,绝大多数人并非如此。人们看问题的角度各不相同,认识、判断能力也不一样,意见相左、观点相悖,都是正常现象。用不着大惊小怪,更不

能胡猜乱疑。如果把反面意见视为居心叵测之物，那就只能让人家顺杆爬，捧着说了，征求意见也就没有任何实际意义了。

（3）确立真理不能没有反面意见

在组织会议讨论时，要认识到反面意见是认识真理过程中不可或缺的因素。马克思有句名言："真理是由争论确立的"。要争论，就需要有几种不同的意见，特别是反面的意见。如果没有反方只有辩方，争论就不复存在。反面意见可以激发想象力，使思想活跃，冲破既有的思想框框，产生新的想法。

> 管理学家杜拉克在《有效的管理者》一书中说过："想象力就像水一样，必须打开'水龙头'才会流出来。而激发争辩的'反面意见'正是想象力水管的水龙头。"

会议讨论中有了反面意见，就可以激起相互辩驳，相互诘难，从而相互启发，相互提高，使对问题的认识更全面、更深刻，使原有的意见得到补充、完善和修正，有时甚至为新的更好的意见所代替。

（4）处理反面意见要妥善

出现反面意见时，会议负责人既不要断然拒绝，也不要急于解释，而应以热情欢迎的态度，认真地耐心地听取，要让提出者详尽地阐明自己的意见和理由，然后对他们的意见进行认真的分析。**对其中合理的部分应肯定，并纳入到方案或决议之中，有的合理意见由于某种客观原因一时不便纳入的，也应明确说明，以使提意见者理解**。对其中不合理的部分，则应通过讨论，从正面说明道理，帮助提意见者提高认识。

在一般情况下，对反面意见，会议负责人不宜采取少数服从多数的方式予以否决。因为少数人的反面意见也可能是正确的，"真理往往在少数人手里"。有些具有突破性的真知灼见，也往往是由少数人甚至个别人提出来的。所以，不轻易采取少数服从多数的表决方式解决问题，有利于保障可能存在于少数人手中的正确见解。即使在客观形势要求必须马上做出决定，需要采取少数服从多数的表决方式时，也应允许少数人保留意见。

在主持会议、讨论某项议题时，若能用上面四种方式对待反面意见，那么就能处理好各种不同意见之间的关系，也能集思广益，博采众长，制定出正确的决策。

4. 平息讨论进程中的争吵与纠纷

会议活动中发生不同意见的争论，再严肃、再尖锐、再激烈，只要是据理以争、心平气和，都是正常的。有时，会上会出现争吵、无理纠纷，使会议开不下去。这就需要主持会议的领导干部立即去平息它，恢复会议的正常秩序与气氛。领导干部平息讨论过程中的争吵和纠纷共有三种情况：

（1）平息意见分歧造成的争吵和纠纷

平时长期的思想深处的分歧发展到成见、偏见，两者对重大问题的认识往往不能统一，再加双方气质都带有"钢"味，能伸不能屈，就往往会发展到"就算你说得对我也反对"的程度。这种成见、偏见只要带到会议上来，就会形成一方发言稍微有影射之意，对方就立即反击，引起争吵与纠纷。对此，主要是须把工作做在平时、做在会前。**在会上，主持会议的领导干部要高度警觉，当一方的影射出口之后，密切注意对方的反应。**若对方气恼表情已显现出来，应即插话，既肯定发言人的合理意见，又指出其影射他人的态度是不对的，即把对方的反击阻止在萌芽状态。

（2）平息人身攻击造成的争吵和纠纷

出于个别人发言中有侮辱、人身攻击的意思，引起被侮辱、被攻击者的强烈不满而引起的争吵、纠纷。对此，主持会议的领导干部可从会议机构的严密性、会议名称的严肃性、会议议题的严谨性出发，以严肃的表情指出会议应当继续讨论什么，并应即示意有威信者发言。

（3）平息争强好胜造成的争吵和纠纷

若争吵双方本无成见、又非有意，只是各自都喜欢钻牛角尖，嘴不饶人，好贪图争论占上风的便宜。因而在一言两语上纠缠不休起来，对此，主持会议的领导干部可从大处肯定双方发言的合理之处。点明处于下风的一方就原来的合理之处继续发言。

> 在制止争吵与纠纷的时候,主持会议的领导干部要及时处置,不可任其发展;要从会议大局出发说话,不可就纠纷的微小细节仲裁。要镇静,不可因反感而气恼发火。

主持会议的领导干部若能把自己当成运动场上公正的裁判,就能平息讨论中各方的争吵与纠纷。

第七章
执行上级决策与指示能力的修炼

古人云："道虽迩，不行不至；事虽小，不为不成"，"为政贵在行，以实则治，以文则不治"。反对空谈、强调实干、注重执行，狠抓落实，是我们党和政府工作的一个优良传统。抓落实，关键在于执行力。执行力是对领导干部工作能力的重要检验。党的十八大为全党和全国人民提出了新时期一系列的战略部署和重要任务，能否贯彻落实不走样，现在的关键就在于各级党政领导的执行力如何，是分解任务、明确责任、加强督查、落实到位，还是空谈作秀、讨价还价、我行我素、大搞形式，关系到十八大目标任务的实现，关系到党的执政地位的巩固和国家的长治久安，同时也关系到领导干部个人的业绩与前途。

一、及时地行动，执行拒绝拖拉

衡量领导干部的工作效率与水平，行动可以用来证明一切。事业能否发展，群众是否满意，都必须依靠各级领导干部通过不断执行与落实的行动来体现，文山会海、标志口号是不能解决任何问题的。只有行动，行动，再行动，才能让党政机关的公信力不断提升，才能使党和政府的规划目标和战略任务得到实现。

1. 有效的执行力是决策实施的关键

领导干部执行力的强弱已成为各级党政机关能否有效执行党的方针、政策的关键，如何快速而有效地提高执行力，是当今各级领导干部共同关心和研究的一个重要课题。对领导干部来说，其能力的差距往往表现在执行力的高低上。

现实的工作中，会出现经常开会、提出了不少计划、做出了不少决定，但结果大都成了一纸空文的情况。没有落实的计划和决定可以说一抓一大把。**落实难，重要根源就在于执行力的欠缺。**

从"落实难"中可以看到，执行是一切正确决策能否实施的关键所在。做出决策和制定政策，事情只是做了一半，另一半而且是更重要的一半就是要努力贯彻实施。要把党的事业不断推向前进，既需要有正确的理论、路线和方针政策的指引，还要有良好的精神状态和扎实的作风，经过艰苦奋斗，把各项工作落到实处。

执行，就是去做，是把理想、计划等一切美好的东西转变为现实的唯一途径。实践证明，有效的执行是决策的生命力所在，执行出效益，执行出生产力，执行是一切正确决策的生命线。可以说，领导干部的执行力决定了党政机关工作的成败。

当前，各级党政机关所确定的正确的发展思路，制定的一系列合乎实际的政策，为什么没能产生足够好的效果？问题的关键在于没能得到有效的执行。有些党政机关只重形式，不求实效，满足于开开会、发发文，会议落实会议，文件落实文件，一项工作层层布置，层层不落实，部署时雷声大，落实时雨点小。有些党政机关责任不分，奖罚不力。布置工作责任不清楚、不细化，一项工作参与的人很多，扯皮的人很多，负责的人却很少，没有责任制，更没有责任追究制，干好干坏一个样。有些党政机关工作方法不当，忙而无效。由于学习不够，发现不了事物的规律，抓不住问题的关键，思路不新，方法不多，措施不力，致使作用不明显，甚至有副作用。这些都是落实不下去的具体体现。这种状况直接影响经济和其他各项事业的发展，必须克服。

执行力是领导干部将决策贯彻落实并付诸实施的必备能力，是衔接决策与结果不可缺失的重要环节。一些战略方案和预期目标不能得以实现，在很大程度上与执行的力度有关，执行力欠缺，再好的决策也只能成为空中楼阁。

> 对一个现代组织来说，要想获得未来的发展，最重要的不光是有多么远大的目标，而是为实现组织的目标立即行动起来。这种"行动起来"就是执行力，只有具备执行力，才能把科学的规划与决策变为现实。

2. 优秀领导者应当是善于执行的高手

对领导干部而言，执行力是一种工作态度、精神状态，是一种思想作风、工作作风，也是自我能力的具体体现。领导干部的执行力是一种综合能力，包括政策领悟力、实践结合力、团队建设力、协调沟通力、过程控制力等。

（1）政策领悟力

各级领导干部对要执行的政策必须正确理解，深刻领会，只有充分理解政策的重大意义，才会自觉地、坚定地、持之以恒地去执行；只有深刻领会政策的精神实质，才能完整准确地去执行，达到预期效果。**理解深**

刻，领悟透彻，执行起来就能有效地结合实际，融会贯通、举一反三。

(2) 实践结合力

它要求领导干部一方面要了解"上情"，也就是充分领悟上级政策或决策的目的和精神实质；另一方面要理解"下情"，把握本地区、本部门的优势和不足，在此基础上去"结合"。政策结合力是执行力的核心，结合力强不强、结合点找得准不准，都会直接影响执行力的强弱。

> 领导干部要提高政策结合力，就是要在执行中把政策与实际结合起来，把原则性与灵活性结合起来，拿出具体可行的措施，把上级决策落到实处，做到宏观精神具体化、抽象理论实践化。

(3) 团队建设力

一个领导干部的能力不足可以通过强有力的团队得到弥补，而一个强有力的个人却可能因缺少强有力的团队支持而黯然失色。本组织、本部门、本单位就是一个团队。只有优秀的团队才能有强大的执行力，打造一个执行力强的团队是政策执行的保证。上级决策、决定和要求的贯彻执行，要达到"横向到边、纵向到底"的标准，必须分层级进行，每一层级团队在执行上的不协调、不到位，都可能给事业带来不可估量的损失。是否善于与人团结共事和精诚合作，是衡量一个领导干部执行力水平的关键。每一个领导干部一定要强化整体意识和大局观念，加强与同事在思想、认识、信息、感情方面的沟通交流，做到互相信任、互相支持、互相配合、互相补台，形成工作的合力，齐心协力建设团结和谐的、高素质的执行团队。

(4) 协调沟通力

执行力是一种服从，但绝不是消极、被动和盲目的服从，而是理性的服从，是建立在主体能动作用基础上的服从。领导干部要善于打造多元的执行沟通平台，要通过多种形式和渠道，广泛吸纳各方面的真知灼见，扩大决策的群众参与面，群众对政策了解得越透彻，执行就越容易。要善于疏通执行过程中的梗阻。

群众一时不懂的"政策问题",一时不通的"意气问题",一时不服的"利益问题",要耐心细致做工作,动之以情、晓之以理,本着求细、求深、求实的原则,把群众说懂、说通、说服,使群众理解、接受、认同党的路线、方针和政策,主动配合支持政府的工作。

(5) 过程控制力

执行力发生在宏观与微观、决策与执行、政府与群众的交叉点上,执行过程的控制非常关键。领导干部在执行中的过程控制力直接关系到政策是否变形、落实是否到位、群众是否认可。过程控制力是一种约束力、监督力和惩治力。领导干部执行过程控制中,必须以群众最直接、最现实、最紧迫的利益为工作的出发点,倾注全力为人民群众办事情,把好的方针政策落实下去。**领导干部要善于抓住重点性问题、突出性问题、苗头性问题和倾向性问题**。对执行过程的控制是为了更好地完善执行的各个环节。要请群众广泛参与、监督,让群众说了算。

执行过程中要突出重点,分清轻重缓急,集中力量解决一批大事、难事。执行之后要注重绩效考评。必须讲成本、讲质量、讲效益,真正做到少花钱多办事、花小钱办大事。

为政之要,贵在落实,落实之要,贵在执行。只有广大领导干部坚决贯彻落实中央的各项政策方针,才能使我们的经济发展更有活力,才能使百姓民生得到更多实惠。而这一切,抓好落实最关键,只有落实得好,才能执行得好;执行得好,才能出效果,出政绩。

3. 执行力总是落实到行动上

执行力落实到行动上,对领导干部个人的成长进步也有重要的推动作用。每个领导干部走上工作岗位都有很多美好的愿望,都一心想在工作上出成绩,不断进步,并努力去实现这些愿望。但是工作了一段时间后,只是让自己的想法和愿望在头脑中飞奔,在心底沸腾。当热情退去,发现自己还是停留在原地不动,甚至离自己理想目标越来越远。什么原因呢?很重要的一点就是执行力的缺位,行动上落实不够。

对领导干部来说,行动才是自己实现工作目标和个人愿望的唯一途径，如果不能勇敢地实践和行动，任何完美的计划都等于零。虽然有时候自身的条件并不成熟，道路中的苦难远比想象的多得多，可是一旦付出行动，那就已经在成功的路上。即使没有太多的优势，但是行动的那一刻，就已经领先了。

有位伟人说过："不要做思想的巨人、行动的侏儒。"想到只是聪明，行动才是智慧。有许多人在这个世界上庸庸碌碌一生，并不是他们不够聪明，有许多人在社交场合不被别人重视，并不是他们不懂交际。原因只是因为这些人没有把漂亮的言辞转化为实际的行动，因而被看成夸夸其谈之辈，无法赢得别人的信任和尊重，最终郁郁寡欢、庸碌一生。

拿破仑说过："**想得好是聪明，计划得好是更上一层的聪明，而做得好是最聪明、最好的。**"任何伟大的目标、伟大的计划，都应该落到实际的行动之中。漂亮的言辞不能代替实际的行动。通常，一个人的行为会影响他的态度，因为积极的行动能带来及时的反馈和成就感，也能带来成功的喜悦。因此，领导干部要想做一个有成就的人，就应该选择从行动开始，这样，才能赢得各方面的尊重和支持。

那么领导干部在日常工作中，该如何做才能促使自己行动到位，行动有为呢？

（1）打消顾虑

综观我们身边一些失败的人，他们为什么会失败？稍微分析一下我们就会发现，这些人在做事情的时候总是顾虑重重，特别是刚开始做一件事情的时候，更是如此。更可悲的是，一些原本很好的项目就死在了这种"顾虑重重"之中。由此我们可以发现，企盼"万事俱备"后再行动，我们的工作也许永远没有"开始"。一旦陷入"万事俱备"的泥潭，我们将不知所措，无法定夺何时开始，时间一分一秒地浪费了，我们陷入失望的情绪里，最终只有以懊悔面对悬而未决的工作。

（2）马上去做

马上去做应是出色领导干部的做事理念，任何规划和蓝图如果不马上去做，都毫无价值。很多领导干部之所以能成就突出，不是事先规划出来的，而是在行动中一步一步不断调整和实践出来的。规划很有可能会束缚自己的手脚，让自己变得畏葸不前。要知道，规划的东西是纸上的，与实际总是有距离的，规划可以在执行中修改，但关键还是要马上去做。假如只有目标没有行动，再好的计划也是白日梦。

(3) 迅速做出决断

如果领导干部想在第一时间里完成工作，就必须在很短的时间内做出决断。虽然迅速决断可能会让自己犯错误，但如果行动拖拖拉拉、犹犹豫豫，即便不会犯错，但是会失去很多机会。

> 每个人的潜能都是无穷的。潜能要通过行动来挖掘，行动可以促进潜能的开发，从而给人带来更大的成功。要想成为一名工作出色的领导干部，就必须要在工作中积极努力地行动。

4. 雷厉风行，让快速行动成为一种习惯

《孙子兵法》中有一个重要的原则，就是"兵贵神速"。正如叶剑英元帅所说："在一定条件下，时间因素对战斗的胜败起着决定的作用。"确实如此。经历过战争打过仗的军事指挥员都懂得，有时作战增加一个营、一个团都不能解决问题，而提早一个钟头就可以解决问题。如果我军进攻，就能把敌人抓住；如果我军退却，就能摆脱敌人。一旦时间延误行动不到位，失败就是难免的。所以，要避免失败打胜仗，就必须让快速行动成为一种习惯。

雷厉风行、快速行动的作风，不仅适用于战争，也同样适用于当下工作。在快速变化的社会环境下，执行力已成为政府工作优劣的标尺。对领导干部来说，关键不在于做什么，而在于如何尽快地做好！当然快与慢是辩证的，因为快速执行并不是要求领导干部为了完成目标而不计后果，不是为了抢速度而降低我们的质量标准。迅捷源自能力，简洁来自渊博。领导干部的快速执行首先要建立在强大的思维能力基础之上。杰出的领导干部能够不断探寻业务模式和事物的因果关系，能够尝试从新的角度看问题。

作风有两种：一种是闻风而动，另一种是雷打不动。前者是接到上级任务和下面来的事情，像接力赛跑一样，拿到任务马上就去布置，马上解决；后者是踢皮球，你踢给我，我踢给你，这种作风是官僚衙门办事的作风。各级政府机关和广大领导干部要打破官僚主义的拖沓现象，不要把任务交代下去就石沉大海，杳无音信，这是人民群众最愤恨的作风。

当前，有些政府机关部门人浮于事、执行不力、行政效率低下；一些领导干部庸庸碌碌不负责任，不思进取，办事拖拉无所作为，工作散漫不在状态，严重影响单位和部门的执行力。这样下去，必定会严重影响工作，贻害我们的事业。因此，增强雷厉风行、真抓实干的执行力势在必行。

雷厉风行既是工作作风，也是工作态度。雷厉风行，就是贯彻上级指示必须态度坚决，行动迅速，抓落实不能有疲沓的作风。对于已经确定的大政方针、既定目标、各项工作彻底落实，不折不扣，讲求工作效率，做出成效。那么，作为领导干部如何大力培养雷厉风行的作风、让快速行动成为一种习惯呢？

首先，要有一股子"闯劲"。只有保持时不我待、只争朝夕的劲头，工作中的问题、困难才会迎刃而解。对广大领导干部来说，这样不仅影响个人的成长进步，而且事关党政的工作和政务事业。

其次，要有一股子"巧劲"。雷厉风行的作风，并不是没有思考的憨闯蛮干，而是在科学理论指导下的巧干实干。当然，领导干部的"巧劲"的获取来源于对实践的深刻认识和把握，在工作中要多调查、多体会，形成清晰的工作思路，提出切实可行的工作措施，以此来推动自己的事业不断前行。

最后，要有一股子"实在劲"。这是对工作高度的使命感和责任感。培养领导干部雷厉风行的作风，关键在落实。鼓"实在劲"，办"实在事"，凝神聚力，狠抓落实，不断推进政府的各项工作。

5. 力戒拖拉，一分钟也不要拖延

当今党政机关中，一些领导干部都有一个不好的工作作风——拖拉。

本来可以随手处理的事，要拖几天或几周才去办；几天内可以办好的事，几个月都办不好；今天该做的事拖到明天完成；现在该打的电话等一两小时以后才打；这个月该完成的报表拖到下个月；这个季度应完成的进度要等到下一个季度……还有的人对需要解决的问题有意识地"踢皮球"，你踢向我，我踢向你，这样导致工作效率极低。

对每个想将工作做得又好又快的领导干部来说，拖延都是致命的。**一旦遇事开始推脱，就很容易再次拖延，直到变成一种根深蒂固的习惯，以至于很多工作根本没法开展。**

> 美国社会活动家富兰克林就曾经说："懒惰就像铁块生锈一样，比过度操劳更能损耗人的身体。"这句意义深刻的警句和格言，也在提醒广大领导干部不要做惰性的奴隶，避免成为工作中的失败者。

领导干部如果患上了拖延的恶习，就不要指望有一天它悄悄地自行消失，更不能轻视它，认为它对自己的前程构不成什么威胁，不会妨碍自己的正常工作。其实，要想成为一名做事又好又快的领导干部非常简单，只要改掉拖延的习惯就可以了。而要改掉拖延的恶习，需要从以下八个方面入手。

（1）切勿"顺而不从"

很多领导干部在领导布置任务时答应得非常爽快，而到了执行阶段，却迟迟不肯动手。表面顺从的他们实际对任务分工有着诸多不满，不满的情绪造成了表面顺从、内心反抗的现象，进而造成了任务执行不到位或做事效率低下的结果。因此，对于上级领导干部安排的任务，首先应当以体谅的态度去理解，如果反抗的情绪实在会造成工作效率低下，则应当私下和领导讨论任务安排的问题，而不应将情绪带入工作中。"顺而不从"是一种非常不理智的职场行为。

（2）以拖延的严重后果警诫自己

拖延会侵蚀人的意志，消耗人的能量，阻碍人潜能的发挥。**处于拖延**

状态的人，常常陷入一种恶性循环之中，这种恶性循环就是：拖延→低效能＋情绪困扰→拖延。应该告诫自己，一旦养成拖延的习惯，就会经常陷入苦恼、自责、悔恨的情感状态中，不利于健康地发展自己的事业。

（3）找出造成拖延的原因

造成一个人拖延的原因有很多，通过自我核查确定造成自己拖延的原因后，就要把它写在自己能经常看到的地方，如办公室的台历上，时时提醒自己，直到改掉为止。

（4）制订科学的工作计划

在纸上写下自己的工作计划，为了督促自己践行，把工作计划贴在自己看得见的地方，或者告知朋友让他们来监督自己完成。领导干部在制订工作计划时，一方面要结合自己的实际情况，不要把目标定得太高，以免超出自己的能力范围，导致可能会因为一两次完不成任务而使信心受挫；另一方面，计划也不能订得太容易，这样不易激发我们的斗志，工作水平也不能提高。

> 将要做的事进行规划安排，能马上做的就马上做，不能马上做的要定下明确的时间。不要让那些"不应该做的事"占用时间。

（5）限时完成任务，给自己一定的激励和约束

接受一项任务后，给自己限定完成时间，如果按时完成则给自己以奖励，如果不能完成任务则给自己惩罚。在这种约束下，相信对克服拖延有一定的作用。将自己近期要做的工作列出来，给每个工作一个必须完成、不能再拖的期限。注意不要把期限定得过长并尽量把一些小的、零碎的、占时间小的工作早日完成，以节省你的大脑记忆空间。每完成一项工作，就把它划掉，这样就可以专注于接下来要做的事。

（6）行事要果决，多想办法和计谋

犹豫不决，其实是另一种拖延。所以，确定一件事就要立即去做，不要为自己寻找任何借口。将繁杂的工作，适当分解为许多小的工作，有计

划、有步骤地完成任务。

（7）要善始善终，不要半途而废

做事善始善终才会有结果。如果朝三暮四，不能盯准一个目标，每次都半途而废，是没有任何成绩的。在工作过程中，即使很普通的计划，如果有效执行，并且继续深入发展，都比半途而废的"完美"计划要好得多。因为前者会有所收获，后者只是前功尽弃。

（8）给自己挑战"不可能完成的工作"的勇气

恐惧导致拖延，拖延则会导致更深的恐惧。拖延者常常被工作的分量和复杂性吓倒，他们害怕自己无法完成任务，结果就会不自觉地把工作一拖再拖。勇于向"不可能完成"的工作挑战，是事业成功的基础。西方有句名言："一个人的思想决定一个人的命运。"不敢向高难度的工作挑战，是对自己的潜能画地为牢，只能使自己无限的潜能化为有限的成就。

只要广大领导干部按照上面的方法去做，一定会改掉拖延的恶习，重新回到高效做事的轨道上来，也一定会持续不断地进步，一步步走向成功。

二、多动脑筋，采用最有效的执行方法

如果一个人做事只知道机械地执行，那么很多时候，他的成效一定是低微的，低于预期的，甚至还不如不执行。执行，需要不断地思考，多动脑筋，高效执行。

领导干部只有不断地思考，才能在执行中创造性地开展工作，才能在执行中找到解决问题的有效方法，才能把工作真正落到实处。

1. 没有做不到的，只有想不到的

法国前总统戴高乐说："眼睛所看到之处，是成功到达的地方，唯有

伟大的人才能成就伟大的事,他们之所以伟大,是因为决心要做出伟大的事。"

政务工作中必然会有各种各样的困难,在某些领导干部看来,困难总是太大太多,以至于根本无法克服。**在善于创新的人眼中,工作没有做不到,只有想不到。**

柯特大饭店是美国加州圣地亚哥市的一家老牌饭店。由于原先配套设计的电梯过于狭小陈旧,已无法适应越来越多的客流,于是,饭店老板准备改建一个新式的电梯。他重金请来全国一流的建筑师和工程师,请他们一起商讨如何进行改建。

建筑师和工程师的经验都很丰富,他们讨论的结论是:饭店必须新换一台大电梯。为了安装好新电梯,饭店必须停止营业半年时间。

"除了关闭饭店半年就没有别的办法了吗?"老板的眉头皱得很紧,"要知道,这样会造成很大的经济损失……"

"必须得这样,不可能有别的方案。"建筑师和工程师们坚持说。

就在这时候,饭店里的清洁工刚好在附近拖地,听到了他们的谈话,他马上直起腰,停止了工作。他望望忧心忡忡、神色犹豫的老板和那两位一脸自信的专家,突然开口说:"如果换上我,你们知道我会怎么来装这个电梯吗?"

工程师瞟了他一眼,不屑地说:"你能怎么做?"

"我会直接在屋子外面装上电梯。"

工程师和建筑师听了,顿时诧异得说不出话来。

很快,这家饭店就在屋外装设了一部新电梯。在建筑史上,这是第一次把电梯安装在室外。将新电梯安装在饭店外面,这无疑是从未有过的尝试,正是这样创新的想法,缓解了客流和正常营业之间的矛盾,这就是最佳方案。

成功学家卡耐基曾经说过:"生活只需要积极的人,而消极的人只能在这个世界上逐渐萎靡,最后消失。"工作中,总会有各种各样看似无法解决的问题。这些问题就像拦路虎,挡住了去路,使人们战战兢兢,不敢前行一步。但领导干部要坚信,没有解决不了的问题,只有还未开启的智慧。只要善于努力思考,积极寻找解决问题的方法,就一定能做到本以为做不到的事情!

> 只有想不到,没有做不到。在困难面前,领导干部要善于开动脑筋,思考解决困难的方法,这是当代领导干部获取成长进步与事业成功的重要因素。

2. 讲究执行方法,才会做到事半功倍

西方有句格言:人生伟业的建立,不在能知,乃在能行。每个领导干部若想有效地实现目标,找准方法尤为重要。方法找不对,犹如缘木求鱼,就会事倍功半,收效甚微。

1917年湖南省立第一师范学校(今湖南第一师范学院),创办了一所免费的工人夜校。当时毛泽东组织一批同学去招生,开始的时候只招了9个学员,但是后来却又招收了一大批学员,到最后甚至人满为患。原因在哪里?一方面,开始的时候,他们是通过书面方式去发布招生信息,把招生广告贴在墙上,可是新中国成立前的工人几乎都是文盲,他们不会去看文字信息,这就是方法上的错误。另一方面,他们只是在说大道理——工人们来读书吧,要做一个有知识、有文化的现代工人。后来,毛泽东懂得了一定要"针对具体对象,贴近具体时间,采取具体措施"的道理,于是他和同学们带着印好的广告,分头到工人宿舍区和贫民区进行分发,边分发边讲解。这是方法上的突破,而且他们不再讲大道理,而是说:工人们来读书吧,第一,不要钱的;第二,读完书后,会识字就不会出洋相;第三,读完书以后,就会知道老板有没有少给你算工钱。最后这句话最能够鼓动工人们报名学习。正是因为针对具体对象采取了有效的具体措施,从而具体了实效。

还有一个发生在法国的故事,是法国推广优良土豆的一个"怪招"。

当年,一种高产量的土豆传到法国时,并没有引起法国农民的兴趣。为了提倡种植这种优质土豆,法国政府花了大力气搞宣传,却收效甚微,优良土豆备受冷落。后来,有人出了一个"怪招",不多久,人们突然发

现，在各地种植土豆的试验田边，都有全副武装的哨兵日夜把守。一块庄稼地怎么会有哨兵日夜把守呢？周围的农民觉得奇怪，他们判断道：这里种植的东西肯定非常金贵。于是，他们经常趁着士兵"疏忽"时溜进试验田，去偷土豆，然后小心翼翼地把偷回来的土豆种在自家的田里，用心侍弄。一个季节下来，这种土豆的优点广为人知，新土豆就这样被推广到法国各地，成为最受法国农民欢迎的农作物之一。

可见，**执行不仅要有目标，还要有切实可行的执行方法**。没有可行的方法，工人们就不会去热情高涨地参加学习，新土豆会继续备受冷落，这就是方法对执行结果的重要性。因而，领导干部在贯彻落实的实际行动中，一定要因地制宜、因时制宜地选对执行的方法，唯有这样，才能获得事半功倍的效果。

3. 抓住问题关键，一步执行到位

落实执行力关键是要到位，而把事情一步执行到位就要抓住问题的关键点，这样才可以减少不必要的麻烦，提高执行的效率。

领导干部要有效地落实好复杂的工作任务，必须学会牵"牛鼻子"，能抓住问题的关键，否则，就无法应对复杂的局面，也无法有效落实复杂的工作任务。那么，领导干部怎样才能抓住问题的关键呢？

（1）善于发现问题

发现问题是解决问题的逻辑起点，也是解决问题的前提和动力。所谓问题，就是需要落实的工作应该或可能达到的状态与现实状态之间的差距。当初，天津市的城市建设较为落后，存在着不少问题。那时天津市民流传着这样一个顺口溜："天津三大怪，自来水腌咸菜，自行车跑得比汽车快，临建棚拆得没有盖得快。"

天津市委、市政府经过调查，了解到天津市存在着用水、交通和住房三大主要问题，已经严重影响到人民群众的生活与情绪，制约了全市经济的发展。于是，市委、市政府就将解决上述问题定为需要落实解决的问题。几年后，这些问题先后得到了落实解决，天津市民由衷地感激政府。

（2）抓住主要矛盾

问题实质上就是矛盾。在事物发展的过程中，有许多矛盾存在，而且各种矛盾的发展是不平衡的。其中居于支配地位、起着决定作用的就是主要矛盾。而其他处于服从地位、从属地位的就是次要矛盾。

因为主要矛盾对事物的发展起决定作用，所以，要想使问题能够有效解决，必须抓住主要矛盾。**抓住了主要矛盾，即使是复杂的问题，也会迎刃而解。**

> 汉朝桓谭在《新论》中所说的："举网以纲，千目皆张；振裘持领，万毛自整。"打鱼时，抓住网上的大绳，网眼就张开了；整理皮袄时，抓住领口一抖，毛就理顺了。

要想抓住主要矛盾，就要求领导干部在发现问题的基础上，还要分析问题，分清矛盾的主次。

（3）寻求解决之道

抓住了主要矛盾，还要有解决主要矛盾之道。不同性质的矛盾，需要不同的解决方法。具体问题要具体分析。从方法论的角度看，解决主要矛盾，需要有辩证思维，即在联系和发展中、在对立统一中认识问题。总之，领导干部执行的过程就是不断解决问题的过程。问题随时会出现，但方法总比问题多，只要广大领导干部用对方法，执行过程中遇到的问题再难都有可能迎刃而解。

4. 以退为进，有时会使执行柳暗花明

领导干部在落实工作任务的过程中，从来不会一帆风顺。而当执行中遇到困难和问题时，作为领导干部应该百折不挠，坚持不懈这种拼搏精神必须提倡。

但提倡这种精神，并不等于说让任务承担者在解决具体难题时，撞了南墙也不回头。有时候，该回头时也得回头，能进，也要能退。因为很多

情况下,"退"是技巧,"进"是目的。领导干部在解决具体难题时,撞到"南墙"而退,并非是妥协、气馁,而是一种策略、技巧。**"退",是为了更好地"进",并最终实现完成工作任务的目的。**具体要求是:

(1) 该"退"则退,该"进"则进

古人云:"与其临渊羡鱼,不如退而结网。"领导干部在落实工作任务的执行过程中,遇到"南墙"时,与其在"南墙"边上坐以待毙,还不如勇敢地"退"回来,另辟蹊径,寻找解决问题的办法。否则,该退不退,最终只能成为"马嘉鱼"。

马嘉鱼平时栖息在大海深处。到了春夏之交,它们就逆流而上,到浅海处产卵。渔人了解到它们的习性后,就在它们要经过的水域撒上渔网拦截鱼群。渔人拦截马嘉鱼的渔网很特别:由两只小船拖着一个孔眼大小不一的竹帘,竹帘的下端系上铁坠子,放入水中拦截鱼群。马嘉鱼虽然外表很漂亮,但"思维"一根筋,不拐弯,即使是碰到了"罗网",也不后退,只知道前进。结果,一条条美丽的马嘉鱼"前赴后继"地陷入竹帘孔中,最后,成了渔人的网中物,盘中餐。

(2) 急流勇退是需要勇气的

人们常说,要急流勇退。**退,的确是需要勇气的,有时候,甚至还需要有"断臂割肉"的勇气。**日本松下公司就是"断臂割肉"的典型。

从1964年起,松下公司开始研制大型电子计算机。历时5年,累计耗资十几亿日元。然而,就在研制工作进入最后阶段时,松下幸之助却突然宣布全盘放弃这项研制计划。

原来,松下幸之助认真地分析了市场的变化和竞争对手的实力之后,权衡了利弊,发现如果再继续这项计划,必然会使公司遭受更大的损失,所以就果断地放弃了该计划。

事实表明,松下的决策是非常正确的。虽然他"断臂割肉"地损失了十几亿日元,却没有伤公司的元气。反之,如果他不顾市场环境的变化,不顾竞争对手的实力,一味地"当仁不让",其结果必然是元气大伤,难敌竞争对手,最终走向毁灭。因此,在执行过程中若发生意外情况,领导干部要善于"以退为进";因为暂时的退让是为了未来的"柳暗花明"。

三、尽心尽责,勇于对执行过程与后果负责

没有责任心的领导干部不是合格的领导干部,不能尽心尽责的领导干部不是称职的领导干部,当党和人民对政府工作不停地呼唤诚信、强调执行力、重视领导力、倡导"自动自发"、要求"没有任何借口"的时候,殊不知,责任、责任心、责任感正是广大领导干部勤政为民、做出人民满意成绩的真正支柱。

1. 责任心是高效执行的真正保障

领导干部的责任心,就是政府工作的防火墙。其实执行力的提高与领导干部的责任心息息相关。而领导干部责任心的缺失,又与党政机关的形象与公信力有关。俗话说:润物细无声。需要责任心的地方,并不一定都马上涉及组织的生存,反而往往是那些看似无大碍的小节之处。而这些小节的积累,往往就决定了组织的命运。

在一些党政机关中,人们经常见到这样的现象:电话铃声持续地响起,大家仍慢条斯理地处理自己的事,根本充耳不闻。一屋子人在聊天,投诉的电话铃声此起彼伏,可就是不接听。问之,则曰:"还没到上班时间。"其实,离上班时间仅差一两分钟,就看着表不接电话。这些问题看起来是微不足道的小事,但恰恰反映了一些领导干部的责任心。而正是这体现责任心的细小之事,关系着党政机关工作的信誉、信用、效益、发展,甚至生存。

> 古往今来,为官之责价值千金,当官责任重千钧。深刻认识和把握责任担当问题,做一个勇于担责、尽心尽责的领导干部,具有非同一般的意义。

能不能担当责任，是衡量人品高下的重要尺度。尽心尽责，是一个领导干部社会责任感和正义感的体现，是社会稳定、安全、和谐的基础，是自强不息浩然正气的象征。作为一名领导干部，在国家大事、社会难事面前，是退避三舍，还是担起责任，不仅可以看出思想境界和自我能力，也决定着自己最终是否有所作为。

领导干部作为个人的价值在于能担当。人的提升，在于能够适应更高的要求，担当更大的责任。担当的责任越多，往往证明其价值越大。人生在有责任中成长，在勇于担责中前行，在尽心尽责中辉煌。古人讲："为天地立心，为生民立命，为往圣继绝学，为万世开太平。"作为领导干部，有了这份心系苍生的责任感，怎能不激发创造力，怎能不出勇气、出智慧、出力量？有了责任感才会迎难而上、锐意进取。个人的潜能往往在尽心尽责中得到充分发挥。遇事推诿、裹足不前，在逃避担当的同时，往往也错过了成就事业的机会。**职责与使命如影相随，指引人生路径，照亮人生前程。**领导干部的人生追求要有所建树，必须坚持尽心履职，尽责担当，这是实现人生价值的重要法则。

反观现实社会，有一些领导干部，有好处可得时趋之若鹜，要承担责任时则避犹不及。面对各种责任，有的人认为自己不在其位、不谋其政，无法担当；也有的人认为自己职权有限、能力有限，无力担当；有的人则认为讲责任太沉重，担责任太劳累，不愿担当；还有的人干脆说："天塌下来有高个子顶"，自己无须担当。在日常工作中，人浮于事、推诿扯皮的现象常常出现；在危难和考验面前，逃避退缩、把一些重要的工作留给别人去做。

因此，在党政工作中，越是艰巨的任务，领导干部就越应该主动去承担。而承担艰巨的任务是锻炼自己能力难得的机会，长此以往，领导干部的能力和经验会迅速得到提升。在完成这些艰巨任务的过程中，也许有时会感到很痛苦，但痛苦会让领导干部变得更成熟，能力更强。

敢负责，就没有什么难事。即使工作中出了错，只要善于总结，及时纠正，今后再遇到同样的问题就能轻松解决了。

作为领导干部，属于自己职责范围之内的事情，就绝不要推诿。假如每个人都不愿意承担，把责任推给别人，那事业怎么发展，工作如何推动,个人又哪来的机会?所以,从现在开始,尽心尽责决不推诿。

2. 敢于对自己的工作认真负责

美国著名心理学博士艾尔森曾对世界各个领域的 100 名杰出人士做了一项调查。让他感到吃惊的是,大约有 61% 的人坦言,他们现在所从事的职业并不是他们喜欢的,或者说不是最理想的。

为什么一个人在自己不太理想的工作中,也能取得那样优秀的成绩呢?艾尔森博士走访了多位商界精英,最后得到一个满意的答案。苏珊出生于中国台北的音乐世家,从小就受到良好的音乐启蒙,她也非常喜欢音乐,期望自己有一天能驰骋在音乐的广阔天地里,但她却阴差阳错地考进了大学的工商管理系。一向认真的她尽管不喜欢这门专业,但还是认真学习,每学期各科成绩都很优异,毕业时被保送到美国麻省理工学院,攻读当时对很多学生来说都可望而不可即的 MBA。后来成绩突出的她,又拿到了经济管理专业的博士学位。现在已是美国证券界风云人物的她还是遗憾地说:"至今我仍说不上喜欢自己所从事的职业。如果可以重新选择,我会毫不犹豫选择音乐。"

艾尔森博士问:"你不喜欢自己的专业,为什么学得那么棒?而眼下的工作又干得这样优秀?"

"因为我在那个位置上,那里有我应尽的责任。"苏珊坚定地说,"不管喜欢不喜欢,都是需要面对的,那是对工作负责,也是对自己负责。"

要成为一个负责的人,最基本的一点就是要对自己的工作负责,这是一个人最基本的责任和义务。

> 如果一位领导干部,无论是在普通的岗位上,还是在重要的职位上,都能秉承一种负责、敬业的精神,一种服从、诚实的态度,并表现出完美的执行能力,这样的人一定是上级组织和领导的最佳选择,也是广大群众的最优选择。

那些在职场上表现平庸的人都有以下共性:不受约束,不严格要求自己，也不认真负责地履行自己的职责；面对一切岗位制度和组织纪律，都在内心深处嗤之以鼻，对于一切指导和建议都持抵触情绪和怀疑态度；在工作和生活之中，动辄以潇洒为借口，以玩世不恭的姿态对待自己的工作和职责；对自己所在机构的工作抱以嘲讽的态度，稍有不顺就频繁跳槽；上级稍加疏忽便自我懈怠，自甘堕落；如果没有外在监督，根本就不好好工作；对工作推诿塞责，故步自封……任何工作到了他们的手里都得不到认真对待，最终他们得到的就是年华空耗，事业无成。以这种态度面对工作和生活，还谈什么谋求自我发展，提升自己的人生境界，改变自己的人生境遇，实现自己的人生梦想呢？

作为领导干部，只要自己还是政府机关的一员，就应该抛弃借口，丢掉脑中的消极懒散的思想，以全部身心投入到自己的工作之中，以勇于负责的精神去面对自己的工作，时时处处为百姓着想。**只有改变自己的工作作风，主动清除自己头脑中的错误思想，才能成为一个真正具备勇于负责精神的员工**。才会被上级组织所重用；才会获得全面的信任，并得重要职位，拥有更广阔的工作舞台。这时候，自己的事业也就指日可待，胜券在握了。

生活总是会给每个人回报的，无论是荣誉还是财富，条件是个人必须转变自己的思想和认识，努力培养自己勇于负责的工作精神。**一个领导干部只有具备了勇于负责的精神之后，才会产生改变人生的力量**。

3. 锻造过硬的承担责任的能力

领导干部能否出色地履行好岗位职责，取决于其是否具有较高的能力素养，取决于其思想道德品质、政治素质、知识涵养、业务能力、敬业精神的综合水平。在领导干部的多方面素养中，起决定和基础作用的要素主要有责任能力。领导干部只有锻造过硬的责任能力，才能积极地"在其位、谋其政"，适应形势任务变化要求，实践科学发展观，妥善处理各种新情况新问题，保证党和政府各项任务的顺利完成。

强调领导干部要有过硬的能力和本领，从哪个方面讲都不为过。从完成党的执政使命看，我们迫切需要有一支政治上靠得住、工作上有本事、作风上过硬的行政干部队伍，迫切需要有一支能在各方面发挥先锋模范作用的社会管理队伍，只有这样，我们党才能担负起领导时代发展的重任。从增强党的威信和影响看，我们迫切需要拥有一大批既忠于党、忠于人民，又具备各方面专长和本领的领导干部，使我们的政府成为优秀人才聚集、在群众中有凝聚力和号召力的党。如果领导干部的本领非常一般，这样的领导干部不可能赢得群众的尊敬和拥护，党政机关的整体形象也会为之打折扣。

> 现在社会竞争日益激烈，领导干部如果能力有限，不要说为党和人民事业做出贡献，自身都可能面临被社会竞争所淘汰的命运。所以，于民于国于己，领导干部都应不断增强本领。

能力和本领从哪里来？从学习中来，从实践中来。**加强学习和实践，是克服"知识恐慌"、"本领恐慌"的唯一途径**。1939年5月20日，毛泽东同志在延安在职干部教育动员大会上的讲话中指出："共产党要领导革命，就要发起学习运动。抗日战争后，我们的同志要适应斗争的需要，要加强学习，而很多现象显示，我们的队伍里有一种恐慌，不是经济恐慌，也不是政治恐慌，而是本领恐慌。过去本领只有一点点，今天用一些，明天用一些，渐渐告罄了。好像一个铺子，本来东西不多，一卖就完，空空如也，再开下去就不成了，再开就一定要进货。我们干部'进货'，就是学习本领，这是我们干部所迫切需要的。"

领导干部要锻造自己过硬的责任能力，要从以下几个方面做起。

首先要加强理论学习。高尔基曾说："人的知识愈广，人的本身也愈臻完善。"对领导干部来说，要胜任政务工作，不仅要熟悉理工类科学知识，还需要了解和掌握人文社会科学方面的知识。21世纪是一个日新月异的时代，对领导干部最重要的素质和能力要求，就是要善于学习、善于自我反省和不断超越自我。每个领导干部都要积极面对新形势带来的新任务、新挑战和新考验，在学习中提高，在学习中完善，努力成为面向世界、面向未来的学习型政府工作人才。

其次，要加强对新知识的学习。**我们所处的时代，是知识"大爆炸"**

第七章 执行上级决策与指示能力的修炼

的时代，也是综合国力竞争日趋激烈的时代。在这样一个充满竞争的时代，领导干部应当带头加强对新知识的学习。要努力学习现代化建设所需要的一切知识，用人类创造的优秀文明成果充实自己、提高自己。

最后，要加强对新技能的学习和钻研。知识是能力的钥匙，但知识并不完全等同于能力。领导干部要真正做到有本领，除了要勤奋学习文化知识外，还应当钻研和掌握做好岗位工作所必需的技能。如果当机关干部的不能搞调查研究，当基层干部的不深入到群众中，接待信访的对政策条文还不如上访者熟悉，又何来责任心，何来政绩，这样的领导干部就不能令人信服。

当然，人的能力有大小之分，本领有高低之别，岗位要求也各不相同。要求领导干部责任能力强，并不是说要求每个人都必须成为专家学者，成为学贯中西的"大家"，而是希望领导干部养成自觉学习的习惯，树立终身学习的观念，善于向书本学、向他人学、向实践学，通过不断的学习，不断总结提高，努力增长实际工作的能力，尽可能多地掌握为党工作、为人民群众服务的本领。同时，作为领导干部个人，也应当创造条件，努力加强精神修养，提高自己的责任感，使自己能胜任新的历史条件下的党政工作，在自己的岗位上有更大的作为，多为民众办实事办好事，争做让人民群众满意和欢迎的优秀领导干部。

4. 不要推卸自己的责任

无论是在生活中还是工作中，每个人都承担着一定的责任。如果硬把自己本该承担的责任推给别人，结果只会让自己肩上的压力越来越大。作为领导干部，是自己要做的事，就必须得自己做，而且要全力以赴做到最好。

在日常政务工作中，常常有这样一些领导干部，他们总抱怨上级不授权，权力太小，无法用权管事。可是遇到真正的麻烦时，他们往往会把问题往上级那儿一交："你看该怎么办？"这些领导干部不会去想，他拿的薪水比员工多，权力比员工大，那么问题就应该到他这里为止。

权力和责任是对等的，领导干部有多少权力，就要负起多少责任。比如做群众工作解决实际困难，这其中会有很棘手的麻烦，最容易涉及各方面的利益关系。一碰到群众利益与自己意志相矛盾时，千万不要找各种理由推三阻四，特别是当出现问题的时候，切忌把责任和矛盾往外推。

有这样一个小故事：

三只老鼠一同去偷油喝。找到了一个油瓶，三只老鼠商量，一只踩着一只的肩膀，轮流上去喝油。于是三只老鼠开始叠罗汉，当最后一只老鼠刚刚爬到另外两只的肩膀上，不知什么原因，油瓶倒了。最后，惊动了人，三只老鼠逃跑了。回到老鼠窝，大家就开会讨论为什么会失败。

最上面的老鼠说："我没有喝到油，而且推倒了油瓶，是因为下面第二只老鼠抖动了一下，所以我推倒了油瓶。"第二只老鼠说："我抖了一下，但我感觉到第三只老鼠也抽搐了一下，我才抖动了一下。"第三只老鼠说："对，对，我因为好像听见门外有猫的叫声，所以抖了一下。""哦，原来如此呀！"

政务工作中很多人也具有老鼠的心态。特别是在布置任务的会议上，这个部门的人会说："最近工作做得不好，我们有一定责任，但是最主要的责任不在我们。是××部门不配合中，领导应认真总结。"那个部门的人会说："我们最近的工作成绩是少，但是我们也有困难呀，我们的预算很少，这当然会影响工作的推进了。"这样七推八推大家都没有多少责任了，执行也就落空了。

这就是当下不少党政机关工作人员的心态，可是大家有没有想过，这种做法对政府工作、对领导干部个人究竟有什么好处呢？表面上看，暂时可以避免一些麻烦，但实际上却为以后的工作和个人的成长进步埋下了祸根。因为自己的不负责任，未来可能将失去进步的机会甚至是工作。

因此，当出现问题的时候，领导干部不要推卸自己应负的责任。**失败的人永远找借口，成功的人永远找方法。**

> 只有敢负责任的人，才是主宰自我生命的设计师，才是命运的主人，才能获得生命的自由，才能赢得别人的尊重和爱戴，自己也才能收获，才能发展。

5. 执行有所建树，必须敢于担当

敢于担当是领导干部一项极为重要的领导素质，是领导干部激发斗志、凝聚人心，团结带领部属干事创业的基本条件。古人说得好：大事难事看担当，顺境逆境看襟怀。一事当前，对工作、事业、任务、困难，敢于负责，勇于担当，这是领导干部使命所在，是强烈事业心的表现，是顽强意志品质的反映。

担当，是指在职责需要的时候，毫不犹豫、责无旁贷地挺身而出，全力履行自己的责任，并在承担责任中激发自己的全部能量。敢于担当，就要一切以党和人民的事业为重，对组织的重托和上级的决策，想尽千方百计去谋划，不怕千难万险去克服，历尽千辛万苦去完成。一个遇事不敢担当的人，没有资格当官，当官也绝对不是好官。现在有少数领导干部，缺少的不是能力和水平，也不是智慧和思维，而是没有敢于担当的精神和勇于负责的勇气。毫无疑问，领导干部的担当，就是平常时刻看得出，关键时刻站得出，危难时刻豁得出。鲁迅先生说过："我们从古以来，就有埋头苦干的人，有拼命硬干的人，有为民请命的人，有舍身求法的人……这就是中国的脊梁。"特别是党政机关的各级领导干部，毫无疑问应当成为鲁迅先生所说的中国的脊梁。

然而，现实生活中，一些领导干部在其位而不担其责，有的满足于当"传声筒""收发员"，浑浑噩噩，遇到问题绕道走；有的对工作中出现的新情况、新问题和群众的意见，只限于做做批示、提提要求，不敢一抓到底；有的不敢面对矛盾，"得罪人"的事不干，"讨人嫌"的话不说，只要不出事，宁愿什么都不做，一旦出了问题，往往推卸责任，甚至金蝉脱壳。实践证明，敢不敢于担当，是一个领导干部事业心责任感强弱的具体表现。

> 不敢负责，没有担当，说到底恐怕还是因为个人得失之心太重，患得患失，顾虑重重，多思转多私。忧的不是不辱使命，而是个人名利；虑的不是事业进展，而是个人得失。

作为党和国家事业的组织者、推动者，领导干部的责任不仅关乎个人，更关乎一个地方的发展、一方百姓的福祉。如果缺少担当，在位就不可能在状态，就会错失机遇、耽误进程，干不出成绩，打不开局面。"沧海横流，方显英雄本色。"领导干部要以攻坚克难的勇气、敢于负责的态度，知难不畏，排难而进，义无反顾地承担起时代和历史赋予的使命，切实做到敢于担当、善于担当。

（1）敢于担当就要迎难而上

领导干部要解决问题就必然要触及各种矛盾，甚至会得罪一些人，受到阻挠和责难。如果没有敢于碰硬的精神，没有一身正气和坚定信念，是难以做到迎难而上的，也是解决不了问题的。特别是那些久拖不决、积重难返的问题，解决起来难度很大；在各种利益盘根错节、消极腐败现象严重的地方，影响问题解决的因素很多。倘若领导干部不敢碰硬，听任问题发展下去，问题就会越积越多，遗患无穷。其实，对于问题越是回避，就越是陷入被动；如果真正敢于碰硬，反而能够攻克它、解决它。况且，敢于碰硬、解决问题是对党和人民负责的表现，必然会赢得广大人民群众的拥护和支持。

（2）敢于担当就要果断决策

古语有云："当断不断，反受其乱。"顾虑重重，怕这怕那，畏畏缩缩，往往会贻误时机，后悔莫及。2008年贵州发生的"瓮安事件"、2009年湖北发生的"石首事件"，最初都源于一件刑事案件，但由于当地领导干部议而不决，没有及时采取应对措施，结果"小事拖大，大事拖炸"，酿成震惊全国的群体冲突。疑虑拖延是决断的大敌。有些决策，特别是一些非常规性的决策，本身就包含着一定的风险，何况有些问题来得急，需要当机立断，否则稍纵即逝，错过良机。这就要求领导干部要有决断的魄力，勇于承担责任，果断定下决心。切不可畏首畏尾，议而不决。

（3）敢于担当还要勇于承担工作失误的责任

工作实践证明：领导干部能取得出色业绩，原因是多方面的，重要的一点就是作为党和人民的代言人在这一重大的历史任务面前要表现出彻底

的、大无畏的担当精神。作为领导干部对自己工作中出现的问题和失误，必须实事求是地弄清其产生的原因，主动自觉地查找自己在主观意识和工作方式、方法上的责任，不推不拖，不遮不掩，诚心诚意地接受群众的监督，不断总结经验教训，改进工作，这才是责任意识强的表现，才有助于达到改进和推动工作的目的。只有这样，才是一个负责任的领导干部对待党和人民事业的正确态度。从这个角度上讲，对一些领导干部在重大事故中应负的责任必须予以追究，而决不能姑息迁就。

前人有这样一段话："大事难事看担当，顺境逆境看襟度，临喜临怒看涵养，群行群止看识见。"这四"看"讲的是在人生的各种关口，最能看出一个人的品性、胸怀、修养和境界。其中首句的"大事难事看担当"，集中体现了一个人的人格力量的强弱和道德境界的高低。对担负着工作责任的领导干部来说，更应如此。

担当，有不同领域、不同层次、不同形式。"一人做事一人当"，是普通百姓对担当率直快意的表达；"天下兴亡，匹夫有责"，是仁人志士丹心报国的担当誓言；"穷且益坚，不坠青云之志"，是有志者身处困境自我担当意念的袒露。人生需要担当，有担当的人生才能尽显大气与豪迈；家庭需要担当，有担当的家庭才能拥有和谐与融洽；一个单位需要有担当的成员，有担当方能成就"经世之事业"；一个社会需要有担当的脊梁，有担当方能为天下谋取福祉。作为领导干部，担当不仅是修身齐家的需要，更是勤政为民的需要。

第八章
深入基层进行调查研究能力的修炼

调查研究是做好各项工作的基础,是党优良作风的重要体现。调查研究水平是领导干部整体素质和能力的一个组成部分。深入开展调查研究,有助于领导干部了解实际情况、听取群众意见、发现和解决问题、密切党群关系,提高各项工作的预见性、针对性和实效性。因此,广大领导干部需要定期深入基层特别是经济落后、问题较多的地方进行调查研究,了解群众疾苦,倾听群众呼声,帮助群众解决工作与生活中的问题与困难。

一、调查研究的基本要求

党的十八大以来,党中央十分强调要大力弘扬求真务实精神,开展系统的调查研究,了解真实情况,掌握工作主动权。调查研究需要讲究方式方法,不仅要听会上的也要听会下的,不仅要听干部的也要听群众的,不仅要看工作搞得好的地方也要看问题和困难比较多的地方。领导干部要善于透过现象看本质,善于总结实践经验,从中把握规律性的东西,找准解决问题的关键。

1. 什么是调查研究

调查,主要是指对客观事物的考察、查核和计算,从而了解客观事物的真相,是一种感性认识的活动。研究,主要是指对调查来的材料进行加工,通过这种研究来获得对事物本质的认识。调查研究是指人们在考察某种社会现象的基础上,了解有关情况,收集相关信息,并通过对资料的综合分析来深入认识社会现象,阐释其现状及其发生发展规律,进而做出描述、解释和提出对策的社会实践认识活动。调查研究,是对特定事物有意识的探索和把握。**调查研究是人们认识世界的最基本途径,是每一个体、群体都离不开的最重要的认识活动。**

调查研究的第一阶段是调查。在调查过程中,人们有计划、有目的地运用观察、访谈、问卷等实地调查方法,从社会现实中了解有关社会现象的历史和现状,收集与调查主题相关的各种事实和数据的活动过程。调查是基础,调查所得资料的数量和质量影响和决定后续研究。第二阶段是调查的升华,研究所得结论依赖于调查资料。第三阶段写形成调研报告。调研报告是指人们在调研后写出的具有对策性或建议性的书面报告,它是对调研结果的文字表述,强调"用事实说话",重在提出对策或建议。

当然,对调查资料进行综合分析,形成某些有规律性的观点理论,并提出相应对策后，还需要将其应用到实践中，依据这些观点理论以及对策来指导实际工作，以在实践过程中检验这些观点理论、政策等是否正确，是否符合事物发展实际。**调查研究，是对客观实际情况的调查了解和分析研究，目的是把事情的真相和全貌调查清楚，把问题的本质和规律把握准确，把解决问题的思路和对策研究透彻。**这就必须深入实际、深入基层、深入群众，多层次、多方位、多渠道地调查了解情况。既要调查机关，又要调查基层；既要调查干部，又要调查群众；既要解剖典型，又要了解全局；既要到工作局面好和先进的地方去总结经验，又要到困难较多、情况复杂、矛盾尖锐的地方去研究问题。

> 基层、群众、重要典型和困难的地方，应成为调查研究的重点，领导干部要花更多时间去了解和研究。只有这样的调查研究，才能获得在办公室难以听到、不易看到的新情况，找出解决问题的新思路和新对策。

领导干部开展调查研究，要有明确的目的，带着问题下去，尽力掌握调研活动的主动权，调研中可以有"规定路线"，但还应有"自选动作"，看一些没有准备的地方，搞一些不打招呼、不作安排的随机性调研，力求准确、全面、深透地了解情况，避免出现"被调研"现象，防止调查研究走过场。

2. 调查研究是保持与人民群众血肉联系的重要渠道

回顾我们党的发展历程可以清楚地看到，什么时候全党从上到下重视并坚持和加强调查研究，党的工作决策和指导方针符合客观实际，党的事业就会顺利发展。而忽视调查研究或者调查研究不够，往往导致主观认识脱离客观实际、领导意志脱离群众愿望，从而造成决策失误，使党的事业蒙受损失。

调查研究是保持与人民群众血肉联系的重要渠道，其原因就在于它是三个过程的统一。

(1) 调查研究是领导干部联系群众的过程

领导干部走出大院，深入基层，到工厂转一转，到农村走一走，在工人农民中间坐一坐，就能直接倾听到群众的呼声，发现工作中的缺点和不足，从而减少某些脱离实际、脱离群众的官僚主义和形式主义的东西，进一步密切党群关系、干群关系。

(2) 调查研究是集中群众智慧的过程

领导干部通过调查、收集、集中、处理群众的意见，进行分析、比较、研究，就能清楚地知道哪些决策正确，哪些决策有不足。**决策正确不正确，只能去问群众，看群众拥护不拥护，赞成不赞成，高兴不高兴，答应不答应**。所以，深入群众的调查研究的过程，实际上是一个了解情况、理清思路的过程。

(3) 调查研究是领导干部帮助群众解决问题的过程

领导干部进行调查研究，要放下架子、扑下身子，深入田间地头和厂矿车间，同群众一起讨论问题，倾听他们的呼声，体察他们的情绪，感受他们的疾苦，总结他们的经验，汲取他们的智慧。既要听群众的顺耳话，也要听群众的逆耳言；既要让群众反映情况，也要请群众提出意见。尤其对群众最盼、最急、最忧、最怨的问题更要主动调研，抓住不放。这样才能真正听到实话、察到实情、获得真知、收到实效。

保持党同群众的密切联系，改进和加强党的作风建设，是党的性质和宗旨的体现，直接关系到党的形象和战斗力。实践反复证明，有了好的路线方针政策，还必须有良好的作风，必须真抓实干，这样，才能推动党的事业不断前进。而要保持党同人民群众的密切联系，不断改进领导干部的作风建设，就必须经常深入基层，深入群众，通过深入地调查研究，从人民群众那里吸取营养，从基层取得第一手资料。只有这样，才能真正做到一切从实际出发、理论联系实际、实事求是，真正保持党同人民群众的密切联系，也才能从根本上保证党的路线方针政策和各项决策的正确制定与执行，保证我们在工作中尽可能防止和减少失误，或者即使发生了失误也能迅速得到纠正而继续顺利前进。

在新的时期，我们肩负着改革开放和现代化建设的历史重任，全党同志特别是各级领导干部更要重视和加强调查研究。**为了适应改革和发展的需要，调查研究的工作只能全面加强，决不可有任何削弱**。建设中国特色的社会主义事业任重道远，在前进中会遇到许多复杂的新情况新问题，需要不断探索和解决。而对任何问题的探索和解决，须臾也离不开调查研究。

> 领导干部经常走出领导机关，深入实际、深入基层、深入群众，进行各种形式和类型的调查研究，非常有益于促进领导干部转变工作作风，有益于深切了解群众的需求、愿望和创造精神、实践经验。

3. 调查研究的基本原则

调查研究是在明确目的指导下，收集有关社会现象的资料，并综合分析得出结论，同时提出相应对策的过程。为了保证调查研究中资料收集、分析，得到结论及对策的科学性，为此，必须遵照以下原则。

（1）真实性原则

调查研究者必须从实际出发，而不能从虚构的事实、抽象的定义、主观的愿望或个人好恶出发。这就告诉我们，**从客观的事实出发，详细地占有材料，是调查研究最基本的要求，也是最基础的工作。**

那么，怎样做到真实地反映客观现实呢？调查研究者首先要有实事求是的态度，做到不"唯上"，即不能为了迎合上级机关、领导、权威人士的意图而歪曲事实；不"唯书"，即不为书本上的结论所禁锢，尊重客观事实；不"唯己"，即不固执己见，不从个人的好恶出发。其次，调查研究者要有明辨是非的能力，社会犹如万花筒，每一个问题发生的背景不同，周围的环境也不同，与其他事物又有千丝万缕的关系，错综复杂。调查研究者能否拨开迷雾，还事物本来面目，除了会受思想政治素质的影响外，还受到其知识结构、能力水平的制约。

(2) 客观性原则

客观性原则是进行调查研究的基本准则。它是指在收集资料、分析资料以及得出结论的过程中都要保持客观的态度，不能掺杂调研者的臆想、愿望等主观因素。这一原则要求调研人员：一是要从客观实际出发，坚持唯物主义实事求是的态度，而不能脱离客观，从个人主观臆造的理念、想法出发；二是在调查研究时，排除个人预先设定的观念想法的干扰，避免根据个人偏好到实际中去寻求例证的做法，避免对研究客体的歪曲、夸大和缩小。

(3) 科学性原则

科学性原则是指调查研究是借助各门科学，包括自然科学和社会科学研究的有关理论成果建立起来的具有自身规律性的科学体系。这一体系的建立有三个基本要素：一是由哲学、政治学、行政管理学理论为指导，确定调查研究的取向；二是由逻辑学、社会学、统计学为依据，确保调查研究过程与结果是对客观事物的反映和抽象；三是由科学的程序为保证，确保调查研究在相同条件下会得出相同的结果，即具有可重复性。

(4) 系统性原则

系统性原则是指在调查研究过程中，调研者要将调查对象作为一个整体来研究。在研究一个事物时，必须考虑其自身系统和相关系统，把调查对象视为由相互联系的诸要素有序结合的系统整体，要求始终把调查对象放在系统之中，同时要求在调查研究中遵循整体性原则，注意运用综合方法。系统性原则要求调查研究者从系统论角度，从事物之间的相互联系出发，根据研究主题的特点及其相关因素进行调研。按照系统性原则，任何研究的对象，都处在多个因素组成的相互作用的系统中。世界上的各种现象、事物、过程的构成和变化都有一定规律，是一个有机整体，而不是一个偶然的堆积物。要防止只见树木，不见森林；防止只见现状，不见过程；防止只见当前，不见历史和趋势等。

(5) 群众性原则

群众性原则就是指在调查研究中，调研者应坚持走群众路线，到普通群众中去，从群众中获取有关社会现象的实际材料，从中得到调查研究的结论，再回到人民群众中去，将科学的结论转化为广大人民群众的实践行动。

> 群众是各种社会活动的实践者，最接近社会生活实际，对各种社会现象体会最深刻。领导干部作为调研者要有群众观点，依靠群众，相信群众，真正做到体察民情，了解民意，集中民智。

（6）实践性原则

实践的观点是辩证唯物主义的首要观点，是马克思主义哲学科学性的根本特征。实践是人类所特有的活动，与其他动物消极适应自然的本能活动有着本质区别；实践是人们变革客观事物的活动，是人们在主观意愿的指导下改造外部世界的活动，它必然会引起客观对象的变化。实践性原则要求我们注意人们的社会生活实践，注意社会活动发生的社会关系和社会情景，从实践中提出问题，得出结论并应用到实践中去。

4. 调查研究要获得真实和准确的材料

在调查研究中，做到实事求是，就要获得真实和准确的材料。这就需要把材料的广泛性和重点性，直接材料和间接材料，材料的质量和数量结合起来。

首先，要注意广泛地收集材料，这是一个良好的基础，并且它要求接触到问题的各个层面才能保证材料的广泛性。只有占有了足够的材料，并且了解到各个材料之间的关系，经过研究之后，才能得出一个正确的结论，但又不能够海阔天空、"胡子眉毛一把抓"，一定要对材料有所取舍，抓住材料的重点与要点，既保证材料的广泛性，又突出它的重点性。

其次，既要重视第一手的直接材料，又要重视第二手的间接材料。毫无疑问，直接材料对于调查研究来说是非常重要的，因为只有到实际中真正地了解情况，并且弄清这一事物与其他事物之间的联系，才能找到正确的解决问题的办法。但是第二手、第三手的间接材料也是不可或缺的。在调查研究工作中,看书面的材料,听下级的口头汇报,这都属于间接地获取材料。通过这些间接获取的材料,可以从不同的角度和地区了解各个方面的实际情况,也是调查研究中必不可少的。

再次,一定要把材料的数量和质量结合起来,既要重视事物的数,也要重视事物的质。毛泽东同志一再告诫我们要"胸中有数",他说没有数量就没有质量,讲的就是我们要掌握材料的所需数量,从材料的数量中来提高材料的质量。这就要求我们在分析材料的时候,采取定量分析和定性分析的方法相结合。定量分析,就是对客观对象的各个因素之间的数量关系进行一定的研究。定性分析,就是确定客观对象是否具有某种性质。

最后,要学会辩证地分析掌握材料。一是要把握住事物的本质。不为表面现象所蒙蔽,要善于透过现象看本质。二是要防止片面性。社会现象是十分复杂的,在众多的材料中找出一两个来证明自己的观点并不难。调查研究者一定要防止捡了芝麻丢了西瓜,只见小丘,不见泰山,这不可能反映客观事实。三是要抓住主要矛盾。在调查中,要防止"眉毛胡子一把抓""拾到篮里都是菜"的做法,要有所选择,有所取舍,抓住起主要作用、起经常作用的材料进行着重分析。

5. 切实改进调查研究的作风

在调研中必须有实事求是的工作作风,深入到人民群众中去,溯本求源,收集有关社会事实的真实资料,进而得到科学的调查研究结论,找到解决问题的途径和办法。但是,由于一些调查者没有正确的态度,在调研工作中没有实事求是,再加上本身知识欠缺,调研方法手段限制等,使得很多调研变形走样,未能达到应有的调研效果。在调研过程中要克服一些不良工作作风:

(1) 先入为主的主观作风

在调研前就预先设定的观念、结论,并由此出发去进行调查研究,从而使得调研过程成为对这些主观臆想和先验观念进行证明和诠释的过程。先入为主的主观作风使得领导干部在调研中去片面收集能说明预设结论的社会现象有关材料,从而使得调研结论不符合社会实际,相应的对策也就失去了事实支撑。在调研中,凡是符合主观臆想的和预定框框的材料,他们就有兴趣,如获至宝,不符合的就加以排斥。这种作风使得一些人习惯拿着事先主观预想的观点去找例子,不尊重调研实情,带着主观和形而上学的结论去搞"一言堂"。还有,我们会发现在社会现实中,有的调查还未进行,就受到某些印象、某些评价、某些经验的影响,开始定调子,搞超前结论;有的好大喜功,迎合上级,专搞政绩调研,不对问题进行分析;还有的调研不肯动脑筋,喜欢道听途说,乱作议论,抓住一鳞半爪,就轻易下结论。这种先入为主的主观作风严重妨碍了领导干部深入实际地进行调查研究,妨害了调查研究的科学性。

(2) 走马观花的形式作风

走马观花的形式作风是指在调查研究中不深入实际,不深入基层,而是端架子、走过场、搞形式,徒有调查研究的形式,没有调查研究的实质内容。走马观花的形式作风造成调查研究不能深入到基层人民群众中去,不能通过调查研究得到系统完整的实际材料,因而不能了解真实情况,也就不能从中得到符合实际的科学结论。搞浮光掠影式调研,摆花架子,不敢触及群众关心的实际问题;不到田间地头,不进百姓家门,却跑风景名胜,光顾歌舞厅;坐着汽车转转,隔着玻璃看看,开一两次会,听一两次汇报,满足于对问题的一知半解。这样的调查研究仅仅浮在表面,得到的只是肤浅的、零碎的资料,不是完整系统、准确全面的实际资料。

> 走马观花甚至跑马看花式的调查研究,严重地违背了调查研究的基本原则。这样的调查,既不可能充分、详细地占有材料,也不可能有效地进行综合分析和科学研究,更不可能做出正确的决策。

(3) 弄虚作假的虚假作风

在调查研究时,因为权益、利害等方面的原因,不讲真话实话,避重就轻,弄虚作假,使得调研资料不能切实反映实际情况,进而使得在虚假材料上所得到的结论或决策不能用来正确的指导实际工作,给人民群众实践造成损失和危害。**在调研中,有些调查人员受到利害关系、习惯势力的影响和牵制,不敢面对事实直言真情。**有的在调研某一问题时,往往会触及某些单位、某些人的经济利益或政治利益，调查研究工作因此受到干扰。特别是调查某些存在的问题时，要涉及一些上级领导、亲戚、朋友等，而这些调研者在面对真理、原则与利益关系时，就丧失了坚持真理的胆略和勇气，禁不住"软硬"的考验而随波逐流，故意弄虚作假，使调研材料真假难辨，失真甚至失效，最终造成调研结论失真，带来多种不良后果。

（4）居高临下的官僚作风

在调查研究中把自己视为干部，当作领导，以居高临下的态度去调研，不能平等对待群众，不去虚心向人民群众求教。在调研中这种作风使得作为被调研对象的群众处于被询问、被审判的位置，极易给群众造成心理上的畏惧感，因而不可能收集到群众的真实信息反馈，使得调研资料脱离实际，脱离社会现象的真实面目。

一些领导干部往往打着调研的旗号，摆出一副居高临下的架子，装腔作势地进行调研。在调研中对群众说话时，一开口就是首长讲话，一提问就像审判员，使得群众望而生畏，对所提问题知而不言或者勉强应付。这种调研，完全脱离了调研的基本要求，导致客观真实情况得不到了解，真正的问题得不到解决。

二、掌握调查研究的科学方法

任何一项成功的调查，都是同调查研究的方法分不开的。如果调查的方法不当，单凭着良好的求知愿望和工作的积极性是不能达到预期的调查目的的。

1. 做好调查前的准备工作

调查研究前的准备是非常重要的。可以这样说，调查研究的深度和广度、调查研究成果的大小，在很大程度上取决于准备工作进行的程度。调查研究前的准备工作一般包括以下几个方面的内容。

（1）制订调查计划

在实施调查之前，要预先圈定调研的地域范围，明确此次调研所要走到、看到、听到、了解到的活动区域，勘察好行进路线。所选择的调研地点，无论是市、区，还是县、乡，都要具有较强的代表性。**点面结合是调查研究的一个主要方法，领导干部每次深入基层、深入实际、深入生活调查研究，都离不开入点和跑面。**调查的地点，一定要有"面"的广度和"点"的深度，就是既要到基层的点调查，又要跑几个地方了解面的情况。领导干部应组织制订一个调查计划。内容主要包括以下几个方面：说明调查目的和任务，确定所要解决的问题；选定调查对象，即根据调查目的和要求，明确调查的地区、单位、范围和规模；大致规划调查所需要的时间和步骤，确定调查的类型与方法，提出应该注意的事项，确定进行调查的组织形式、人员分工及工作制度；大致确定调查的每一项目及其所需的调查期限、经费等等。

（2）学习有关知识和政策

根据调查目的及要求，调查前应学习一些与调查项目、调查内容和调查对象有关的社会科学知识和自然科学知识。此外，还应学习一些与调查有关的基本知识，如关于论述调查研究的专著，做社会调查时必须具备的社会心理学、调查统计、摄影、录像等知识。除了学习基本知识外，还要学习有关方针、政策，弄清楚总政策与具体政策的关系、现行政策与过去政策的关系、各项政策之间的相互关系等。

（3）设计调查问卷和表格

对于某些调查来说，领导干部还要组织设计调查问卷和表格。调查问卷是直接发给被调查者或由调查者代填的一种调查表。其内容是根据调查目的向被调查者提出需要回答的一些问题。调查表格是用许多纵横线条画成若干方格，纵行称栏、横条称行，栏首或行首写明栏目名称，下面的空格填写调查记录。调查表格是用来搜集社会生活的事实的有效工具之一。在设计调查问卷和表格之前，最好先对调查的题目作一概括的调查访问，以求对实际情况有个初步的认识。

在设计问卷和表格时，可先把想到的项目一一写下来，多多益善。再向熟悉这方面情况的人请教删去无用的项目，增加必要的项目，尽量完备。然后就可按逻辑顺序将各项目加以合理的排列。问卷和表格内的问题应繁简得当，清楚明白，便于回答和填写。

（4）筹措调查研究经费

开展调查研究，总需要一定的经费。如调查人员的差旅费、住宿费、办公费、调查材料的复制费、调查表格的印刷费以及诸如此类的调查费用。在每一次调查开始之前，应落实经费来源，并编制切实可行的调查经费计划，报经有关部门审批后才能按计划支取并报销。

（5）加强接洽和联络

调查到被调查者那里去进行调查，必须预先进行联系。这种联系有时比较简单，但有时也很复杂，要根据具体情况而定。一般来说，如果在管辖区内调查，可以预先通知一下，讲明调查的目的、意义和要求，以及调查的初步打算，好让对方有所准备。如果到较远的地方去作规模较大的调查，则最好派一支"先头部队"，取得当地组织的帮助，安排有关事宜，并对那里的基本情况作一下概括的了解。如果是分头调查，各组要经常保持联系，及时通报调查进展等情况。

（6）多渠道地大量搜集资料

掌握符合实际的丰富确凿的材料，是做好调研的生命。根据调查目的及要求，调查前要广泛收集、阅读、消化有关此次调研课题的一系列资料，包括学习与调查对象有关的方针、政策，收集被调查单位的当前状况和背景资料，了解有关经济社会和自然知识等，有的还要掌握调查统计、摄影、录像等自动化办公的技能。可利用四个方面渠道收集材料：一是从网络上收集有关讲话信息资料。二是从深入各基层单位调研中收集资料。三是从书籍、报纸、杂志上收集资料。四是从各级领导的讲话中收集资料。

> 对收集来的各种资料，应设立文件夹，分门别类进行整理，方便随时查阅、提取。还要结合所分管的业务工作，从其他传媒上随时了解有关的资料和信息，从中受到启发和教育。

2. 认真做好实地调查访谈

调查研究，是主体反映客体的有目的创造性劳动。只有认真做好实地调查访谈，才能客观地找出问题，高效地解决问题，那么，如何认真地做好实地调查访谈呢？

（1）尊重群众，虚心求教

从事调查研究，主要是面向群众，到群众实践中去寻求真理。因此，**"没有满腔的热忱，没有眼睛向下的决心，没有求知的渴望，没有放下臭架子、甘当小学生的精神，是一定不能做，也一定做不好的。"** 每个调查者都应具有虚怀若谷的精神，调查时处处为群众着想，考虑到群众的便利与时间，并能引起群众的兴趣，使他们不厌倦而乐于接谈。

（2）坚持调查的客观性

在调查研究时，应该客观地、冷静地了解事实本身，对客观事实不容许有任何一点杜撰和歪曲。这就是实事求是的科学态度。为了"求是"，必须先有"实事"而不是"虚事""假事"。因此，为获得"实事"，就必须深入实际，按照客观事物的本来面目了解事物。然而，这一点不是人人都可以做到的。有些领导干部还没有进行调查之前，就先有了对某一事物认识的"结论"。他们之所以还要去调查一番，其目的不过是去收集一些片面材料来"证明"他们的"结论"。实践证明，根据这种主观片面的调查材料所证明的"结论"，迟早必然破产，这是毫不足怪的。

（3）要有吃苦耐劳的精神

实地调查是件极其辛苦的工作，领导干部必须不畏劳苦，不怕艰难。 特别是到条件艰苦的山区、农村或矿区进行调查时，更要作艰苦的准备。

要有韧性和毅力。领导干部在调查过程中，免不了要碰钉子、遇阻碍。为了把问题调查清楚，要到处寻找调查对象，还可能会受到冷遇、碰到挫折。要是没有百折不挠的精神，是搞不好调查的。

(4) 采取合理的调查方式

有了吃苦耐劳的态度，调查工作就会容易开展。但只有认真的态度是不够的，还需要采取具体的科学的调查方法：

①开调查会。开调查会就是由调查者主持会议，依据事先准备的调查提纲，向到会者提出问题，展开讨论。这种方法是做典型调查时经常采用的一种方法。要开好调查会，下面几点值得注意：一是参加开会的人要慎重选择，这些人既要有代表性，又要能提供情况，人数以三五个或七八个为宜；二是要开有准备的会，为此可把调查问卷或调查提纲发给到会的人作准备；三是要针对问题展开讨论，对每一件事都要问清楚、问确切；四是要善于引导启发。

②个别访问。个别访问是进行典型调查和抽样调查时普遍采用的方法。即使在采用其他具体调查方法时，个别访问也总是必要的。通过这种方法，可以更详尽、更确凿、更真实地了解有关细节，进一步摸清情况，把问题搞清楚。

③现场观察。俗话说："耳听为虚，眼见为实。"在调查中的现场观察，就是走到调查对象那里去，用自己的感官及观察仪器去直接观察调查对象，根据调查目的和调查提纲收集直接的感性材料。这种方法是获得直观认识的最好途径，它使调查的内容更加切实、准确、富有生气。

> 领导干部在实际调查中尽管不能事事都做到现场观察，但一定要尽最大的努力，对一些主要的、有加深认识的必要的情况进行现场观察。

3. 普遍调查的基本方法与注意事项

普遍调查，是指一个国家或一个地区为了详细地了解某项重要的国情、国力而专门组织的一次性、大规模的全面调查，就是对调查对象的全部单位无一例外地逐个进行的调查。

根据调查对象范围的大小，普查又有宏观调查、中观调查和微观调查之分。**大至一个国家，小至一个具体单位，只要是对其中每一个个体所进行的调查，都属于是普遍调查**。其主要目的是收集某些不能够或不适宜用定期的全面调查报表收集的信息资料。普遍调查可以采用填表等书面的方式进行，对于有关范围内所有的对象逐一地进行调查。

普查有两种方式。一种是填报表，即由上级制定普查表，由下级根据已经掌握的资料进行填报。另一种是直接登记，即组织专门普查机构，派出专门调查人员，对调查对象进行直接登记。对于一个部门、地区或单位来说，普查也是正确认识本部门、本地区、本单位的基本情况，科学制定发展规划的重要方法。这说明，普查是一项正确认识现状、科学规划未来的基础性工作。

（1）普查中应该注意的问题

第一，普查项目必须简明。由于普查人员多，调查对象广，组织工作异常复杂，因而调查项目必须简明，否则不仅难以准确调查，而且很难统计分析。

第二，普查标准时间必须同一。普查必须调查同一时间的状况，而不允许调查不同时间的状况，否则就会出现重复或遗漏，从而造成调查误差。普查时，必须根据普查内容的实际需要规定时点或时期，而不可相互混淆。

第三，普查现场登记时间必须恰当。普查现场登记时间，一般应选择在普查对象流动较少和便于现场登记的时间。

第四，普查现场登记工作应该尽快完成。社会现象变化极其迅速，如果现场登记时间过长，就可能造成调查误差。

第五，普查应该尽可能按一定周期进行。因为，普查具有很强的时间性，调查资料必须来自统一时点才具有可比性。只有按一定周期进行普查，才便于对历次普查资料进行对比研究，从而发现社会现象的发展趋势及其规律。

(2) 普查的优点和局限性

普查的最大优点是调查全面，调查资料标准化和准确性较高。这是因为，普查是对全部调查对象逐个进行的调查，与其他类型调查比较起来，它涉及的调查范围最广，所收集的资料最全面，误差最小，精确度最高。普遍调查能够全面收集到所有调查对象的各个层面、各个层次的资料，资料的完整性比较强；同时，由于资料收集都是使用统一的统计表格或报表形式，调查对象都要按照统一的格式要求进行填写，因此资料的标准化、准确性也比较高，便于统计、汇总、分析。普查的调查结论具有很强的概括性和普遍性。由于普遍调查能够全面、详细地占有资料，通过汇总和归纳就可以得到一般性的认识，从而获得比较可靠的结论。因此，普查就成为了解国情、省情、市情、县情最重要的手段。

普查的局限性主要表现在三个方面：第一方面工作量大，花费大，组织工作异常复杂，而且时效性较差。第二方面调查内容有限，只能调查一些最基本、最重要的项目，而且很难对有关问题进行深入研究。因此，普查的应用范围比较狭窄，适应性较小，它只适应于对有关全局性的基本情况进行调查。第三方面是差错多、深入难、周期长。与其他调查研究相比较，普查的工作量大，参加人员众多，每个人的知识水平和文化素质不同，存在一定的差错是正常的。普查只是对某一社会现象作最基本的、最宏观的描述，很难对调查对象进行深入细致的研究。虽然普查的项目很简单，但是由于它的调查范围很广，使得它需要的时间很长。周期长带来的问题之一便是不能反映调查对象的最新情况，调查资料有着明显的滞后性。

4. 典型调查的基本方法与注意事项

典型调查是一种非全面调查，是从调查对象中选择具有代表性的单位作为典型，并通过对典型的调查来认识同类社会现象的本质及其发展规律的方法。它是根据调查目的，在对研究对象进行全面分析的基础上，有意识地选出少数有代表性的单位，进行深入细致调查的一种调查方法。**典型调查可以弥补其他调查方法的不足，为数字资料补充丰富的典型情况，**在有些情况下，可用典型调查估算总体数字或验证全面调查数字的真实性。

一般来说，典型调查有两种类型：第一种是一般的典型调查，即对个别典型单位的调查研究。在这种典型调查中，只需在总体中选出少数几个典型单位，通过对这几个典型单位的调查研究，用以说明事物的一般情况或事物发展的一般规律。第二种是具有统计特征的划类选点典型调查，即将调查总体划分为若干个类，再从每类中选择若干个典型进行调查，以说明各类的情况。

（1）典型调查中应该注意的问题

第一，要正确选择典型。典型，是同类事物中最具有代表性的事物。正确选择典型，是保证典型调查结论具有科学性的关键。要正确选择典型：首先必须坚持实事求是的态度，要保证典型的客观性和真实性，而不能按长官意志或主观愿望确定典型，更不能人为地"树立"典型。其次必须坚持发展的观点，要根据不断变化发展的实际情况选择具有新的代表性的典型，而不应总是在老典型中兜圈子，更不应搞"终身制"典型。最后必须根据调查目的和要求有重点地选择某一方面的典型，而不应把典型理想化、绝对化，更不应搞无所不包、无所不能的"万能式"典型。

第二，要有艰苦深入的决心和作风。要搞好典型调查，必须要有眼睛向下的兴趣和决心，要有艰苦深入的作风。那种两眼向上、只满足于为顶头上司的观点找证据的所谓"调查"，或者看起来似乎已经下去、实际上却浮在水面的"调查"，是绝不可能搞好典型调查的。

第三，要把调查与研究结合起来。典型调查不能满足于一般的观察、访问，不能停留在收集资料阶段，而必须在整个调查过程中加强分析研究工作，努力把调查和研究紧密结合起来，把认识问题和探索解决问题的方法结合起来。

第四，要慎重对待调查结论。典型尽管是同类事物中具有代表性的单位，但它毕竟是普遍中的特殊，一般中的个别。**列宁指出："任何一般只是大致地包括一切个别事物。任何个别都不能完全地包括在一般之中。"**

> 对典型调查的结论，必须持慎重态度。必须严格区分哪些是代表同类事物的具有普遍意义的东西，哪些是由典型本身的特殊条件、特殊环境形成的只具有特殊意义的东西。

（2）典型调查的优点和局限性

典型调查的优点：一是能获得比较丰富的、第一手的感性资料，重点突出，可信度高。二是可以采取多种多样的方法作反复、深入的调查，能获得比较真实、可靠的资料。三是便于把调查与研究结合起来，有利于揭示社会现象的本质及其原因，探索解决社会问题的道路和方法。

典型调查的局限性：一是典型的选择容易受调查者主观意志左右，很难完全避免主观随意性。二是典型调查的对象只是个别或少数单位，他们与调查对象总体之间总会存在一定差异，他们的代表性总是不完全的。三是典型调查的结论中，哪些具有普遍意义，哪些具有特殊意义，它们的适用范围如何，往往很难用科学手段准确测定，结论的推测性差。

5. 抽样调查的基本方法与注意事项

抽样调查是非全面调查的一种主要组织形式。它是按照随机原则从总体中抽取部分单位作为样本进行观察，就是运用一定方法在调查对象总体中抽取一部分调查对象作为样本，并以对样本调查的结果来推断总体的方法。并用观察结果推断总体数量特征的一种调查方式。抽样调查的目的就在于取得反映总体情况的信息资料，因而，它也能够起到全面调查的作用。

根据抽选样本的方法，抽样调查可以分为概率抽样和非概率抽样两类。概率抽样是按照概率论和数理统计的原理，从调查研究的总体中，根据随机原则来抽选样本，并从数量上对总体的某些特征作出估计推断，对推断出可能出现的误差可以从概率意义上加以控制。

抽样调查的核心在于抽样。要正确理解抽样，必须明确几个基本概念：①总体：是指调查对象全体所构成的集合。②样本：是指按照一定方法从调查总体中抽取出来进行调查的部分对象的集合。③抽样单位：是指抽样过程中使用的基本单位，它可以是调查对象的某种集合，也可以是最终调查对象。④抽样框：是指抽样过程中使用的所有抽样单位的名单。⑤抽样：是指从总体中按照一定方式抽取样本的过程。

（1）抽样的一般程序

首先，设计抽样方案，就是对调查总体、抽样方法、抽样误差、样本规模等有关问题设计出具体目标和操作方案。它是抽样调查的准备阶段，只有从调查课题的客观需要、调查对象和调查者的实际可能出发，设计出科学、合理的抽样方案，才能保证抽样工作的顺利进行。

其次，界定调查总体，就是对调查对象总体的内涵和外延做出明确定义。只有如此，才便于抽样的实际操作。

第三，选择抽样方法，即选择抽样的具体方法，抽样方法可分为两类：一是随机抽样，它又可分为简单随机抽样、等距随机抽样、类型随机抽样、整群随机抽样和多段随机抽样等具体方法；二是非随机抽样，它又可分为偶遇抽样、判断抽样、配额抽样和滚雪球抽样等具体方法，凡是要从数量上推断总体的抽样调查，都必须采取随机抽样方法。

第四，确定抽样单位及样本容量，编制抽样框。编制抽样框，就是收集和编制抽样单位的名单。**抽样框是抽样的基础，必须把所有抽样单位全部编制进去，不能有任何遗漏或重叠。**如果抽样是分阶段、分层次进行的，那么每一阶段、每一层次都应该编制相应的抽样框。

第五，抽取调查样本，就是按照设计的抽样方法从抽样框中抽取样本。如果抽样框是用计算机建立的，那么抽样工作非常简单，只要用专门软件选择随机抽样，点点鼠标就完成了。但是，有些抽样工作必须到现场进行。

第六，评估样本质量，收集样本资料。评估样本质量，就是对样本主要特征分布情况与总体主要特征分布情况进行对比和评估。它的前提是，对总体主要特征的分布情况有基本的了解。

（2）抽样调查的优点和局限性

抽样调查的优点主要有以下几个方面。一是抽取样本客观，代表性强。二是有利于对总体进行定量研究,推断总体比较准确。三是调查成本低、调查效率高。四是节省人力、物力、财力和时间。

抽样调查的局限性也有如下几个方面。一是抽样调查主要易于作定量研究而不易于作定性研究。二是与典型调查、个案调查比较起来,抽样调查的样本单位一般较多,因而调查的广度和深度往往受到一定局限。三是对于调查总体尚不清楚、不明晰的调查对象,如正在形成中的新生事物以及各种隐秘社会现象(如贪污、吸毒、卖淫等),就很难进行抽样调查。四是抽样调查的深度和广度有限。在调查总体特别庞大的情况下,样本数量同样很庞大,就很难对调查对象进行深入、细致的研究。五是抽样调查需要较多的数学统计知识和计算机使用能力。这就使得数学统计知识较少或缺乏使用计算机能力的调查者,很难使用这种调查方法。

> 现代社会往往具有高度异质性、高速流动性等特点,抽样调查正适合于对高度异质性、高速流动性社会现象的调查。因而,它在现代社会具有越来越广泛的用途。

6. 调查材料的收集鉴别与整理分析

在调查中,眼光应该主要放在事实材料的收集鉴别和整理分析上。

(1) 收集鉴别

为了不使材料散失或遗忘,必须抓紧时间和一切机会,随时记录。要从点滴开始,勤收集、勤记录,见到可调查的对象,就随时灵活地提出问题,对于被调查者的回答或当场记,或事后补记。当场记录时,要讲究速度,以免漏记、遗忘。

鉴别资料就是对收集来的原始资料进行质量上的评价和核实,对材料进行一番筛选、取舍,寻找出课题所需要的材料。在鉴别资料的过程中,会加深对资料的认识,学会判断资料的性质、真伪、价值等,这本身就是一种研究性的学习。

在鉴别资料过程中需要注意两点:一要鉴别资料的真伪。要想鉴别真伪，就要鉴别资料的客观实在性和本质真实性，也就是弄清楚它是否真的发生、存在，是否在有条件的情况下才能发生。我们要从事物的本质特性及其联系上挖掘事物本质的真实性，还要结合各方面的材料综合思考，分清真伪，进行比较分析，不要被局部或暂时现象迷惑。二要鉴别资料的质量。同是真实材料，必定有深浅程度及质量的区别，我们刚开始鉴定时，也可能难于一眼看透，但只要认真鉴别，多熟悉资料，就能学会鉴别资料质量。

（2）整理分析

调查材料的整理分析分为初步整理和整理分析两个阶段。

资料的整理就是将所获取的信息资料分门别类地加以归纳，使原来分散的、个别的、局部的、无系统的信息资料，变成能说明事物的过程或整体，显示其变化的轨迹或状态，论证其原理或指出其规律性系统的信息资料。

资料的整理一般可分为两步：第一步是根据信息资料的性质、内容或特征进行分类，将相同或相近的资料合为一类，将相异的资料区别开来。**资料的分类，要按一定的标准将所研究课题的有关信息资料分成不同的组或类。**然后，按分类标准将总体资料加以划分，构成系列。例如，可以把资料按年代分类，把调查资料按地区分类等。第二步是进行资料汇编。汇编有三项工作要做：一是审核资料是否真实、准确和全面，不真实的予以淘汰，不准确的予以核实准确，不全面的补全找齐。二是根据研究目的要求和研究对象客观情况，确定合理的逻辑结构，对资料进行初次加工。三是将资料汇编得井井有条、层次分明，能系统完整地反映研究对象的全貌，同时要用简短明了的文字说明研究对象的客观情况，并注明资料来源和出处。

> 对材料的整理分析，就是要由表及里，由此及彼，透过现象看本质，找出事物内在的联系，从而揭示出事物的发展规律，为问题的解决找到路径。只有做到了这一点，调查研究才真正达到了目的。

要搞好调查资料的分析，关键是要做到以下三点：首先，掌握科学的世界观和方法论是前提。即调研者要学会用马克思主义的立场、观点和方法，去认识分析调查中的问题。解放思想、实事求是、与时俱进，把理论与实际紧密结合起来，这样才能正确解释调查中的问题，并给予理论上的说明。其次，材料全面准确是基础。真实准确是材料的生命。如果提供的材料失真，分析也就失去了科学性。因此，调查材料来不得半点虚假，掺不得任何水分。再次，科学的思维方法是桥梁。对调查材料的分析，要在马克思主义的立场、观点、方法的指导下，运用现代科学的方法对其进行分析、综合、推理、判断，并进行一番去伪存真、去粗取精、由此及彼、由表及里的加工制作，从中引出客观事物的规律性，找出解决问题的途径和方法。

7. 防范陷入调查研究的误区

调查研究是科学决策的一个重要基础，也是从事领导工作和研究工作的一个重要环节。但在从事调查研究时，还会遇到一些调查研究的误区，包括对调查研究本身的认识、调查过程中由于一些技术问题导致的误区等，一旦走入这些误区，非但不能发挥调查研究的真正作用，反而会得出一些错误的结论，导致决策失误。因此，要真正搞好调查研究，必须走出调查研究的某些误区，避免调查失真，防止决策失误。

（1）调查研究的首因效应误区

首因效应是指人们根据最初获得的信息所形成的印象不易改变，甚至会左右对以后获得信息的解释。**在调查研究中，尽管可以获得多种信息，但决定印象的往往是最初信息**，其余信息则极易被忽略。

在调查研究的过程中，要走出首因效应误区，就必须树立用发展的眼光看问题的意识，"士别三日，当刮目相看"，每个人、每个单位、每件事物，都在不断发展变化中。以前是一个优秀的单位，也有可能因为管理不善而开始走下坡路；而以前是一个优秀的同志，现在可能因为骄傲自满，不加强学习，而开始落后；而以前是一个落后的单位，通过加强管理，引进技术和人才，可能发展成了一个优秀的单位；以前落后的个人，也可能通过其自身的努力和他人的帮助,成为一名优秀的技术能手。

(2) 调查研究的晕轮效应误区

晕轮效应是指在认识事物的过程中,人们常从对象所具有的某个特征而泛化到其他一系列特征,也就是从所知觉到的特征泛化,推及未知觉到的特征,从局部信息得出一个完整的印象。

在调查研究的过程中,要走出晕轮效应的误区,必须树立全面分析事物的意识,不能因为成绩而掩盖缺点,也不能因为缺点而忽视成绩。

> 在调查研究过程中,在看到调查研究对象的成绩和优势的同时,也要调查分析其存在的问题,这样才能获得对该单位或个人的全面信息,得出比较客观的评价。

对一些曾经存在问题和缺陷的单位和个人,在对其进行调查研究时,不仅要调查其已有问题的改进情况,还要分析其已取得的成就,客观评价其缺陷和成就,这样才能引导他们积极向上。

(3) 调查研究的"有现象无本质"误区

从调研的角度来看,调研要注重本质分析,不可陷入"有现象无本质"的调研误区。 调查研究是谋事之基,信息掌握的"准"与"不准",往往就看我们在调查研究的过程中,是否坚持实事求是的科学态度,是否从客观实际出发。在改革开放、加快发展和市场经济运作的过程中,时时刻刻、方方面面都有新情况、新问题、新矛盾发生。面对这种新局面,领导要运筹帷幄,把握全局,正确决策,不能处处都到、事事躬亲,必须借助调研信息研究新思路、新对策、新举措。大兴调查研究之风,最根本的是要大胆探索解决实际工作中遇到问题的办法和途径。坚持群众观点,从群众中来,到群众中去,学会从事物的表象中分析问题、探求对策,从而达到解决问题的目的。

三、调研报告的撰写

调研报告是调研结果的文字表述,它好比调查研究的"收官"之作,只有认真撰写和仔细加工,才会形成优质的书面材料,才能保证调研成果有效地传达给领导或上级机关。撰写调研报告需要撰写者有一定的文字功夫,同时还要掌握调研报告的一些特殊写作技巧。

1. 调研报告的结构

写调研报告犹如盖房子一样,只有把主体架构设计和搭建好,整个报告的基础才能打牢。构成调研报告的主要部分有:标题、导语、主体。

(1) 标题

领导干部的调研报告不同于新闻类的调查报告,其标题比较简单,一般采用单行式的,有的是明确调研的内容,有的是明确调研的结论,有的是明确调研得出的观点。

(2) 导语

导语处于调研报告的前面,是调研报告提出问题的部分,是作者表达立场、观点的重点所在,也是全文的"纲"。导语主要有五种类型:一是交代调查活动的一般概况。二是介绍调查分析对象的基本情况。三是阐述研究议题的意义或调研的由来。四是概述调研报告的主要内容。五是点出调研报告的基本观点。在构思导语时,要防止与标题的内容相重复。

(3) 主体

调研报告的主体是调研报告的中心,它的结构安排服从于报告内容的要求。因调研报告内容的不同其主体结构也各不相同,但同一种类型的调研报告的主体结构大致是相同的,只是因取舍不同而略有差异。解决问题型的，包括问题的表现、影响、产生的原因以及对策或建议。政策研究型的，包括问题的现状、影响、解决问题的重要性、产生问题的政策原因以及政策建议。决策反馈型的，包括决策实际效果、对决策成效评价以及改进建议。评估预测型的，包括主要数据情况、对形势的评估、对趋势的判断以及进行有效调控的建议。参观考察型的，包括成效、做法或主要经验，以及具有借鉴性的建议。新生事物型的，包括新生事物产生的背景、过程、效果，新生事物的特点、意义，可行性分析，鼓励和支持新生事物发展的建议。

文章的结构，具体由各个自然段组成和表现，而调研报告的段落又有其特殊性。**调研报告的"段落"是统一、完整的，需要在一个段落中集中、完整地表达一个意思，每个段落表现一个观点，具有相对的独立性和完整性。**对段落的这种特殊要求，是为了保持其固有逻辑完整性。因为调研报告由基本观点和说明它的从属观点组成，它的每个局部，又由一个从属观点和说明它的具体材料组成，这就需要在遵循主体结构的基础上，注意"段"的把握，把同一观点统领下的材料组织到一起，构成一个统一完整的"段落"，便于文字表达，也便于阅读和理解。

2. 调研报告的写作提纲与材料

要把各种经过精选的材料有条不紊地写进调研报告，使报告层次清楚、结构紧密，还必须拟订写作提纲。**调研报告的写作提纲是调研报告结构的细化，在结构设计基本完成之后，要通过列提纲固定下来。**而拟订提纲的过程，实际上是把调查材料进一步分类排列的过程，使各种调查材料围绕主题环环紧扣、层层递进，以便写作时有所遵循，可以避免次序的颠倒、内容的重复和结构的紊乱，也可通过列提纲，再一次从宏观上、总体上审视报告的思路和结构。

写作提纲，一般不超过3页。有些新到机关的人员不大注重列提纲，有的以为明确讲几个问题就行了，铺开稿纸就匆匆动笔；还有些虽然意识到写作提纲的重要，但仅仅把它看作一道程序，而没有花心思去精心制作，随便列出几个层次就算了，这些对初学写作的人员尤其不利。**磨刀不**

误砍柴工，制作一份精美、准确、完整的写作提纲，就等于文章成功了一半。所以大凡有经验者，都不惜花时间和精力去琢磨提纲，列出提纲后还要交上级领导审定后再动手写作。这样有几点好处：第一，提纲既经上级领导同意，文章成功率一般都较高，免得完稿后"翻烧饼"。第二，按提纲进行写作，可以避免脱离主题、层次混乱、前后矛盾等问题的发生。第三，在一篇调研报告由几个人分工合作的情况下，提纲可以起到制约和协调作用，以免写作时出现冲突和重复现象。第四，有利于初学写作者练习写作，有提纲"管"住，只要把内容装进去就是了，即使"跑调"也跑不了多远，次数多了就可以慢慢熟练起来。

> 调研报告强调用事实说话，需要使用调查材料来说明观点、看法，而调查材料虽经整理，但良莠不齐，作用不一，必须认真选择，合理剪裁。

选择调研报告的写作材料需要注意以下几点。

一是选材要紧贴主题。调查得来的材料是大量的、具体的，也可能是零乱的，那么在分析材料的时候就必须要认真筛选，把有用的、重要的、真实的、与主题关系密切的材料留下来，其他的材料则应去掉。一些有经验的机关同志，在调查阶段就在边记录边筛选，凡符合主题的材料包括重要的问句、数据、观点、事例等都画上着重号，这样就为分析材料提供了便利，节省了时间。一些新到机关的领导干部，由于写作经验不足，在选材问题上，往往被众多的原始材料搞得眼花缭乱，这也舍不得，那也舍不得，把与主题无关或关系不够密切的某些材料硬搭上去，结果冲淡或淹没了主题。

二是材料占有要充分。调研报告是用事实说话的，这就要求要充分地占有材料，包括事例、数据等都要齐全、具体、实在，使之足够说明某一个问题，否则就会使文章流于空洞，难以使人信服。一般来说，掌握材料是在调查阶段就要完成的，但有时也有例外，即在分析材料时发现材料不够用，或者只有间接材料而没有第一手材料，或者只有粗略的材料而没有具体的材料，或者只有"面"的材料而没有"点"的材料，这种情况下就要返回去"补课"。

三是材料要有普遍指导意义。调查研究的目的既然是服务现实、推动工作，那么在选取材料时就要注意观察事物的内部联系，找出带规律性的东西，使之具有典型性、普遍性和指导性，这样写出来的文章也才会有针对性。

3. 调研报告的起草

调查、研究以及撰写是调研报告形成过程中的三个重要环节，其中撰写好比"收官"之作，必须下功夫认真处理，才能最后"登台亮相"。其中要注意几个要点。

一是着眼全局把握主题。领导干部在撰写调研报告时，要把报告中所要分析和解决的问题，置身于本地区及国内外的大背景下。只有充分地认清当前所面临的形势任务，服从和服务于大局，才能做到工作全局在胸，方向明确，立场坚定，报告的内容符合社会经济发展的主旋律。

二是主线要清晰。**调研报告从头到尾要贯穿一条主线，根据这条主线，安排报告的结构、层次，进行材料、观点的表述，做到前后呼应，结构严谨。**前文提出的问题后文要有回答，前有原因的分析，后面就要对应的对策或建议。

三是抓住本质反映规律。就是要反映事物发展变化的实际情况和客观规律，这是报告的主题根基是否坚固稳定，论点是否坚强有力，报告是否成功的关键所在。要根据事实得出结论、观点，再用典型事实说明结论、观点，绝不能通过臆想得出结论，再用事实验证结论。

四是对策建议要可行。由于领导干部所提的对策建议主要是为上级领导干部决策服务的，只有对策或建议对路，才能得到认可，才会实现调研的价值。

对策或建议的形成，一般通过四个步骤来完成：听取相关部门意见或专家学者建议；参考相关地区先进经验和国内外成功做法；在综合分析研究基础上，结合实际有针对性地提出具有可操作性和前瞻性的措施建议；集体研究讨论，确定最终提出的对策或建议。

五是角度要选准。尽可能以他人的口气或角度写出观点、看法、对策或建设，比如采用大家一致认为、许多同志反映、一些同志建议、部分同志提出、有的同志要求等写法，把想要表达的看法、意见和建议糅到里面去，就会收到很好的效果。因为这种写法可以给人以客观性的感觉，另一个是可以让人感觉到是多数人的看法和观点。当然，形成的观点、对策或建议是否站得住脚，还是要看调查的情况是否真实，研究得是否深入，是否真的有群众基础。

4. 调研报告的文字要求与数据运用

调研报告不是文学作品，它具有较强的应用性。因此**它的语言应该严谨、简明和通俗。**

一是语言要简明。领导干部所撰写的调研报告，主要是提供给政府主要领导、部门领导或上级机关的领导干部，这些领导干部每天都要阅读大量的文件材料，掌握着来自各方面的大量信息，知识面比较广、理解力也很强，同时工作非常繁忙，没有更多的时间和精力去阅读长篇幅的文字材料，只要说到即可，用不着长篇大论。**关键要抓住问题的主要矛盾和矛盾的主要方面，用最简练的语言概括和表述，做到精练准确，要言不烦。**

> 力争以较少的文字清楚地表达更多的内容，篇幅一般要控制在10页左右，长的也不要超过15页，能用7、8页的篇幅把问题说清楚，那是最好的。

二是语言要严谨。语言严谨体现在选词造句要精确，对事物进行准确陈述和恰当评价。因此，在调研报告中不宜使用"可能、也许、大概、由于种种原因"等含糊的词语，这会给人一种不确切的感觉。应尽量少用修饰词、形容词，多用数词、量词，在使用副词或形容词时，也要注意把握词语的程度差异，选择最恰当的。

三是语言要通俗。调研报告的语言，应力求朴实严肃，平易近人，说平实的话而不讲空话，不强调"词硬"。但平实也好，朴素也好，都不等于随便,还是要靠事实和数据说服人,靠逻辑来征服人。领导干部只有通过加强各方面的修养和语言文字表达的训练,才能提高驾驭语言文字的能力,才能写出语言生动又通俗易懂的调研报告。

较多地使用数字,是调研报告的主要特征之一。调研报告中的数字与数学中的数字不同,它不是抽象的数量表现,而是事物的数量特征,它揭示事物之间的数量关系。比如说,先进地区与落后地区之间的差距、现实与历史的进步、局部与全局的权重等,都可以运用数据来表现。因此,调研报告中的数字既要准确,又要讲究使用技巧,力求把数字用活,用得恰到好处。大多数调研报告要通过数据的分析,从中发现问题、找出原因、做出判断、得出结论。经济社会发展过程中的许多情况和问题,一般都会反映到数据上面来,各项政策措施的效果,也将体现在数据上面。**数据背后有情况,情况变化有原因,而原因主要看数据。**可以说,数据是调研工作的精髓。

因此,在整个调研过程中,调研者必须在了解情况和听取意见时就要有数据概念,注意收集相关的数据。而在撰写报告时,既要善于用数据说明情况,又要善于分析数据,透过数据的变化去发现新的情况和问题,通过数据分析对发展趋势做出判断。而对于调查中收集到的观点、看法以及建议,也要有数的概念,如果所到之处和大多数人都反映同样的问题,那就说明这类问题已经相当普遍,需要尽快研究提出解决问题的办法。如果在调研中基层的很多同志都提出了同样的观点或建议,就说明这些观点或建议有一定的群众基础。当然,对少数地方或部分同志反映的问题也要密切关注,因为其中有的问题是带有苗头性的,可能发展成为普遍性的问题,需要引起高度重视。

第九章
应变与维护稳定能力的修炼

当前,我国正处在一个深化改革与持续发展并举、社会转型与矛盾多发的关键时期,同时也是各级党政机关和广大领导干部面临最复杂最严峻考验的特殊时期。受国内外种种不安定因素的影响,各种意外情况随时都有可能发生。领导干部一旦应对失误,造成局面失控,就会对整个社会产生强烈冲击,对人民群众正常的工作生活秩序造成危害性影响。领导干部是群众的主心骨和带头人,在这种复杂形势下,必须加紧修炼与提升应变和维稳的能力,在祖国和人民需要的时候挺身而出,担当重任,拨乱反正,化险为夷,创造安定团结的政治局面,保证中国梦的成功实现。

一、居安思危，临危不乱：修炼应变能力

"变"是事物发展的规律，"应变"则是一个人的适应能力的重要表现。现代人的工作行为往往受多种因素的影响，如情势、心理和关系等。这就需要领导干部提高应变能力，头脑灵活，及时地找到对策。

审时度势、见机行事的灵活应变能力，是现代领导干部理应具备的基本能力之一。这种能力对于领导干部应对群体性事件或危机具有十分重要的作用。

1. 善于应变是领导干部的重要能力

领导工作必须善于因时而化、因情而变、因势利导，善于应变才能够抓住有利时机促进发展。一般说来，领导干部的灵活应变能力主要表现为在瞬息万变的社会中，善于捕获信息，探测环境变化，敏锐地发现新动向、新关系、新矛盾，从而加工出新观念、新设想，提出新方案、新办法，在工作中有所发现，有所创新，有所突破，走出一条成功的新路子。具有应变能力的领导干部，不因循守旧，不墨守成规，能够从表面的"平静"中及时发现新情况、新问题，从中探索新路子，总结新经验；对改革中遇到的新事物、新工作，能够倾听各方面的意见，认真分析，勇于开拓，大胆地提出新设想、新方案；对已经取得的成绩，不满足、不陶醉，能够在取得成绩的时候，不得意忘形，能透过成绩找差距、挖隐患，百尺竿头，更进一步。

> 衡量一个人是否具备领导素质的一个最重要的尺度，就是看他是否善于因时而化、因情而变、因势利导，能不能够抓住和利用大好时机促进发展，以及能否在逆境中化不利为有利。

"空城计",是《三国演义》一书中的精彩一幕。面对司马懿十几万精兵的突然到来,诸葛亮大胆地设下了"空城计":洞开的城门,扫地的老弱残兵,悠悠抚琴的诸葛亮……这一切使人不敢相信这是一座空城。诸葛亮借此诱使司马懿下令撤兵,赢得了全军而退的宝贵时机。在这里,诸葛亮的机智果断、临危不乱、处变不惊,给读者留下了深刻的印象。

作为领导干部,面对突如其来的事件,应当沉着冷静,寻找应变之道。

领导干部的特殊地位及角色,决定了其必须具备面对危机所表现出的极强的应变及驾驭能力,这种能力在应对群体性事件中往往具有决定性意义。能否在危机面前临危不惧、处变不惊、指挥若定,是能否进行正确的危机处理的前提条件。处变不惊,冷静沉着,是领导干部必备的心理素质。在紧要关头,领导干部要有足够的镇定力。

当然,在群体性事件和危机面前,不受一点精神冲击是不可能的,但作为领导干部要比常人更快地渡过第一冲击波。即使身心震动很大,神色上也应镇定如常,特别作为一个地方或部门的负责人。惊慌失色具有很大的传染性,如果领导干部在精神上先乱了阵脚,那么一切思考、判断、指挥、决策都会大受干扰,甚至无法进行。当然,超常的镇定力需要有良好的心理品质,需要建立在对事业高度负责的基础上,有了这样的精神支柱,才能处变不惊、临危不乱。

2. 应变能力需要思维的灵活性与敏捷性

思维的灵活性与敏捷性,直接影响着领导干部的应变能力的发挥。思维的灵活性是指思维活动的灵活程度,就是在思考和解决问题时,不墨守成规,善于随机应变。**思维灵活的人善于随机应变,善于从不同的角度看问题,能比较全面地分析问题,解决问题。**思维的敏捷性是指人在很短时间内,能针对有关事物或现象,运用他已掌握的有关知识和信息,迅速进行分析、综合、比较、抽象、概括、系统化、具体化等一系列思维活动,并做出有充分根据的结论。

有一定学识且思维灵活的领导干部,在面对群体性事件时总能提出最佳方案。相反，思想呆板、僵化的领导干部，则可能与新思想、新成就失之交臂，甚至损害政府形象。领导干部在实际工作中，需要保持思维的变通性、灵活性和开放性。当客观条件发生改变，原来的思路已经不可行时，要能及时地改变原来的想法与思路，不为成见所禁锢，善于随机应变。领导干部锻炼自己思维灵活性与敏捷性的品质，应从以下几个方面入手：

（1）加强理论学习

领导干部要保持思维的灵活性、开放性，需要相当的知识基础。丰富的知识基础是保持思维灵活性的必要条件，有了丰富的知识，思维才有发挥的空间。有丰富知识的指引，我们的思维才不会误入迷津，迷失方向。领导干部要广学博览，不仅要懂政治学、领导科学，还要了解一点别的学科的知识，诸如教育学、心理学、社会学、自然科学，等等。要注重知识的不断更新。**领导干部不仅要掌握使用已有的知识，更要善于发现新知识、学习新知识，防止知识陈旧、思想僵化。**

（2）注重调查研究

领导干部在实际工作中，要理论联系实际，要深入调查研究，掌握详细的第一手材料，做到理论和实践的真正统一。没有调查就没有发言权，基层是进行调查研究的最佳场所，那里情况最为复杂，也最为贴近老百姓。领导干部应多深入基层接地气，这样一方面能在鲜活的问题面前提高自身的应变能力；另一方面也能密切联系群众，维护群众利益。

（3）加强思维训练

加强思维训练，是提高思维敏捷性的主要途径。多参加竞技活动，比如演习、比赛、对抗、考核等活动，提高快速反应能力。在平常工作中，也要有意识地提高自己的快速反应能力，要有紧迫感和效率观念，养成雷厉风行的工作作风，克服懒散和怠惰心理。

> 领导干部只有掌握丰富的知识，长期积累知识经验，为灵活性的思维提供必要的条件，才能提高自己的思维水平，丰富自己的执政理念，提高自己领导水平和执政能力。

3. 善于审时度势，积极主动应变

审时度势、主动应变，是领导干部做好工作的基本保障。《孙子兵法》上说："善战者，求之于势，不责于人。"这句话的意思是，善于指挥作战的将帅，在战争中总是能够依靠有利的客观形势，去造就对自己来说的最佳态势，从而夺取战争的胜利。其实，所谓"审时度势"，时者，是指各种时机；势者，是指事物发展变化的趋势；"审"和"度"就是要进行分析和研究。那么，领导干部怎样才能培养和运用审时度势的应变才能呢？

领导干部要在复杂的环境中获取事业的成功，必须要有准确无误的决策；而要达到决策无误，一个重要的前提条件就是：必须全面审视当时当地的时代特征和社会形势，对影响环境变化的种种因素进行综合性的研究、分析，并善于从中捕捉到关键的信息，据此做出符合实际的判断。一句话，领导干部要学习审时度势的能力。

领导干部应自始至终观察整个事态发展趋势，善于从全局的角度来观察问题、思考问题，积极主动地采取适宜的应变之策，不断提高应变能力，保证工作的顺利开展。当然，在审时度势的过程中，领导干部务必时刻牢记自己这样做的目的是什么，一定不要忘记了自己的主要目标，成为一味适应时势的"变色龙"。也就是说，要努力争取主动权，使客观时势为我所用，替我服务。在非常时期甚至可以想出办法来改造时势，以便获得更加有利的主动地位和态势。

（1）要认清发展形势

形势和趋势，是领导干部审时度势进行正确决策和指挥的出发点与立足点。在每一项决策之前，都要对形势进行认真的分析，对事态的发展趋向做出准确的预测，搞清哪些是有利条件，哪些又是不利条件；现有诸因素中哪些是必然因素，哪些是偶然因素；它们分别将向何种状态发展，其消长趋势是什么；等等。只有把这些因素分析透彻，才能制定切实可行的战略和策略——在这方面，不仅外国人有可以借鉴的东西，而且中国的古人也有很多可供学习的榜样。

(2) 要善于抓住时机

在战场上，时机对统帅来说是十分重要的。如果统帅善于抓住各种战机，即使是在敌强我弱的不利情况下，也会取得战争的胜利；反之，如果他不善于捕捉战机或者错失良机，即使我强敌弱，也容易处于被动挨打的地位。当稍纵即逝的时机到来的时候，并不是每个人都能果断地抓住它的。犹豫迟疑，当断不断，成功就会属于别人。

(3) 要机动灵活

我们说不善于抓战机不行，但有了战机而不善于根据情况的变化采取相应的对策，也同样不会成功。领导干部要学会随机应变，善于根据客观条件的变化迅速急剧地改变策略，如果原先的道路在当时不妥善或行不通时，就选择另一条道路来达到目的。而且，有关决策活动的各种因素总是在变化的，所以领导干部决定问题就要因情况之变而变。

4. 当机立断，应变需要果断

当断不断，反受其乱。领导干部要把果断坚决作为必备的工作能力。中国有句俗语说得好：当断不断，反受其乱。《尚书》中也说："惟克果断，乃罔后艰。"意思是说，只有果断从事，才能没有以后的困难。应当做出决断的时候不决断，一定会为此而遭受祸害。遇事犹豫不决的人，就像海上飘忽不定的一叶孤舟，没有目的地飘荡，永远达不到胜利的彼岸。因此，人们把优柔寡断视为败事之途，而把果断坚决视为成功之道。

古人说过："用兵之害，犹豫最大；三军之灾，起于狐疑。" 领导干部在遇到突发或重大决策时如果犹豫不决，没有主见，摇首踌躇，徘徊不前只会影响整个团队办事效率。

> 遇事狐疑不决，会搅乱自己的心境，破坏自己的情绪，影响自己的信心，消耗自己的精力，影响自己在他人心目中的信誉，而更严重的是易错过良机，贻误大事。

所以，领导干部在思考问题、处理问题时，不能畏首畏尾，而要果断坚决。

一个领导干部如果具有果断这种心理品质，就会在决策中当机立断，及时地做出决定。领导决策面临的情况错综复杂，尤其在历史发展中的重大转折的紧要关头，需要领导决策者表现出果断品质，抓住瞬间即逝的时机，果断和迅速地做出决定。

（1）果断落在决定上

凡事不能优柔寡断、婆婆妈妈，尤其是决策时，只要路子对的、看准的事要当断则断，敢于拍板。处理事情、解决问题要掌握时机，权衡利弊，分清主次，该否则否，该定则定，不能议而不决，决而不行。作决定是果断，还是寡断，后果会天差地远。

（2）果断要有点冒险精神

果断有时会冒险，没有一点冒险的精神，就走不出新路，就干不出新事业。机不可失，时不再来。作为领导干部，无论是确定目标，还是选择方案，必须坚决果断，迅速及时。现代社会是信息社会，是竞争的社会，它复杂多变、变幻不定、动荡激烈。任何犹豫不决都可能错过时机。

（3）果断还表现在执行决定上

果断的领导干部，总是说干就干，今日事今日毕，以干净利落始，以卓有成效终，毅然决然地去完成自己所做出的决定。而优柔寡断的人，即使做出了什么决定，也总是想方设法为自己寻找"拖一拖""等明天"的借口。任何该办的事情一人"拖拉"，便难得有解决之期。

> 要做到应变果断就需要提高自己对事情的判断力。领导干部平时要勤学习、多思考，训练自己的思维能力和判断能力，尽早做到"成竹在胸"。这样才能在遇到紧要事情时，及时做出正确决断。

（4）果断也要敢于修改

领导干部果断处事，不仅表现在决定上，还表现在当机立断地对已做出的决定进行修改。任何决断都难以做到完美无缺，一旦发现原先的决断有不妥之处，就要坚决改之，使原来的决断得到修正与完善。

当然，果断并不是武断。有的领导干部胆子很大，遇事不调查不商量，头脑一热，就拍板决断，或者是情况不明决心大，心中无数主意多，这样的领导干部十有八九"断"得不当。这是主观武断的表现，而果断是经过慎重思考作出的决断，是对信息加工十分迅速、准确地反映。思考是果断的灵魂所在。在人们的印象中，果断往往同"快"联系在一起，但严格来说，果断的特征是该快则快，该慢则慢。领导干部切忌将果断与武断混为一谈。

二、维稳能力：担起基层稳定的重责

当前，我国正处于一个重要战略机遇期，确保稳定，才能抓住和用好这个战略机遇期，实现经济发展和社会和谐；才能妥善解决面对的各种问题，为经济社会发展创造良好的内部环境和外部环境。在新的历史条件下，领导干部必须具有战略思维和长远眼光，在具备组织协调能力、适应能力和交际能力的同时，还要做维护稳定的高超"艺术家"，不断完善自我，开拓进取，为构建和谐社会做出新的更大贡献。

1. 维护社会稳定是领导干部必备的能力

稳定是发展的保障。保证事业的发展和领导目标的实现，领导干部首先应当具备维护社会稳定的能力。作为党的事业的中坚力量，在推进全面建设小康社会的进程中，领导干部是否具备强有力的领导能力，事关能否保持国家经济社会持续、健康、协调、稳定地发展，能否保持党的事业长盛不衰、国家政权长治久安，这已经成为各级领导干部的共识。领导干部要具备强有力的领导能力，首先需要具备维护社会稳定的能力，这应当成为领导干部必备的条件。

在新的历史条件下，在风云变幻的国际环境和错综复杂的社会管理中，领导干部只有保持清醒的头脑，加强磨炼，增长才干，不断增强维护社会稳定的能力，提高执政水平，才能驾驭复杂局势，确保国泰民安，构建稳定有序的和谐社会。**现时期，我国已进入经济社会发展的黄金时期，这一时期也是社会最不稳定的时期，是各种利益矛盾最容易激化的时期和群体性事件的高发期**。随着改革开放不断深化，多方利益和权力在不同主体之间进行重新分配、转移、整合，形成了诸多不稳定因素；随着国内社会贫富差距加大，经济秩序调整，人们在心态上失衡，传统道德文化体系的解体和信仰危机的出现；国际经济秩序的重建及国际极端势力的发展等，这些新的问题的出现都会导致社会的不稳定和群体性事件的发生。

改革开放以来，我国的社会关系、社会结构和利益格局出现了很大的变化，形成了许多社会阶层。不同的利益群体在社会结构中所处的位置是不同的，其收入差距也比较大。少数人的收入增幅越来越大，增长速度越来越快；而一些"弱势群体"分享到的经济发展成果却比较少，而承受的经济发展成本和代价却比较多。这就直接导致了不同的群体之间利益要求出现明显分歧，摩擦冲突增多，也给社会稳定带来了一定的隐患。

> 让群众一时一事满意并不难，难的是让群众事事满意、长期满意。因此，领导干部需要从群众意见最大的地方做起，从群众最不满意的地方改起，争取做到让群众事事满意。

近些年来，因为劳资关系、农村征地、城市拆迁、企业改制、民工讨薪、医疗纠纷等等，所导致的突发群体性事件，就是当前人民内部利益矛盾的集中反映。

尽管在现阶段这些社会冲突依然表现为个案形式，并基本上属于经济利益诉求问题，但其中却隐伏着社会冲突加剧、导致社会对立和危机的可能性。因此，能否统筹协调各方面的利益关系，妥善处理人民内部矛盾，是各级领导干部面临的一个重要挑战。

邓小平同志曾经指出："中国的问题，压倒一切的是需要稳定。没有稳定的环境，什么都搞不成，已经取得的成果也会失掉。"稳定是构建和谐的前提和基础。推进和谐社会建设，必须保持社会的平安、稳定、有序，没有稳定的政治环境，构建社会主义和谐社会就无从谈起。这不仅在我国改革开放和现代化建设的实践中得到了充分证明，也是广大干部群众从经验和教训中得出的共同结论。

群体性事件往往引起许多群众的参与和围观，使正常的社会秩序受到干扰甚至破坏，这势必中断人们正常的社会生产和生活活动领导干部应提高应对手段，解决好群众利益，维护社会稳定。通过以往的一些群体性事件，我们可以发现，有相当一部分群体性事件所涉及的问题比较复杂，不太容易解决，有关群众可能已经在此前通过正常的解决问题的渠道做过多种多样的努力，但仍然长期得不到有效解决。这些群体性事件的组织者和参与者往往认为问题之所以没有得到有效解决，是因为有关部门和有关领导不够重视。只有把事情闹大，才能引起有关部门和有关领导的高度重视，他们的问题才有可能得到公正合理的解决。

2. 领导干部维护社会稳定的基本要求

领导干部在维护社会稳定中需要讲究原则和方法。掌握并按其基本要求去做才能在维稳工作中见成效。

（1）要坚持科学发展观，正确处理改革、发展、稳定的关系

树立科学发展观，是党从新世纪新阶段的客观实际出发，适应现代化建设的需要提出的重大战略思想。**正确处理改革、发展与稳定的关系，是贯彻落实科学发展观的题中应有之义**。改革、发展、稳定是相互依存、互为前提、不可分割的整体，统一于现代化建设的过程之中。这就要求领导干部在决策本地区本部门改革发展的同时，必须和稳定一起通盘考虑。坚持在改革、发展中促进稳定，以稳定保证改革和发展。

（2）要坚持以人为本，切实维护人民群众利益

要把人民拥护不拥护、赞成不赞成、高兴不高兴真正作为各项工作的出发点和根本标准。紧紧抓住人民群众最现实、最关心、最直接的热点难点问题，切实解决群众生产生活中的实际困难，使他们切实感受到党和政

府的温暖。社会的稳定说到底取决于群众的稳定，人心的安定。以人为本，是科学发展观的核心。

> 一些地方和部门之所以出现群体性事件，一个重要原因就是在改革发展中，没有充分考虑到人民群众的利益，使一部分群众的利益受到损害。因此，始终注意维护最大多数人民群众的利益，是维护社会稳定的关键。

（3）树立"稳定压倒一切"的观念

社会稳定是人民的最高利益所在。稳定压倒一切，是各级领导干部必须树立的观念。社会稳定是人民的最高利益之所在。保持社会稳定，国家才能长治久安，人民才能安居乐业。人民群众企盼生活幸福，但幸福生活离不开社会稳定。如果社会动荡不安，秩序混乱，经济就不可能发展，人民群众也不可能过上幸福的生活。稳定是构建社会主义和谐社会的要求，推进和谐社会建设，就必须保持社会的平安、稳定、有序；稳定是改革发展的前提和保障，**只有稳定，才能"聚精会神搞建设、一心一意谋发展，不断解放和发展社会生产力"**；稳定是人民群众的愿望。只有在稳定的社会环境下，人民才能安居乐业，致富奔小康。

（4）要树立社会主义法治理念

随着依法治国基本方略的推进和人民群众法律意识的增强，大量社会矛盾和问题以案件形式进入到法律程序和司法领域。人民群众对政法部门严格执法、公正司法的要求越来越高。政法机关在推进依法治国、维护公平正义的过程中，要立足民生，关注民权，牢固树立社会主义法治理念，加强宪法和法律实施，坚持公民在法律面前一律平等，维护社会主义法制的统一、尊严、权威，增强为民、务实、清廉意识，规范司法行为，切实做到严格执法、公正司法，依法调节各种经济社会关系，保护人民的人身、民主和财产权利，维护社会公平正义，推动科学发展，促进社会和谐。

（5）要强化社会管理工作

完善社会管理，维护社会安定团结，是十七大提出的新要求。**科学发**

展观的核心是以人为本，政法机关要坚持以人为本理念，主动研究社会管理新举措，促进科学有序管理。新形势下要加强对要害部位、复杂场所、特种行业、危爆物品等的监管；加强对高危人群的管理；加强对流动人口的服务管理，完善流动人口和出租房屋管理新机制。

（6）要加强法制宣传教育

深入贯彻落实依法治国基本方略，进一步增强全社会法制观念，深入开展法制宣传教育，尤其是要在全体公民中开展社会主义法治理念教育，弘扬法治精神，形成全体公民自觉学法守法用法的氛围。在宣传内容上，要更加关注影响社会和谐的突出矛盾和问题，重点宣传人民调解、信访条例、诉讼程序、治安管理等方面的法律、法规，引导群众依法、合理、有序地表达自身利益诉求；更加注重普及社会管理方面的法律法规，促进行政部门正确履行社会管理和公共服务职能。

3. 领导干部迫切需要提升化解各类矛盾的能力

不断提高化解矛盾的能力，是领导干部职责所系、工作所需，也是领导干部提升维稳能力的应有之义。随着改革开放不断深入、社会经济不断发展，社会生活中各种矛盾不断凸现出来，这是我国社会深刻变革中难以完全避免的。作为各级领导，要勇于正视矛盾，不回避矛盾，按照科学发展观的要求，及时找到化解矛盾的正确途径。

（1）用发展的眼光和前瞻的思维尽早发现问题

在新的历史条件下，领导干部要正确认识和处理各种社会矛盾，科学分析各种社会矛盾的表现形式和特点，善于协调各种不同利益之间的关系，学习实践科学发展观，不断提高应对复杂局面、化解矛盾和处理危机的能力。任何事物都有发生和发展过程，在由量的积累到质的变化中，都有征兆可察、有规律可循。在这种情况下，时间就是效率，就是机会。实践证明，发现问题宜早不宜迟，这是化解矛盾纠纷的前提和基础。

> "明者远见于未萌而智者避危于无形,祸固多藏于隐微而发于人之所忽者也"。有的矛盾纠纷发生前都曾不同程度地出现了一些端倪,但由于没有被发现或发现不及时,而贻误了解决问题的时机,这样的教训非常深刻。

(2) 努力协调和满足人民群众合理合法的利益要求

矛盾的产生,根本上是因为某种利益关系被破坏或利益格局失去平衡。处理各种社会矛盾的过程,实质上就是协调各方面利益要求的过程。从某种程度上说,领导干部正确处理社会矛盾的能力,就是有效整合社会各方面利益要求、协调各方面利益关系的能力。对此,我们要通过摆事实、讲道理,帮助群众认清矛盾问题的主流和大方向,帮助各方面群众协调他们的利益要求,达到化解矛盾的目的。对于由于政策不妥或干部处理问题失当损害了群众利益引起的矛盾,就需要各级领导干部从维护和发展人民根本利益的角度出发,纠正工作中的偏差和失误,帮助人民群众解决实际困难。

(3) 加大社会治安综合治理力度

依法严厉打击各种严重刑事犯罪活动,严厉打击有组织犯罪、黑恶势力犯罪、杀人和爆炸等严重暴力犯罪,扫除社会丑恶现象。预防和打击邪教组织的破坏活动和利用宗教名义进行的非法活动,严防恐怖势力、境内外敌对势力和敌对分子的破坏活动,严密防范和打击经济领域的违法犯罪活动。进一步强化社会治安综合治理的基层基础工作,推进社会治安体系建设。

(4) 建立和完善维护社会稳定的长效机制

建立和完善矛盾纠纷和不稳定因素排查调处机制。一是把预防、处理好矛盾纠纷和不稳定因素作为维护社会稳定的第一位工作来抓。二是建立和完善维护稳定工作的预警和处置机制。**坚持预防在先、工作靠前、处置求快的原则,明确责任,健全机制,落实到位。**

(5) 要加强领导干部的自身建设

作为领导干部首先要做到严格自律，严守各项政策法纪规定，勤奋敬业，不搞特殊，不谋私利。坚决惩治领导干部的腐败，把反腐倡廉建设放在更加突出的位置。当个人利益与集体利益、人民利益发生矛盾的时候，勇于牺牲某些个人利益以最大限度地维护集体利益、人民利益。这样，我们才会不言自威，做起化解矛盾的工作来底气才足、效果才好。

4. 领导干部要深刻正确认识群体性事件

群体性事件严重影响社会稳定。正确认识群体性事件是提高领导干部维稳能力的前提。在维护社会稳定中，群体性事件是最值得广大领导干部关注的。群体性事件的发生，通常蕴含着复杂的社会矛盾和社会冲突，但在实际生活中，群体性事件的发生通常带有很大的偶然性因素，其形成的原因纷繁复杂，发展进程也变化多样。

一般来说，群体性事件具有以下几项基本特征。

(1) 群体性

群体性一般是指利益一致或相近的人的聚集状态，这些人往往有一致的目的、动机或利益诉求等。群体性事件大多涉及某个群体的切身利益，而且大多都有一定的正当理由，这些共同的利益目标极易吸纳并将他们维系在一起。人群的数量完全取决于事件的起因、范围、群众情绪和策动者的组织能力等因素。群体性是群体性事件区别于个体矛盾的最主要特征。

(2) 突发性

群体性事件通常是由于某种外部偶然事件的直接刺激而发生的。人们短时间内大量聚集，往往给人造成出乎意料、猝不及防的效果。在具体事件中，突发性又表现为有先兆的突发和无先兆的突发。有先兆的突发是指由于矛盾和问题已经形成，已表现出某种事件的先兆；无先兆的突发，多表现为在某种特定条件的"催化"下，瞬间爆发的群体性事件。显然，后者的突发性特征更为明显。

(3) 利益性

有些群体性事件即使表面上看起来并没有夹杂明显的利益目标，但事件折射出的是社会民众对于特权阶层和富裕阶层的不满，其后隐藏的还是关于社会财富的分配问题，也就是还是利益问题。大多数群体性事件都带有明显的利益指向，事件当事人在事件过程中都会提出相应的利益诉求。

> 每一起群体性事件因其利益要求的不同而有具体目标指向，其所指或是权力机关，或是某一单位，或是另一部分群体甚至是某个人，最终目的都是要求解决其特定的利益问题。

(4) 组织性

群体性事件一般具有一个酝酿、爆发的过程。群体性事件的组织者在选择时间、地点、方式上往往经过精心研究，有的选择交通要道，有的选择人群集中的繁华场所，有的选择党委、政府、重要企业等要害场所，有的选择重要日期，有的同时制造多个现场，这样做在客观上必然会造成一定范围内的社会生活和社会秩序的混乱。他们中有些人有一定的文化和法律知识，了解现行政策，尤其是与自己切身利益相关的法律、法规，会提出较高的利益目标。也有人在党政机关内有亲朋关系，能得到上访的反馈信息，调整群体性行为的进退尺度，确立施加压力的方法和手段。有的地方还出现了集资上访，跨地区、跨行业、跨企业的串联上访现象。

(5) 公开性

群体性事件都是以公开的形式，大张旗鼓地向社会和政府表达意愿和要求。事件参加者往往选择在公共场所或政府机关门前举行集会、静坐、示威等活动，或者在交通要道造成交通秩序混乱以引起政府和社会的关注。有的情绪激动，大叫大嚷；有的公开召集会议，贴标语，喊口号，扯条幅，散发传单；有的使用暴力或者以暴力相威胁。他们认为影响越大，参与活动的人员越多，就越有利于问题的迅速解决，同时可能受到的制裁也越轻。有些事件的引发，参加事件者故意选择有特殊意义的日期和重要的公共场所，其目的就是吸引更多人的关注。

(6) 复杂性

随着社会经济的发展，社会转型加快，人口流动性日益增大，社会结构呈现出不稳定性，很多问题再也不能简单地当作内部矛盾进行处理；而单位和组织对个人的控制力也日益减弱，很多单位和个人无法对于群体冲突事件快速做出反应。因此，当前我国的群体性事件呈现出更加复杂多变的特点。有些群体性事件是由于群众的合理要求未能得到政府的重视而引发的；有的群体性事件是由于群众对于政府失去信任，借题发挥而导致的。各种原因交织在一起，促使当前我国群体性事件呈现出复杂多变的特点。

5. 以预防为主，做好处理群体性事件预案

以预防为主，做好处理群体性事件预案，是领导干部处理群体性事件的首要工作。领导干部应在工作中深入调研，做好处理群体性事件的预案，维护好人民群众的利益，防患于未然。

(1) 强化忧患意识，深入了解社情民意

处理群体性事件的首要工作就是要进行专题调研，使群体性事件防患于未然，对有可能发生的一切情况尽量考虑周全，建立信息、预警、决策、处置的系统性结构，保证信息的准确获得、预警的严密超前、决策的科学可行、处置的稳妥有效。

领导干部应从人民的利益出发，切实改进工作作风，深入到群众当中去，广泛开展调查研究，积极寻找解决困难和问题的有效办法。**凡涉及群众利益的政策措施，在决策和工作中应最大限度地维护，不得保护部门利益和少数人利益，更不得与民争利**。要带着感情解决涉及群众切身利益的实际问题，引导人民群众依据政策和法规，保护好自身的正当利益，防止极端事件的发生，真正把矛盾化解在萌芽状态。

(2) 构建信息预警机制

群体性事件有一定的突发性和暴力性，但并不是完全不可避免的。实

践证明，**构建灵敏完善的信息预警机制可以有效防止和避免群发性事件的发生**。构建信息预警机制的首要任务就是建立全面的信息网络系统，将信息的收集遍布到各省市各行业，尤其是社会热点难点问题，如涉及群众自身利益的职工下岗、国企改革、房屋拆迁、环境污染等，通过"早发现、早报告、早控制、早化解"四早途径，及时预测中央政策的贯彻情况和社会基层群众的思想动态，及时掌握有异议人群的情绪，加强信息预警机制的作用。

（3）做好应对群体性事件的预案

预案也称作预先整体模拟的计划与方案，只有先制定预案，并通过日常演练，才能使整个风险应急系统运转畅通。制定风险预案防患于未然，是现代风险管理的关键所在。建立健全群体性事件应急预案体系的主要目的，不仅在于发生群体性事件时启动预案予以处置，更重要的是未雨绸缪。平时根据预案有关预防、应急准备等方面的规定，采取各种有效的防范措施、做好应对可能发生的群体性事件的各种准备工作，尽量及时化解可能导致发生群体性事件的风险隐患，最大限度地减少、避免群体性事件的发生，而当不可避免的群体性事件发生后，要尽最大可能减少人员伤亡和财产损失。

> 做好防范群体性事件的预案，要切实加强应急机构、队伍和应急救援体系、应急平台建设，整合各类应急资源，建立健全统一指挥、功能齐全、反应灵敏、运转高效的应急机制。

要做好应急预案的培训和演练工作，不断提高管理人员、应急救援人员的指挥水平和专业技能。要抓好面向全社会的预防、避险、减灾等方面的宣传教育，增强公众的忧患意识、社会责任意识，提高自救、互救能力，努力形成全民动员、预防为主、全社会防灾减灾的良好局面。要进一步加强法制建设，使应急管理工作逐步实现规范化、制度化和法制化。同时，要抓住一些突发公共事件的新苗头和薄弱环节，因地制宜、突出重点，做好人力、财力、物力的保障工作。要积极探索新路子，创造新经验，把预防和群体性事件工作提高到一个新的水平。

各类群体性事件应急预案制定完成后,不应当是一成不变的。应当建立动态管理制度,针对群体性事件应急管理实践中暴露出的问题,不断进行修订、完善,以便进一步增强其针对性、操作性、实用性。各级各类预案都要做到明确、管用,一看就明白做什么、怎么做、谁负责,防止照抄照搬、华而不实。

6. 采取果断措施处理群体性事件

群体性事件发生后,必须及时采取正确果断的措施。这是领导干部处理群体性事件的关键所在。群体性事件发生后,领导干部必须临危不惧、处变不惊,既机动灵活又积极稳妥地处理危机,使危机事件不扩大、不升级、不蔓延,朝着良好的态势发展。

通常,从处理群体性事件的一般过程来说,领导干部应重点掌握以下三种方法。

(1)迅速控制事态

群体性事件发生后首先要做的就是防止事态扩大。这既是关系整个事件处理成败的基础和前提,又是寻找更好、更彻底的处理方法的重要条件。若要使整个事件得到妥善的解决,首先必须控制住事态,使其不再继续扩大和升级。为实现此目标,领导干部必须因地制宜地采取以下几个控制方法。

> 控制事态要快、稳、准,并富有理性。因为事件发展的不同阶段具有不同的质和量,解决事件的难度和损失也是不同的,所以对群体性事件的处理越早、越快就越好。

①心理控制法。任何群体性事件,不论其性质、种类如何,都将使群众的心理产生震动和压力,导致群众思想混乱,引起群体性事件的态势不断扩大。他们既不晓得事件的性质及其起因,更不知道事件发展的趋势,处在强烈的恐惧、焦躁和冲动之中。处理不好,人们的心理及其行为很可能向不利于事件的妥善处理方向发展。因此,稳定群众情绪又成了领导工

作的首要任务。

②釜底抽薪法。参与或被卷入群体性事件的群众，有时情绪激动，冲突一触即发。一旦处理不好，不论哪类事件，都可能导致局面失控。因此，领导干部和在现场工作的人员绝不能火上浇油，激化矛盾。"扬汤止沸"，先行治标，未尝不可；但"扬汤止沸，不如釜底抽薪"，这才是治本之道。为此应采取如下措施：

一是弱化对方的内聚力。这种办法适用于有组织的社会事件。具体操作方法是：在弄清情况的前提下，掌握对方的目的和行为的破绽，作为分化瓦解对方的依据和突破口。通过强大的宣传和舆论攻势，一方面揭露事件策划者的目的和不法行为，抓住其言行相悖之处和幕后活动的事实，也指出其行为的实质；另一方面宣传组织的政策，指出事件继续下去的严重后果，向群众和事件的参与者讲清组织的希望，告诫群众要冷静思考，不要人云亦云，要站在真理一边，同各种不良现象做斗争，还要利用群众能接受的形式和权威人士的影响，教育和争取大多数群众。

二是论理缓解气氛。社会性的群体性事件，参与者总是想达到一定的目的，因而总是希望同领导机关发生正面接触。领导干部要充分掌握参与者的这种心理，通过必要的接触和面谈，缓解紧张气氛，控制事态发展，从中发现事件的起因和性质。在接触和交谈中，**领导干部既要旗帜鲜明，坚持原则，又要表现出解决问题的诚意；**要申明大义，晓之以理，示之以害，揭露少数别有用心者，教育团结大多数群众。

三是组织控制法。对社会群体性事件的组织控制有两层含义：一是在组织内部和广大群众中迅速进行正面教育，使大多数人有个清醒认识，稳住自己队伍的阵脚，以大局为重，避免危机扩大；二是迅速查清群体性事件的头面人物，予以重点控制。俗话说："人无头不走，鸟无头不飞。"控制住首要人物，使其活动受到阻滞，事态才能不继续扩大升级。需要强调的是控制头面人物，不是盲目地依靠个人意志想怎么干就怎么干，而是要依法行事。

对于自然性的群体性事件，组织控制的含义是：马上组织抢险救灾，既要防止灾害扩大，波及更多地区，又要控制受灾地区，不使灾情加深。要使整个抢险救灾工作处于严密的组织控制之下，避免无人负责或多人负责、打乱仗的现象。

（2）准确找到症结

控制事态并限制其发展仅仅是一个开端，重要的是利用控制事态后的有利时机，千方百计地掌握事件的各种情况，并且透过现象看本质，据此制定出解决问题的办法。因此，必须采取一切可能的措施和办法，迅速而准确地找到事件的症结。

①收集事实资料。事件的原因和本质，特别是对社会性的群体性事件来说，由于其隐藏在各种错综复杂的现象之中，所以隐蔽性较强，一般人是不能一下就看得出来的。**只有大量地收集事件的各种现象，才能从中分析出事件的原因及实质。**因此，领导干部必须在超常的情况下思维和运作，运用一切可以运用的手段，从而有效地把握大量现象与事实材料。可采取如下三种方法：

一是公开调查法。公开调查法是常用的获得材料的主要方法，对各类群体性事件都适用。公开调查就是查明事件过程的全部情况；广泛收集和听取事件参与者、目睹者的意见和要求，从中分析事件的性质和原因；想办法与事件的参与者，特别是重要人物正面接触，摸清对方的心理和目的；抓住事件中的薄弱环节和暴露之处进行调查。

二是隐蔽调查法。隐蔽调查法一般是派素质比较好的工作人员以群众或积极参与者的身份深入到肇事组织的内部，获取真实的情况和材料。首先是要求领导干部有预防群体性事件的充分准备。事发前就必须安排布置好，不能事发后才进行，这时也很难打进去。其次是拉出来。事发后，根据掌握的情况，选择那些易于争取过来的人为对象，对他们进行各种形式的教育，使其转变态度和立场。再次是暗中观察。对于一些必须掌握而又不宜公开行动的情况，可以暗中观察，在不引起对方知道或者知道了不会使矛盾加深的情况下，收集与事件相关的情况和踪迹，当然这种行为必须合法。

> 应对群体性事件是一个动态的过程，领导干部是应对群体性事件的主体，是这个动态过程的控制者，也是整个过程的"实施者"，在应对群体性事件中处于核心地位。

三是间接调查法。间接调查法介于前两种方法中间，适用性比较宽，可适用于任何调查群体性事件的过程中。一般来说，第三者观察和提供的情况，是较为客观和准确的，因为他们与事件没有直接的利害关系，能够客观公正地分析和反映情况。因此，这种方法不仅能够通过间接的渠道获取很多有价值的材料，而且还能了解到中间力量的思想倾向和活动情况，为我们做出决策提供可靠依据。

②确定事件的性质。这是处理危机事件的重要基础和依据，是处理整个事件的关键性工作，必须下大功夫。首先，决策者要组织有关人员全面地认识事件的各种现象，不论正面还是反面，直接的还是间接的，都要全面掌握，全面认识。其次，在全面掌握和认识事件各种现象的基础上，认真分析和认识各种现象间和现象背后的因果关系。通过这个过程，去伪存真，去粗取精，由此及彼，由表及里，透过各种现象，把握事件的本质。最后，在把握各种联系和关键的基础上，通过认真的比较和筛选，认准制约整个事件的根本矛盾，找到整个事件的"总闸门"，确认事件的性质。找到矛盾产生的核心原因，就可以对症下药了。

③制定总体措施。在弄清楚事件经过和确定事件性质后，最重要的是要做出处理事件的总体方案。提出决策方案，应注意三个问题：一是必须具有针对性和可行性。群体性事件的处理，对领导干部的素质和能力的要求特别高，不允许决策再出现失误和漏洞，也不允许在执行过程中软弱无力。二是在抓主要矛盾的同时，注意总体配合，综合治理，不能头痛医头，脚痛医脚，此抑彼起，零敲碎打。三是要进行多种方案选择，做多种准备，不能简单从事。

（3）果断解决问题

实施决策方案，采取具体措施处理事件，是战役的决战阶段。领导干部应该精心组织，周密安排，坚决果断地指挥运筹，从根本上全面解决好危机。在这个阶段的操作指挥，应注意以下几个问题。

①周密组织。组织指挥关系着整个战役的协调运作和效果的显现。组织指挥失利，不但不能理想地解决问题，而且容易引起新的事端，决不能掉以轻心。在周密组织中，领导班子的思想要高度统一，同心协力，一致对付群体性事件。领导干部首先要协调好领导班子的思想认识，使领导班

子成为坚强有力的战斗指挥部。同时要层层落实责任，人人承担责任，各司其职，各负其责。既要都行动起来，认真负责地工作，防止漏岗漏项，又必须协调统一，不打乱仗。**每个层次、岗位和人员的责任，都必须全部承担起来，坚决完成任务，不许有渎职和失误发生。**

②抓住关键。抓关键和抓主要矛盾是处理问题的根本。抓住关键，处理危机和紧急事件就有了主动权和获得全胜的要件。首先，对于关键问题的解决，必须事先周密研究实施方案，集中优势力量去攻克难关。其次，对于社会政治性事件，必须全力解决，先控制其首要人物。自然灾害类事件，要抓住薄弱环节和关键部位，保护重要资财。最后，找准突破口。抓关键环节，有时需从关键部位入手，单刀直入；有时则要从其他部位入手，迂回作战。突破口找得准，首要问题解决了，便可向纵深发展，获得更大成果。

（4）圆满善后

领导干部一定要头脑清醒，坚定有力，既不因局部的优势和胜利而忘乎所以，也不因局部的失利而焦躁冲动。要稳住阵脚，指挥若定，调动一切积极因素，形成一种必胜的气势，以取得决战的胜利。善后工作也是处理危机事件的重要组成部分。**善后工作做好了，才能说事件圆满地解决了。否则，不仅使一些问题久拖不决，而且可能会再度发生新的危机。**

处理善后工作，最主要的是要做到以下三件事：

①认真找出工作中的缺点，并从根本上采取措施认真改进。由于条件不具备而一时难以改进的，一方面应向群众说清楚，另一方面要制订出切实可行的改进计划，公布于众，在各方监督下逐步实施。

②深入群众做好思想工作。既要团结、稳定大多数，又要切实解决实际问题，调动群众的积极性。

> 领导干部要认真总结群体性事件的教训。堵塞漏洞，查找原因，教育干部群众提高认识，分清是非，努力消除不安定因素，从而使以后不再犯同类错误。

7. 在群体性事件中善于与媒体沟通

媒体在解决群体性事件中发挥着重要作用。要正确发挥媒体的作用，使之成为处理危机的有力武器。媒体对群体性事件及处理的影响非常重要。它正面或负面的报道都会直接影响事态的发展和处理。领导干部在危机处理过程中既要沉着冷静地应对一些媒体的采访和对事件的追问，又要恰当地利用媒体来引导和平息不利的事件舆论，及时表明政府的态度并告知公众政府围绕事件所开展的工作。在处理群体性事件中，领导干部对媒体的运用应采取下面的策略。

（1）争取媒体的支持

危机的发生已经引起了民众的关注，一旦媒体的报道出现了严重错误，这个错误就会被广泛地传播到各地，并在民众的脑海里形成根深蒂固的图像，人们称之为"危机蔓延"。这是危机处理中的一条黄金规则，争取媒体支持在危机处理中显得特别重要。特别是在有人员伤亡的危机事件中，争取媒体支持至少可以赢得媒体的中立立场并进而获得同情的态度。

> 媒体在危机事件中影响是巨大的，当所有的媒体对危机组织建立起信赖，这种"巨大的影响"就变成了危机处理最有力的武器。

（2）新闻发布制度

危机组织与媒体的敌对关系背后常常隐藏着潜在的利益冲突。这个利益点就是"信息"。解决这个冲突的最佳手段是实行新闻发言人制度，通过新闻发布，既可以满足媒体对危机信息的渴求，又可以有效的实施信息保护。当对危机事件投入极大关注力的媒体把领导干部所公布的信息当作权威的、唯一的信息来源登在媒体上时，领导干部就能体会到实行新闻发布制度带来的好处。

（3）监控并监督媒体

正常的监控并监督媒体的目的是防止媒体报道扭曲事实或者在报道危

机时采取了具有负面影响的方式。因此，从一开始，监控并监督媒体的态度和报道内容是危机处理中的媒体运用的关键部分。当领导干部发现新闻媒体扭曲了事实或者在报道危机时采取了具有负面影响的方式时，领导干部要判别错误的严重程度并及时进行更正和调整。